憲法與基本法
研　究　叢　書

憲制的成長：
香港基本法研究

The Growing Constitutional Regime:
A Study of Hong Kong Basic Law

黃明濤 著

總序

　　基本法是 "一國兩制" 方針的法律化、制度化，關於基本法的研究一直伴隨着 "一國兩制" 事業的不斷深化而演進。迄今為止，基本法研究大概可以劃分為三個階段。

　　第一階段是從 1980 年代初 "一國兩制" 提出，到 1990 年、1993 年兩部基本法分別獲得全國人大通過，這個階段基本法研究的主要任務是如何把 "一國兩制" 從方針政策轉化為具體的法律條款，成為可以操作的規範，最終的成果就是兩部偉大的法典 —— 香港特別行政區基本法和澳門特別行政區基本法。

　　第二階段從基本法獲得通過到基本法開始實施、香港和澳門分別於 1997 年和 1999 年回歸祖國，這個階段基本法研究集中在兩個方面，一是對基本法文本的詮釋解讀，主要是由參與基本法起草的老一代專家學者進行，也有一些媒體寫作了不少著作，給我們留下了寶貴的第一手資料；二是研究如何把基本法的相關條款與政權移交的政治實踐相結合，實現港澳原有制度體制與基本法規定的制度體制的對接，這是超高難度的政治法律工程，最終實現了政權的順利移交和港澳的成功回歸。

　　第三階段是從 1997 年、1999 年港澳分別回歸、基本法開始實施以來，基本法研究經歷了一段低谷時間，大家都以為既然港澳已經順利回歸，基本法已經開始實施，基本法研究可以劃個句號了，於是刀槍入庫，馬放南山，本來已經成立的全國性研究組織 "基本法研究會" 也無疾而終。2003 年香港基本法第 23 條立法遇挫後，大家才意識到基本法研究不是完成了，而是從實施之日起，故事才真正全面開始。特別是近年來，在國家和香港、澳門有關部門的大力推動下，基本法研究逐漸成為顯學。2013 年更成立全國性學術團體"中國法學會香港基本法澳門基本法研究會"，內地和港澳的大學紛紛成立關於基本法的研究機構，基本法研究越來越繁榮。

有人問，基本法研究前途如何？我認為基本法研究前途光明，無論從法學理論或者政治實踐上，基本法研究都是一項長期的偉大事業。美國憲法只有七千餘字，從起草到開始實施以來，美國人和全世界的學者已經研究了兩百多年，今天還在持續不斷地研究，永無止境。各有一萬多字的兩部基本法，需要研究的問題極其複雜繁多，從某種意義上說，基本法研究比單純研究"一國一制"的美國憲法更複雜，1997 年基本法開始實施才是萬里長征邁出的第一步，漫長的路還在後邊。基本法這本書要讀懂、讀好、用好確實不容易！既然"一國兩制"是國家長期堅持的基本國策，是中國特色社會主義的重要組成部分，"一國兩制"的實踐、創新永無止境，那麼，基本法的研究也就永無止境，是值得終身為之奮鬥的偉大事業，責任重大，使命光榮。

但是，長期以來，基本法研究存在碎片化問題，成果沒有很好地整合，形成規模效應，產生應有的學術和實踐影響力。這正是編輯出版這套叢書的目的。三聯書店的朋友希望我出面主編這套叢書，我欣然應允。一方面為中國內地、港澳和海外研究基本法的專家學者提供出版自己著作的平台，另一方面也為社會公眾特別是國家和港澳從事基本法實踐的部門和人士了解這些研究成果提供方便。

這套叢書的名稱叫做"憲法與基本法研究叢書",為什麼加上"憲法"二字?我認為這是必須的,研究基本法一定不能離開中國憲法,港澳兩個特別行政區不可能離開國家而單獨存在,兩部基本法也不可能離開中國憲法而單獨存在。基本法不是從天而降獨立存在的法律文件,它們是特別行政區的憲制性法律,但絕對不能說是特別行政區的"憲法"。基本法在港澳地方層面具有凌駕地位,超越任何機關和個人,具有最高法律效力,無論行政長官或者行政、立法和司法機關,或者任何公職人員、市民都要遵守基本法,按照基本法辦事。但是在國家層面,基本法是憲法的"子法",憲法是其"母法",基本法的生命來自憲法。如果說"一國"是"兩制"之根、之本的話,憲法就是基本法之根、之本,離開國家憲法來看待基本法、來研究基本法,那就是無源之水,無本之木,基本法研究就一定會枯竭,而不會枝繁葉茂,基本法的理論和實踐就一定會走樣、變形。我們不能假裝香港澳門沒有憲法,只有基本法,不能誤國誤民、誤港誤澳。"一個國家、一部憲法",這是放之四海而皆準的真理。天無二日,國無二君,同樣國無二憲,一個國家只能有一部具有主權意義的憲法;如果一國有兩部憲法,那就是兩個國家了。既然憲法和基本法共同構成了特別行政區的憲制基礎,我們就必須把基本法研究放在整個中國大憲制架構下,根據"一國兩制"的方針,去詮釋基本法的理論和實踐。

這才是基本法的本來面目,也才是研究基本法所應採取的實事求是的科學態度。這不僅是政治上大是大非的原則問題,而且也是基本的學術誠實(intellectual honest)問題。我們必須以科學誠實的態度,以對國家和港澳高度負責的精神,立場堅定、旗幟鮮明、毫不含糊地去展現事物本來的面目，讓世人看到真相，儘管真相有時讓人痛苦。我們果斷地把"憲法"兩字加上，就是希望把基本法研究放在整個國家的憲制架構和憲法理論體系之下來展開，這樣才真正有可能發展出一套中國憲法關於基本法的次理論體系，才能真正適應香港回歸後憲制的革命性變化，為基本法定好位，為特別行政區定好位，減少無謂的政治法律爭議，把時間和精力放在建設特別行政區上。因此這套叢書就定名為"憲法與基本法研究叢書"。

在這裏，我特別感謝三聯書店（香港）提供的平台，感謝侯明女士和顧瑜女士的大力推動，讓海內外研究基本法的專家學者可以有一個穩定的出版渠道，及時發表自己的著作，為憲法和基本法的實踐、為繁榮"一國兩制"和基本法的學術研究做貢獻。

王振民

2017 年 7 月 4 日於北京

序一

　　黃明濤教授是中國內地對香港基本法和相關法律有深入研究的知名青年學者，他治學嚴謹，立論精闢，其著作中有不少洞見和創意。黃教授不但對於國家的"一國兩制"政策有充分的認識，而且對香港的普通法法律傳統有仔細的研究，對於香港法制有一種"同情的理解"，所以他的著作可作為內地和香港法學界溝通的橋樑，可促進兩地法學界人士的對話和相互了解。我有緣與黃教授認識多年，這次黃教授在香港出版此書，我很高興和榮幸為本書作序並向讀者予以推薦。

　　本書的書名是"憲制的成長"，從書中我們可以觀察到香港特別行政區的憲制在過去二十多年中不同時間點的"憲政時刻"的情況，這也就是這個憲制的成長歷程。本書的內容十分豐富，既包括一些涉及香港基本法和普通法的理論問題的探討，又有關於香港法院一些重要案例的分析。此外，對於"一國兩制"的實踐中最具爭議性的一些課題，例如全國人大常委會解釋基本法的問題，以至香港特別行政區行政長官普選的問題，本書都有專章予以研究。

　　黃教授在書中提出"香港憲制"的概念，我認為這是特別值得留意的。他指出，"在中國主權之下，香港特區擁有一套獨特憲制，可稱為'香港憲制'"；他強調"香港憲制"的"獨特性"。他又提到，香港回歸祖國之前，英國的憲制傳統塑造了當時的香港憲制，而基本法則"為香港'更新了憲制'"。他寫道，香港基本法"是在本地'原有憲制'的基礎上或體系內，開始實施的。……港英時期奠定的法治傳統，已過渡至特區時代，並且為基本法的實施提供了重要的養料和助力。……'香港憲制'……是指，一個比基本法規範體系更豐富，更全面，更加植根於本地傳統的'憲制法之整體'"。

我同意黃教授的分析。香港特別行政區現有的憲制，不但建基於《中華人民共和國憲法》和《中華人民共和國香港特別行政區基本法》，還包含了香港原有普通法傳統中的很多元素，這些元素對香港特別行政區現行的法治、人權、自由和司法獨立等理念和制度，貢獻良多。要充分了解香港的憲制，不但需要研究中國憲法、香港基本法以及關於"一國兩制"的理論、方針和政策，也必須重視香港憲制內源於普通法傳統的元素。本書書名"憲制的成長"，其動力和生命力乃來自"香港憲制"中這些不同構成部分的互動和整合。

本文寫於"反修例運動"觸發的騷亂仍未了結之時。"一國兩制"的道路如何走下去，亟需我們努力探索，群策群力，集思廣益。黃教授在本書中說："我真誠地期待，有一天，內地法律人與香港法律人，能夠面對面，用同一門語言，交換意見，乃至犀利地辯論……而不是揣測和指責辯論對手的出身、政見與動機。"他說得很對，"一國兩制"的前途，有賴於所有持份者的坦誠和理性的對話溝通，求同存異，以解決問題。讓我們以此共勉！

陳弘毅

香港大學法律學院

2019 年 9 月 15 日

序二

　　香港之回歸中國乃是近代以來最能滿足國人民族自豪感的重要事件之一，但香港的治理並沒有如當初樂觀預期的那樣“一歸解千愁”。自香港回歸二十餘年來，圍繞基本法第 23 條立法、“雙普選”、逃犯條例等事件卻是波瀾不斷乃至湧起驚濤駭浪，“一國兩制”的航途似乎總是不那麼平坦。

　　以鄧小平為首的那一代中共領導人，以其偉大的膽識和卓越的智慧構造了以“一國兩制”解決香港回歸並保持香港繁榮穩定的戰略藍圖，並且鄧氏豪邁地預言中央政府對香港的政策將“五十年不變，五十年後更沒有變的道理”。箇中隱含的樂見，便是在同一政治共同體下，主權統一已成為共識性前提，共和政治足以吸納兩地相向而行，最終達致美美與共。至於歷史累積的政治認知分歧、兩地人民的心性懸隔以至於具體利益的歧見，當可以隨著時間的流逝逐漸消弭於無形。但殊不知治大國若烹小鮮，操術不當，則易南轅北轍，大道漸行漸遠。主權問題可以繫於堅毅果敢的決斷，而治權問題則必須戒慎戒懼、惟精惟細。

　　內地學者專務於香港法律治理問題的研究，肇啟於中英關於香港回歸問題的談判。至中英關於香港的聯合聲明的達成、香港基本法的制定後有所式微。97 年香港回歸後，隨著特區治理中的一些具體問題不斷呈現，有關香港法律，尤其有關基本法執行問題的研究又呈現復興之勢。迄今為止，內地已形成一支頗具規模的基本法研究隊伍，但研究能力和研究成果難敷實踐之需，其研究成果的品質也難稱滿意。揆諸原因其實在於基本法問題的研究受制於諸多框限：首先，內地學者對基本法的研究主要為對策性或智庫性研究，其研究必須秉持"政治正確"的原則，重大問題必須保持與中央一致的聲音，並無足夠開放的學術討論空間。其次，因為基本法問題的高度專業性和政治敏感性，使得諸多學術期刊對相關基本法學術成果的發表抱持特別謹慎甚至疏離的態度，從而導致基本法研究成果學術發表殊為困難，學者們做研究的制度激勵不夠，研究的積極性容易受挫。再次，基本法問題的研究特別需要學者對香港社會的親歷性，只有了解香港社會的風土人情、社情民意、政經狀態，才能做出有針對性、現實性的學術貢獻，但惜乎內地的相關學者整體性地面臨對香港隔膜的短板。最後，香港的法治政治架構迥異於內地的制度態樣，司法終審權由香港保留，外籍法官在香港司法權運行中的存在，這樣的制度安排都使香港的司法制度蒙上了一層魅惑的色彩。抽象整體意象上對香港法治的肯定，具體個別現象上對香港司法的不理解，表徵了內地基本法學者對香港法治整體把握能力亟待提高。

　　本書作者黃明濤博士是我的碩士、博士研究生。他從攻讀博士研究生開始即致力於研究港澳基本法。十餘年間，他除了大量研習卷帙浩繁的香港法資料外，還利用去香港訪問、開會的機會，大量接觸香港各界人士，開展實地調研工作。經年累月，努力不輟，而終於成為內地基本法研究隊伍中頗有知名度的年輕俊彥。本書收錄的十多篇文章，是黃明濤博士多年辛勤耕耘基本法問題的成果，這既是對他研究基本法問題能力的一個集中展示，又反映了他對香港基本法問題的個人性的獨特理解與觀察。總體而言，該書的研究達到了一定的水平和高度。其中法理篇的幾篇文章法意雋永，政治篇的幾篇文章則是鞭辟入裏。在我以為，司法篇的幾篇文章最顯功力。其筆鋒所指，猶如庖丁解牛，精細深刻。但本書畢竟只是作者既有研究成果的彙編，因此，除了全書有體系化不足的缺失外，個別的觀點又或許有進一步討論的空間。

　　特此為序！

秦前紅

武漢大學法學院

2019 年 9 月 3 日

導言

　　香港的獨特性，是其賴以取得成功的決定性因素，而這當中，尤其以法治傳統而獨領華人社會風騷，贏得世界尊重。香港在 1997 年回歸至中國主權所轄之下，並且，根據"一國兩制"政策，延續和鞏固了原有的法治傳統。在此過程中，香港基本法起到了重要作用。在今天，香港與中國內地之間的關係固然已經改寫，但總體而言，香港仍然保持了相當高的自治地位，在各方面維繫了與內地之間的"制度性區隔"。但凡了解香港歷史與民情，了解中國政治與"一國兩制"之背景的人，都明白，這樣的制度安排乃是來之不易，用心良苦。儘管回歸以來香港社會亦幾經風雨，與中央政府的關係也都起起伏伏，基本法也有被檢討的餘地，但是，這部法律的核心思想 —— 為港人構築一道"堤壩"—— 總歸是無人反對的。在這樣的制度框架之下，要準確地認識香港，就必須留意到這樣一套"法律秩序"的獨特性，換句話說，在中國主權之下，香港特區擁有一套獨特憲制，可稱為"香港憲制"（the Hong Kong constitution）。

　　誠然，"憲制"一詞容易致人混淆。對港人而言，過去英國所植入的管治模式，自然是反映了英國自身的"憲制傳統"。在回歸之前的香港，"香港憲制"一詞所涵蓋的範圍，遠不止《英皇制誥》這一份法律文件，更超出"制定法"的含義，而是如同在聯合王國一樣，包含了普通法、政治慣例、憲政主義基本原則等所有配得上"constitutional"的成分在內，是對於本地最根本最緊要的法律規範的一個方便的概稱。當然，本無需多說的是，香港不會因為其曾處於殖民統治之下的地位，就不能使用"憲"之名號。凡有政府之處，便有政府之法，也就有本地之"憲制"。

基本法的引入與實施，總體保全了香港原有法律體系；如果強調"主權移轉"這個根本變動的意義，也可以說，基本法為香港"更新了憲制"（constitution renewed）。因為基本法被賦予了優越於香港本地其他法的地位，也因為基本法全面系統地提供了"一國兩制"政策的法律實現方案，所以，我們可以說，基本法在今天的"香港憲制"中的地位，是更為根本的。

那麼，香港基本法與香港憲制之間是何種關係？

毫無疑問，改革開放以來，中國內地的憲法理論主要是遵循"成文憲法"脈絡的。香港基本法沒有被冠以憲法之名，但是，從立法技術上看，香港基本法可以被歸入"美國憲法"或"德國基本法"的行列，與之作比較研究。那麼，在基本法的時代，"香港憲制"是否仍然是一個"便利"或"準確"的概念？英憲傳統是不是已經被一掃而空了？置於"一國兩制"政策構想之下，"香港憲制"的概念是否還有一些特別的價值？

我認為，"香港憲制"一詞仍值得保留，她具備一些特別的解釋力，符合"一國兩制"政策的根本旨趣。

第一，"香港憲制"這個概念提示給我們，香港基本法這一部在功能上和立法技術上接近於"成文憲法"的法律，是在本地"原有憲制"的基礎上或體系內，開始實施的。香港特區如今的法律體系，並不是單靠基本法"高樓起平地"式地建構起來。和平的"主權移轉"方式，以及"一國兩制"政策，都決定了本地原有憲制在時間軸上的"跨越"效果是遠超我們想象的。港英時期奠定的法治傳統，已過渡至特區時代，並且為基本法的實施提供了重要的養料與助力。

因為九七之前的憲制有不同的組成部分，所以，基本法缺乏一對一的"替代"對象。不可否認，基本法是一部系統而全面的法律，也被賦予高級法的地位。但基本法上的規範效力的實現，與原有憲制的徹底滌除，絕對不是一碼事。在特區時期，基本法固然是提供本地憲制法（constitutional law）的主要源泉，但是，由於原有法律的延續性，也由於立憲技術的局限，基本法仍然不能完全壟斷憲制法的供給 —— 她是憲制法，也是最重要的一部憲制法，但不是唯一的憲制法。因此，"香港憲制"這個概念在特區時期仍然是有意義的，她是指，一個比基本法規範體系更豐富，更全面，更加植根於本地傳統的"憲制法之整體"（a body of constitutional law）。

第二，"香港憲制"這個概念也可以用來強調，在"一國兩制"框架之下，香港與內地之間，必須保持"制度性的區隔"。"一國兩制"的精髓在於，兩個地區，雖然在制度上彼此獨立，卻仍同屬一個國家。換句話說，納入了"一國兩制"政策的中國憲法預設了"內地憲制 + 特區憲制"的國家構成模式。這一點並非始終清晰無疑，有時候，人們會混淆"中國"與"內地"，這引發了一些爭議，以及對香港地位的混亂理解。

從法律上講，"一國兩制"最理想和最清晰的安排，應該是在一部奠定主權基礎的憲法之下，分別以不同法律規定香港和內地各自的制度安排，這樣可以更好地確保"兩制"彼此尊重，互不干擾。但歷史不能假設，我們也不必對上一代人求全責備。中國憲法以小幅度的修改納入"一國兩制"已屬難能可貴，但在法律適用上，的確容易引發困難 —— 如何在同一部憲法中清晰地劃分"社會主義"成分和"資本主義"成分？

這樣的劃分已經被證明不可行，而解決問題的方法也很簡單，那就是堅持"香港憲制"的獨特性。換句話說，涉及香港特區的法律問題，但凡可以用香港本地法或香港基本法處理的，就不能捨近求遠地去內地法律之中尋求幫助。必須強調的是，基本法為相關的中央機關也設定了職權範圍，其權力行使仍然是處於基本法框架（也就是"香港憲制"）之內的，與這些機關在"內地憲制"中的角色不可混同，而這也是"一國兩制"政策所要求的。無需贅言，香港基本法擁有極為特殊的地位，她並不是一部普通的"人大立法"，也不能以通常的"憲法與法律"的關係來理解中國憲法與香港基本法之間的關係。

最後，"香港憲制"這個概念還意味著，包括香港基本法在內，所有的香港憲制法，必須在具體的適用中，逐漸展現其內涵，由此構築特區的一整套制度，並且永續地調適和完善。僅以基本權利為例，香港基本法上的權利條款，經由法院的適用與演繹，已經很好地納入了諸多國際通行的原理與技術，由此充實了其內涵，使得基本法生發出可理解和可把握的法理（jurisprudence）。基本法的實施，就如同樹木的生長一般，有了判例的積累，樹木也變得枝繁葉茂，而判例背後的原則，就是貫穿於枝幹之間的營養液，讓木材更加扎實穩健。當樹木成長為繁盛的森林，就是我們所說的"香港憲制"了。

目錄

第一章

法理篇

普通法的魅力與困惑

本文原發表於《明報》2017 年 4 月 24 日

●

"法治" 是香港的一張名片。今時今日，不止是港人越來越習慣將法治視為香港的核心價值，在內地，也有越來越多的人意識到，過去僅僅把香港標籤為一個 "經濟都市"，是過於狹隘了 —— 法治才是在背後支撐這一整套自由、透明及高效率的經濟體的無形力量。說到法治，當然不能不說 "普通法"。沿襲自港英時期的普通法體系，被 "一國兩制" 政策保留下來，也被基本法賦予明確地位，這確保了內地法律制度不會跨過深圳河。在某種意義上，普通法成了法治在香港的代名詞。

不過要真正理解普通法，不是那麼容易，對內地人而言更是如此。2016 年的 "議員宣誓事件" 所引發的關注就超出了本港範圍 —— 相關爭議居然可以進入司法程序尋求解決，對一般內地人而言，當然是覺得新鮮的。但是，在民族主義情緒和強國夢日漸高漲的今天，香港的法官如何判決這樣一宗 "與國家榮譽有關" 的案件，又很難不被拿去作政治解讀。"司法獨立" 與 "國家觀念" 之間如何在法律上作權衡，兩地之間或有不盡一致的看法。但另一方面，香港的命運從來不曾與內地絕然切割，要維繫"一國兩制"，要保存港人如今最珍視的東西，功夫肯定不能局限於特區之內。說得直白一點，香港人不應期望一個對香港的法治毫無認知，甚至可能抱持誤解、疑慮乃至反感的內地，會真心實意地支持和尊重"一國兩制"。

那麼問題來了，"普通法"實在是一個多義的術語，常有被混淆的時候。內地的法律制度迥異於香港，內地的法學教育當中又鮮有機會提供完整的普通法訓練，所以，不用說路人甲乙丙丁，即便是內地的專業人士，也不見得能夠清楚界定"普通法"這個概念，遑論在重大爭議上作出專業、中肯的評價。筆者認為，這其實是搭建兩地之間法律對話管道的重大阻礙。

從最狹義的角度講，"普通法"是一套源自十二三世紀之英格蘭的法律規則，乃"共同的、共享的、通行的法律"之意，以區別於地方性的法律規則。基本法第 8 條當中將"普通法"、"衡平法"並置，首先是指代這個層面的含義。

"普通法"的第二重含義，需要與"制定法"（statutory law）相對照才便於理解。根據英國的法律傳統，由議會這樣的專門立法機關經由立法程序所創制的制定法，與法官經由判例而創立的判例法（case law），都是有效的法。這裏的判例法也可稱作普通法。當然，說判例法在香港很重要，並不意味著制定法不重要。香港立法會負責制定本地法例，其工作當然是重要的。

在更寬泛的意義上，"普通法"或"普通法體制"（common law system）可以指代一種遍及眾多國家和地區 —— 主要是英國、英聯邦成員國或前英國殖民地等司法管轄區 —— 的法律制度。這樣一個涵蓋眾多地區的大家族被稱作"普通法系"、"判例法系"或"英美法系"，與"大陸法系"相區別。普通法系地區之間共享很多法律傳統。當我們說香港是一個普通法地區（a common law jurisdiction）的時候，就是這個意思。基本法第92條規定，香港特區的法官"可從其他普通法適用地區聘用"，所以香港請到了一些非本地籍的高級法官聽審案件。中國內地的法律制度曾受到日本、德國、蘇聯等國的影響，具有不少"大陸法系"的特色，從歷史淵源上講，確實與香港非常不同。

如果進一步作延伸，"普通法"還可以囊括一些其他原則、價值或傳統。例如，司法機關對法律解釋權的壟斷、司法覆核制度、法官的尊崇地位、普通法系地區之間的密切互動、以及強大的司法獨立傳統，等等。基本法為香港保留的不止是普通法的"規則"，更保留了"普通法傳統"，而這些不同層次的要素其實是渾然一體、互為支撐的。有時候，內地與香港之間的不同意見，看似只是非常技術層面的規則之爭，例如早年的"莊豐源案"所展現的，究竟是遵從基本法條文的字面含義，還是應挖掘條文背後的立法原意？但筆者認為，核心爭議其實在於一些根本性的差異，例如，兩地之間看待"司法獨立"的不同方式。曾幾何時，有內地法律學者為香港法院運用司法覆核程序審查違反基本法之本地法例的權力感到驚愕，然而，但凡承認憲法是法，更是高級法的普通法地區，以司法程序解決"違憲爭議"都是理所當然的，更是今天國際上之大勢所趨。內地法治建設的艱難過程與不凡成績有目共睹，但是，當司法機關這一"最小危險部門"（the least dangerous branch）真的掌握了法律意義上的終裁權的時候，很多人又多多少少有點"葉公好龍"。兩地之間法律文化的差異，由此可見一斑。

筆者認為，回歸已超過二十年了，但我們仍需要藉助各種合適的機會與場合，面向兩地民眾及專業人士，去介紹、解說和公平地評價兩地法律制度的特色。不過，亦不可忽視不同法律制度之間某些最低限度的共識 —— 例如 "七警案"，此類案情如發生在今天的內地，濫權的公職人員絕不會獲得社會的同情，也不可能逃脫法律的嚴懲。此案件如果不被刻意地作政治渲染，從法律技術層面來講，根本就是中規中矩、依法判決而已。所以，"一國兩制" 的韌性是足夠大的，只要抱持基本的同理心，兩地之間也不是南轅北轍。筆者倒是更擔心，某些人對香港 "普通法" 的陌生、困惑與疑慮，只不過是更深層次的隔膜心態的某種呈現 —— 這不止是對一兩條法律規則的隔膜，而是對一整套被歷史證明具有普適性的價值觀的隔膜。如果是這樣，所謂 "普通法" 與 "內地法" 的差異與衝突，對 "普通法" 來說實在是很冤枉，因為充其量，"普通法" 這個術語只是恰好被借用來概括一些價值觀，而這些價值觀不論被替換成什麼名詞，實質內容都是差不太多的。如果真是這樣，不論內地或是香港，都需要嚴肅對待了。

不忘初心，方得始終
——香港基本法成功實施的經驗

本文源自一次高級別研討會。2017 年 5 月 27 日，全國人大常委會辦公廳在北京召開了"紀念中華人民共和國香港特別行政區基本法實施 20 週年座談會"；當天下午，全國人大常委會香港基本法委員會舉辦了學術研討會，邀集內地及香港學者與會。筆者出席了座談會與研討會，並且是研討會上獲邀致辭的十位學者之一。該致辭後全文發表於《學習時報》2017 年 6 月 26 日第 003 版，現已獲得該報授權收錄於本書。《學習時報》是中共中央黨校主辦的一份理論性的報刊

　　香港特區已經走過了不平凡的路程。日前，新一屆特區行政長官已當選並獲中央政府任命。放眼未來五年，相信香港特區一定能在繁榮穩定的基礎上，獲得新的發展。香港的成功，也是國家的成功，回歸二十年以來，"一國兩制"經歷了考驗，贏得了聲譽，為國家統一與民族復興的事業作出了不可替代的貢獻，也為香港同胞的切身利益與福祉提供了堅實的保障。香港基本法是"一國兩制"方針的法律實現，基本法的成功實施，是運用法治思維處理國家與民族重大問題的絕好範例，是值得

所有人珍惜的寶貴經驗。在這樣一個有著特別意義的時刻，我們不妨以一種回溯的目光、一種省思的態度，來階段性地總結一下香港基本法的成功秘訣究竟是什麼，必定對未來有所啟示。我認為，成功的經驗可以總結為一句話，那就是"不忘初心"。

首先，我們不應忘記，"一國兩制"方針的出台，有著特定的歷史背景、政治背景、社會背景乃至國際關係背景。時移世易，今人恐怕不容易體會，中央領導在當年做決策時需要承受的壓力，以及香港同胞在前途未定時的情感與心態，因此，以今人之是、非故人之非，是不可取的，是缺少對歷史的基本同情與尊重的。我認為，所謂"不忘初心"，就是指我們在評價"一國兩制"以及基本法的經驗與得失的時候，切不可無視當年的具體局面與制約，切不可輕慢前人在力所能及的範圍內所作的反覆權衡與思考，更不可想當然地以為自己如穿越時光隧道，就能夠提出一個更完美的方案。

香港與內地的分離，是 19 世紀一個專制王朝國勢衰頹所引發的不堪後果之一。由於內地經年累月的動盪局面，香港也就逐漸發展為區隔於內地的、具有獨特憲制架構與制度文化的地區。香港在整體上並無可辨識的民族、種族上的獨特性，且實際上主要基於來自內地的移民人口而構建本地社群與生活方式，因此，在一個合適的歷史時機實現向祖國的回歸，有著充分的理由。但我們也要看到，1980 年代初期，內地與香港在各方面都差異巨大，如何實現國家統一，同時又真正符合人民的根本利益，是一個棘手問題。經過幾十年關於發展道路的不斷探索，處在改革前夜的中國已經對自身有了更為準確的認識，因此，任何以斷然方式直接“接管”並立即進行全方位制度改造的方案，都是不可能的。這就意味著，香港作為一個“資本主義”地區，即便不符合一個內地人對於經濟、社會及政治制度的“經典想象”，但從某種發展的、務實的、非教條式的眼光來看，也應當正視這個地方在實現民眾安居樂業、經濟繁榮健康、政府廉潔透明等方面所取得的不俗成就。這就在一定程度上為“尊重和保持香港的原有制度與生活方式”這一核心政策埋下了伏筆。

有一種流行觀點是，國家在改革開放之初，亟需資金、人才以及與世界經濟體系的聯繫管道，而香港因其能夠扮演投資者、中介者的角色，才能換取在國家主權統一之下維持本地制度基本不變的安排。我認為，這種說法當然有一些道理，但把“一國兩制”方針的深層邏輯簡化為一種“工具論”思維，是很片面、也很危險的。中國已不再是熱衷於輸出革命的國度，這就決定了，將內地制度作簡單粗暴的地域延展，根本不是一個合理正當的選項。不僅如此，難道有朝一日香港的相對經濟優勢被弱化了，就必然導致其制度政策被全盤“社會主義化”嗎？追問一句，我們又該如何概括，或者選取哪個歷史節點，來概括內地的“社會主義制度”呢？

如果不能體會到國家自身發展的歷史邏輯，就不能理解在1980 年代初期，中國共產黨和國家領導人何以能夠以一種“出乎意料”的方式處理香港問題。糾結於香港地區從國家這裏獲得多少優惠待遇，這根本就是錯誤的提問方式。實際情況是，當國家需要對自身的發展道路作重新調整時，當國家以十足誠意尋求民族的和解與統一時，當國家需要以符合時代潮流的方式贏得國際社會的尊重與接納時，香港前途問題"不早不晚"地擺在了桌面上。因此，"一國兩制"方針作為能夠最大限度地符合各方利益 —— 根本上也是國家的整體利益 —— 的方案，被確定了下來。

其次，我們不應忘記，為落實"一國兩制"方針而在憲法法律層面所作的安排，是鄭重的法律承諾，更是重大的憲法事件。制定香港基本法是一次不同尋常的立法活動，有關起草工作的制度安排、程序安排與人員構成，起草過程所經歷的充分的研究與諮詢程序，以及在香港社會各界所產生的廣泛影響，都令這部法律配得上"憲制性法律"（constitutional law）的地位與稱謂。這當然不是說香港基本法的每字每句都是完美的，而是說，從現存的文獻記錄可以看出，所有的"持份者"在當年都以嚴肅、誠摯的心態來參與這一過程，相關條文的表述、相關制度的設定，是幾經斟酌、往返妥協之後的共識。以這樣的人力、物力投入到單一法律文件的制定，中華人民共和國歷史上恐無出其右。這也可以解釋，為什麼從很多方面來評價，香港基本法都是一部質量上乘的作品，因為事實上她確實是在當年的條件稟賦之下所能塑造的接近完美的法律方案了。當然，基本法留出了清晰的程序，以便在必要時對有關條文作出修改，這是法律上的通行做法。但是，如果對當年的制定過程缺少足夠的了解而輕言修法，那也是不可取的 —— 不論往哪個方向修改。

不僅如此，我們更不可忽視香港基本法在國家憲法（《中華人民共和國憲法》）層面的意義。憲法與香港基本法共同構成香港特區的憲制基礎，這個論述的意思是，憲法為"一國兩制"

方針提供了必要的法律地位，也提供了足夠的法律保障，由此才能在法律上推演出基本法的合法性。進入到憲法位階的方針政策，具有極高的剛性，因此，在我們理解憲法、理解特別行政區制度的時候，也必須將這一點考慮在內。從這個角度講，"一國兩制"方針入憲也意味著，1982年修憲是中國憲法體制發展歷程中的一次飛躍，過往的憲法概念得到了豐富：在過去，憲法只能容納單一性質的政策，於是有大家常說的"社會主義憲法"這個概念；在那之後，因為"八二憲法"建構了一個包容不同體制及政策的"複合單一制"國家，所以簡單地標籤"社會主義憲法"或"資本主義憲法"已不合時宜，不能準確反映香港回歸祖國這一政治現實和法律現實，這也提醒我們，切不可在談論憲法與香港基本法的關係時，混淆"國家憲法"與"內地憲制"這兩者之間的關係。

2014年以來，大家開始討論一個問題，即，在香港社會，憲法是以怎樣的面貌而存在。從嚴格的法律角度講，我們會問，是否有憲法條文（除開第31條）會在香港得到直接適用，這個問題的處理應避免非專業的、出於意識形態考慮的干擾；從廣義的政治角度講，這就涉及港人的一般觀念中，如何認識和理解國家憲法的地位、主旨與特點。這裏尤其要注意兩個問題：其一，不應混淆法律問題與政治問題；其二，不可想當然地認為，增進對於憲法的認識僅僅是對港人的要求。憲法是根本法，而八二憲法的歷史正好是中國在各方面發生深刻變革的歷史，這必然要求憲法具有相當程度的開放性，才能以必要的法律安定性去應對社會變遷的恆常性。八二憲法上的不同條文、不同語句，分別承載了不同的任務，也具有不完全一致的地位。如果考慮到 1982 年以來的五次憲法修改，更需要對憲法文本中隱含的歷史綫索保持敏感度，才能夠理解某些表面上存在衝突的憲法條文在更為深層的邏輯上其實是一致的，否則，如同 2006 年內地《物權法》通過前後的"合憲性爭議"一樣，有些人不能理解為何強調公私財產權平等保護的物權法能夠安然通過合憲性之質疑 —— 這是典型的缺乏歷史敏感度的陳舊憲法觀，他們沒有注意到，1993 年的憲法修正案"國家實行社會主義市場經濟"和 2004 年的憲法修正案"公民合法的私有財產不受侵犯"已經超越了與之不一致的其他條文，或者說，憲法實現了一次自我更新。由此可見，即便在內地，對於憲法的認識也需要不斷地整理和發展。那麼，在面對具有制度獨特性的特區時，可想而知，更應當抱持一種必要的同理心，即八二憲法表面上的矛盾性給一般人帶來了理解上的難度，這需要以更大的耐心、更持久的溝通，才能夠不斷地提升憲法在香港社會的認知度。

因此，從憲法層面看待"一國兩制"，我們所說的"不忘初心"就意味著：第一點，香港基本法的特殊地位、香港憲制秩序的獨特性，是早已被憲法確立了的，是具有高度剛性的，這是八二憲法加入第 31 條以及相關條文的"原初意圖"，那種將基本法矮化為一般性的人大立法的看法是站不住腳的；第二點，作為根本法的憲法，既規定了國家統一與發展的目標，也提供了發展國家結構形式、創設特殊制度的必要空間，使得憲法本身具有了一種動態性、前瞻性，這必然要求我們站在憲法理論的前沿來看待基本法實施過程中遇到的與憲法關聯的問題。

其三，我們不應忘記，"一國兩制"方針的實施，將內地人民與特區同胞進一步地聯結為命運共同體，這是中華民族在經歷了近代百年磨難之後，重新贏得世界尊重，並逐漸走向復興的標誌。早在孫中山先生領導革命運動的年代，香港就曾為愛國志士提供過庇護；在抗戰年代，香港也曾利用其特殊的區位便利，在資金上、物資上給予內地人民寶貴支持；在回歸之前，香港同胞在內地遭遇重大災害的時候，也紛紛傾囊相助，令人感動。香港從來沒有與內地完全隔絕過，"一國兩制"更永久性地鞏固了彼此的關聯。

在"一國兩制"的語境下，怎麼理解"國家"是很重要的問題，這決定了我們怎樣理解"國家與特區的關係"、"中央與特區的關係"以及"內地與特區的關係"，而這幾組關係有時是容易混淆的。特區是國家不可分割的一部分，這是不容懷疑的。中央是一個方便的泛稱，背後須還原為若干個具體的國家機關（governmental authorities）。一般而言，"國家機關"是指依法擁有公權力的機關，所以，既有中央層面的國家機關，也有地方層面的國家機關。也因此，帶有"國家"這個前綴的詞彙，並不一定涉及"國家與特區"關係問題，很可能只是表明涉及到公權力機關而已。在與特區相呼應的情況下，中央國家機關就是指由憲法、基本法以及其他法規範授權，與特區的公權力機關一起參與建構、維繫"特別行政區制度"的"位於中央的"機關。同為中央國家機關，在與內地的地方國家機關相對照時，其角色設定是不同於處理與特區政府機構的關係的，所以，我們可以看到基本法對有關中央國家機關的授權不同於那些全國性的"組織法"（national organic law）對於這些同樣的中央國家機關的授權，這是完全可以理解的。法治的一般原理決定了，即便是建置上的同一個機關，也可以享有不同的職權，承擔不同的職責，由此形成不同的"身份"。有鑒於此，我們要區分處理"純粹國家事務"的機關、處理"內地事務"的機關和處理"特區相關事務"的機關，即便在機構上、人員上是"合一"的。"國家"概念如果被含混地、不嚴謹地使用，就會引發一些誤解，也不利於內地、特區在"一國兩制"框架下擺正各自的位置，這恰恰是當下正在發生的。一言以蔽之，中國憲法和法律上從來沒有將"某一制"擺在"另一制"之上的規定；與此同時，"國家"則一定是包含了內地與特區在內的更為上位的法律概念。始終把握住這一原則，才能夠處理好有關"國家與特區關係"的問題。

上述幾個方面，都與香港基本法的成功實施有著重大關係，然而，越是根本性的問題，越是需要人們時時溫習。我認為，在這個時候強調"不忘初心"，同樣還因為"一國兩制"事業面臨一些新的挑戰，並且是由一些當年不曾出現過的狀況、形勢所引發的挑戰 —— 這些新形勢沒有被當年參與中英談判、過渡交接和特區籌建的人士所經歷，這就要求，我們對堅持"一國兩制"這份初心，必須有更為深刻的認識：

第一，"一國兩制"方針立足於不同制度與生活方式的和諧共存，然而兩制之間的差異在當年可能並沒有展現全貌，當年也無從假設兩種文化在具體場景中遭遇時會引發何種心理上、感情上的反應。這方面，我們尤其不能將眼光局限於內地與香港之間的官方互動，更要觀察到兩地民眾之間在彼此觀感上的落差。僅僅從此前有關地鐵中乘客行為舉止的爭議事件就可看出，包容兩制、存異求同，仍然是任重而道遠的。如果只是給出一個簡單明快的評價，大概可以說，既然兩地差異如此之大，原本就不適合在一起，但這顯然是意氣用事、逞一時之快的冒失說法。真正可貴的取態是，將"一國兩制"視作一種有關尊重與包容的概括承諾，即便遭遇意想不到的尖銳的文化衝突，也仍然以最大的誠意、耐心與創造性，去挖掘兩地之間的共享價值，而不是輕易地給對方貼標籤。我相信，"一國兩制"方針的設計者也會贊成這樣一種積極的、負責的取態。

第二，"一國兩制"方針出台於內地在各方面仍非常落後的年代，保存香港原有制度的優勢，確實有助力內地發展的意圖。時過境遷，如今內地的政經實力已不可同日而語，如果從純粹功利計算的角度看，對香港的依賴與期待也相對弱化了不少，這是當年沒有完全預計到的。對內地而言，實力的增長催生自信心的積累，這是自然而然的，如善加利用，一定能夠發揮積極作用。真正的挑戰在於，如何能夠在自身實力增長的同時，仍然能夠保持謙遜、理性、負責與明智的態度，並將其具體展現在政策層面，展現在處理涉港事務的過程和手法中。即便放在今天，香港也有著內地不可替代的一些制度優勢，比如法治、廉潔、高效與國際化，這是值得內地尊重、學習的。"一國兩制"不是一個你追我趕、你贏我輸的遊戲，而是期待彼此能夠汲取對方的優點，優勢互補、形成合力。僅僅以政經實力消長為唯一尺度去評判"一國兩制"的價值，是不明智的。

第三，"一國兩制"方針與香港基本法對特區的民主政制發展作出了嚴肅承諾，然而社會發展有其自身邏輯，三十多年的時間雖短，卻足以塑造出很不同的政治氛圍與思想氛圍，因此，想要達成一個各方滿意的政制發展路綫圖，看起來難度越來越大。必須認識到，這是一個牽一髮而動全身的問題，也是"一國兩制"面臨的最大挑戰。我們須注意到，在內地保持其基本政治制度穩定的前提下，在法律上承諾特區民主政制的持續發展與終極目標，是不容易的。說當年的立法者過於"樂觀"或"悲觀"、"進步"或"保守"，未免求全責備了。回到當下，我們也不應假定，帶有香港自身特點的政治爭議、政治訴求、政治運動是內地環境下成長起來的官員所擅長處理的。從這個角度講，"一國兩制"需要不斷作理論充實，而踐行這項偉大政策的各方人士也需要不斷學習與自我調適。換句話說，香港基本法關於政制問題的妥協式的規定，將諸多難題留給了後人，這是不能不面對的客觀現實。但換個角度看，排除萬難、兌現承諾，也是"一國兩制"生命力的最好證明。

普通法傳統與香港基本法的實施

本文最初發表於《法學評論》2015 年第 1 期。《法學評論》是武漢

大學主辦的一份法學專業學術期刊。根據該期刊之授權，現收錄於

本書

——————— ● ———————

香港特別行政區基本法保留了香港的法治傳統。由於香港是普通法適用地區，所以也可稱之為普通法傳統。基於這一傳統，香港幾乎所有爭議 —— 包括重大社會爭議或政治爭議 —— 都有機會被納入到一個理性、透明且建基於程序正義的體系中進行爭辯、評判和解決。可以說，香港回歸以來的繁榮穩定在很大程度上是歸功於她所獨有的普通法傳統的。

"普通法" 是個複雜的概念，有多個層次。[1] 但這裏要探討**的是：在此時此刻，香港基本法在實施過程中所依仗和展現出的，源自普通法的觀念、原則、技術與風格。**普通法的一個重要特徵是因應社會變遷而不斷發展演變，因此本文所稱的 **"香港的普通法傳統"** 不僅包含香港過往一個多世紀當中在英國法律傳統下所習得的一整套法律制度與風格，更包含過去十七年在處理特區一系列法律爭議中、在與內地法律制度的互動中，所獲得的新的意涵。

基本法的實施與普通法傳統的關係，大致可以從以下幾個角度作出簡單概括：（1）自從《中英聯合聲明》簽署和基本法開始起草，普通法即作為香港“原有法律制度”的內核而被不斷強調——不管是在具體規則的意義上，還是在整體法律傳統的意義上。因此，普通法獲得了某種“香港既有制度之象徵”的意味，也成為檢驗“一國兩制”政策是否獲得成功的標準之一。（2）普通法是香港原有法律制度，不同於內地法律制度，在內地與香港的法律互動、甚至法律衝突中，“普通法”這個概念具有很強的對照意義，展現了香港法律制度、法律觀念的獨特性。缺乏對這種獨特性的了解，就無法全面準確地理解基本法。（3）香港特區享有高度自治地位，各項制度與內地相區隔。但相對而言，法律制度、司法制度具有更明顯的獨立性和封閉性。[2] 嚴格來講，香港原有法律傳統和法律體制至今仍然依靠具有高度同質性與專業性的一群人——即香港的法律共同體——來維繫和發展。香港普通法既與內地法律制度相區隔，又與全球諸多普通法法域存有緊密聯繫，從而使得“普通法的法律人共同體”在基本法體制中顯得尤為獨樹一幟，他們對基本法的理解方式值得高度關注。（4）香港回歸以來，政治生態與經濟民生情況都發生了不少變化，憲制架構如何在基本法框架內繼續發展和完善，是重要課題。普通法傳統囊括了權力分立、司法覆核、人權保護等豐富的公法思想，可以預期，普通法在香港的不斷發展必然有助於香港政制的不斷完善。

　　有鑒於此，本文試圖依次回答這樣幾個問題：（1）在若干具有指標意義的基本法案件中，“普通法”這個概念以怎樣的方式被使用和闡發？發揮了怎樣的作用？又經歷了怎樣的演變？

（2）在"一國兩制"政策和基本法體制下，普通法傳統究竟意味著什麼？（3）我們如何在香港政制發展的背景中理解普通法傳統？政制發展與普通法會有怎樣的互動？

一、基本法案件中的"普通法"

（一）"馬維騉案"

"香港特別行政區訴馬維騉案"[3] 是一宗在訴訟程序上跨越回歸節點的刑事案件。本案被告被控犯有共謀妨礙司法的罪行（conspiracy to pervert the course of public justice）。這一罪名來自於普通法，但被告質疑，特區建立之後，原有普通法是否能夠自動過渡為有效法律，從而適用於對他的檢控。他的理由是，雖然基本法規定香港原有法律——包括普通法——將繼續適用，但無論全國人大常委會或香港特區立法機關都沒有採取專門的行為（a positive act of adoption）將原有普通法納入到新的法律體系中。但香港高等法院上訴庭[4] 駁回了他的主張。首席法官陳兆愷在判詞中說，結合基本法第 8、18、19、81、87、160 條的規定，可知基本法的意圖就是香港法律制度的延續性和穩定性，原有制度必然在 1997 年 7 月 1 日已經"就位"，而無需在形式上"被重新納入一次"。[5]

對於普通法在香港特區的延續，"馬維騉案"舉足輕重。儘管從基本法的文本來看，原有法律的保留是確定無疑的，但是在司法實踐層面，仍然需要回答"法律如何延續"這個問題。[6] 司法機關是法律的執行者、適用者，此處隱含的邏輯是，某一項法律規則是否為實際有效的法律，是由司法機關確認的。這並非是指司法機關可以凌駕於立法機關之上（尤其對制定法而言），而是指法律被制定之後，必須、也只能交由司法機關去理解與適用。司法機關在具體案件中的首要任務就是"找法"——辨識出"可適用的法律"。如果某部法律或某項法律規則被司法機關認為尚未生效、已經失效或並不存在，那麼就不屬"可適用的法律"。根據"馬維騉案"，香港地區原有的普通法自動過渡到 1997 年 7 月 1 日之後，無需追加特定的立法行為對此予以確認。根據基本法第 160 條，如果日後發現原有法律有不符合基本法的，將通過特定程序予以修改或停止生效。但這是例外。凡是未被宣佈為違反基本法的，都推定為符合基本法，並自動成為特區建立之時的法律制度的一部分。也就是說，後續普通法案件都不必再糾纏於"找法"的合法性或界限的問題，1997 年之前的相關判例也自然而然可以被援引、參考。

陳兆愷法官同時表示，基本法第 8 條所說的"原有法律"應以 1997 年 6 月 30 日為時間節點予以認定。[7] 當然，這並不是說原有法律自此全無變化。恰恰相反，普通法因其不斷發展的特點，在九七過渡之後依然會被持續更新。嚴格來講，基本法不但保留了特區成立之時的普通法規則，更保留了整個普通法體制 —— 包括普通法規則不斷自我更新和發展的機制。從這個角度看，香港的普通法可以被視為"一條未被截斷的河流"。

（二）"吳嘉玲案"

"吳嘉玲案"[8] 無疑是最具標誌性的基本法案件。該案的直接爭議點是如何解釋基本法第 24 條第 2 款第 3 項與第 22 條第

4 款，但是終審法院藉本案順勢探討了有關基本法的諸多深層次問題，對特區法律制度影響深遠。[9] 在判詞中，終審法院一共四次提及普通法（the common law）：有兩次是在比較宏觀的意義上使用這個概念，用來指代作為香港原有法律制度而保留下來的"普通法"；另外兩次是在比較微觀的、技術化的層面使用這個概念，分別用來討論"居留權"的定義[10] 和臨時立法會的法律地位。[11]

"吳嘉玲案"發生在"馬維騉案"之後兩年。如上文所述，後者已經解決了普通法的延續性的問題。因此，終審法院試圖在此基礎上，對基本法所奠定的"新的憲制框架（the new constitutional order）"進行描述。也就是說，"吳嘉玲案"的著眼點不在於普通法是否適用，而是在基本法之下，普通法如何被賦予新的含義。在討論香港法院的管轄權的問題時，終審法院提及"馬維騉案"中特區政府的一項主張 —— 法院在回歸之前不能質疑英國議會立法的合憲性，這種管轄權限制屬基本法第 19 條第 2 款所稱的"原有法律制度和原則對法院審判權所作的限制"，因此過渡到基本法體制下繼續有效，而人大具有相當於此前英國議會的地位，所以香港法院不能對人大行為進行審查。終審法院認為上述觀點是錯誤的。其特別指出，在過去，根據普通法，英國議會擁有至上的立法權，而香港法院不能質疑這項權力；但是，基本法所奠定的新秩序在根本上是不同的（the position in the new order is fundamentally different），基本法第 19 條並不能將舊體制（the old order，即附屬於議會主權原則之下的殖民地體制）下與英國"議會主權原則"有關的那種司法管轄權限制植入新體制中。[12]

很明顯，終審法院試圖強調基本法體制所具有的不同於舊體制的一面，而"普通法"一詞似乎成了舊體制的代表，至少應予以修正或重新演繹。有人或許會質疑終審法院出於維護法院管轄權的動機而操作"普通法"這個概念，但不可否認的是，普通法上的規則確實可以被制定法 —— 當然包括基本法這樣具有憲制性地位的法律文件 —— 所修正，[13] 幾百年來一向如此。以英國為例，1998 年人權法案（Human Rights Act 1998）所引入的"弱型違憲審查"[14] 實際上改變了英國法院與議會的關係，這既是對議會主權原則的修正，也是普通法傳統的修正，[15] 可見普通法絕非一成不變的事物，香港的普通法也不例外。儘管"吳嘉玲案"並非必須回答香港法院是否有權管轄人大行為這一棘手問題，[16] 但釐清司法機關在實施基本法過程中的管轄權範圍是終審法院的職責所在，因此開啟這個問題的討論是必要的、無可厚非的。

與此同時，"吳嘉玲案"也有對普通法傳統予以堅持的地方，即有關基本權利條款的解釋方法的討論。終審法院首席法官李國能在主張一種寬鬆的、目的性的解釋方法的時候說："像基本法這樣的憲制性文件，法律空隙和模棱兩可之處是必然會有的，而在填補這些空隙或澄清模糊語句的時候，法庭有責任從文本和其他相關材料中發現並確證其立法原則與目的，並且通過法律解釋將其明示出來。"[17] 在談到基本法第三章所規定的基本權利的時候，他說："法庭應當對第三章那些規定了憲法權利（constitutional rights）的條款給予寬鬆解釋，以保證香港居民能夠充分享有基本法所確認的權利與自由。"[18] 也就是說，對於憲制性文件的解釋，尤其是涉及到基本權利條款的解釋，法庭的作用不可或缺，並且應該是當仁不讓的。誠如馬歇爾大法官所說，"闡明何為法律乃是司法部門的權限與責任，這是無需贅言的。"[19] "吳嘉玲案"對法院的定位與普通法傳統中司法權的憲制地位是一致的，與通過司法解釋來保障基本權利的歷史經驗也是一致的。所以，佳日思（Yash Ghai）教授有評論，在處理基本法問題時，香港的法院採取了普通法的解釋路徑和原則（the Hong Kong courts have applied the common law approaches to and principles of interpretation），這使得他們對於基本法的實施乃至發展有著深層次的掌控力，也強化了終審法院將基本法視作完備與自足的法律文件（Basic Law as an integral and self-contained instrument）的一貫主張。[20] "吳嘉玲案"的重要意義在於，確定了香港特區的法院將沿用普通法方法與原則解釋基本法。在此後的案件中，即便"普通法"一詞不被明示地提及，也不會影響其影響力，因為對本身即延續了普通法傳統的法律體制而言，是無需時時刻刻將這個概念掛在嘴邊的。

（三）"莊豐源案"

2001 年的 "莊豐源案"[21] 沒有如 "吳嘉玲案" 那樣引發巨大爭議，但其在基本法實施歷程中同樣重要，尤其是此案在很大程度上恢復了香港特區法院在實施基本法方面的主導地位和人們對於司法獨立的信心。[22] 儘管該案所直接導致的 "雙非兒童" 問題[23] 仍在持續發酵，不排除將來被終審法院推翻的可能性，但目前仍為有效判例。關鍵是，此案對於普通法上的法律解釋規則的依賴是不同尋常的。

"莊豐源案"的判決書中有 23 次提到普通法，主要在兩個意義上使用。第一種用法，是指具體的普通法規則，例如終審法院表示，在香港法律體系中所發展出來的普通法規則——而不是內地的法律規則——將適用於本案，[24] 並且其他普通法法域的判例也可以用於參考。第二種用法，是指普通法傳統中的解釋方法，即 the common law approach to interpretation。終審法院在本案中花費了很大篇幅來說明法律解釋方法的問題，包括普通法傳統中如何平衡立法目的與法律文本語句之關係、如何接納並評估與立法過程相關的證明材料等方面的原則和技術。值得注意的是，終審法院特別強調了基本法為香港特區所劃定的司法體制與內地法律體制的不同。李國能大法官說："入境事務處律師沒有提出在香港法庭應當適用內地的法律制度來解釋基本法。那一套制度與香港這一套基於普通法的制度是不同的。在那個制度下，全國人大常委會的立法解釋可以澄清或補充法律規定。"[25] 也就是說，普通法在一種強烈的區隔意味中被提出來，顯示了香港法律體系的獨特性、獨立性，並且這被認為符合"一國兩制"的本意。

"莊豐源案"涉及基本法第 24 條第 2 款第 1 項的解釋，而全國人大常委會在 1999 年專門針對"吳嘉玲案"所作的一次釋法當中以一種間接和模糊的方式提及了該條款，因此曾有可能依照這一份釋法案來解決本案爭議。[26] 不過，終審法院（雙方當事人對此均無異議）以一種典型的普通法的方式[27] 處理了全國人大常委會的解釋案，並且以分權原則——他們將該原則視作普通法傳統之一部分——來論證說，法律文本（包括釋法案）一旦制定通過，法院就是唯一的權威解釋者。也就是說，香港法院必須接受人大釋法的效力，這是沒有疑問的，但是在司法的具體層面，他們事實上不可能拋棄普通法傳統而變成內地法律體系的學徒，因此即便是人大釋法這樣的權威法律文件，一旦進入到香港的法庭當中，仍不得不遵循普通法的方法、原則來理解和處理。這恐怕也是人大釋法在香港發揮實際效力的唯一方式。

"莊豐源案"展現了司法權對於法律解釋的獨佔性。在"普通法"與內地法律制度相區隔的意義上，香港的司法機關尤其能夠代表這一"普通法傳統"。終審法院通過"莊豐源案"表明，香港法院不會放棄普通法傳統賦予法官的，在個案審判中運用其所習得的規則、技術以及裁量權進行解釋的權力。由此，香港司法機關得以從"吳嘉玲案"的挫折[28]當中恢復元氣。但是，這種"恢復"是通過回歸、強化、乃至刻意凸顯香港原有的普通法傳統而實現的。

（四）"剛果（金）案"

"剛果（金）案"[29]表面上是關於香港特區在當前適用何種國家豁免規則的問題，深層次上則是原有普通法規則如何被基本法修改。本案終審被上訴人 FG Hemisphere Associates LLC 公司（以下簡稱"FGH 公司"）認為，根據香港回歸之前所實行的國家豁免規則（doctrine of state immunity），主權國家的商業行為不能免於法院管轄 —— 即實行有限豁免（restrictive immunity）；而上訴人剛果民主共和國〔以下簡稱剛果（金）〕則認為，中國採行的國家豁免規則為絕對豁免（absolute immunity），而香港作為中國的一個地方行政區域，應當跟隨這一規則。即使香港回歸之前的國家豁免規則為有限豁免,但根據基本法的規定,相關規則應予修改為與國家保持一致。

終審法院在本案陷入分裂,以前所未有的 "3:2" 的票數裁決剛果(金)勝訴。多數意見(包括常任法官陳兆愷、常任法官李義、非常任法官梅師賢爵士)承認,截至回歸之時,有限豁免規則已經成為香港普通法的一部分。基本法第 8 條規定,普通法除與基本法相抵觸或經立法機關修改之外,予以保留。第 18 條進一步規定,在香港特區實行的法律包括原有法律(普通法屬原有法律之一)。但多數意見指出,國家豁免規則並不能因此而保持不變,因為根據基本法第 160 條[30]、全國人大常委會於 1997 年作出的《關於根據〈中華人民共和國香港特別行政區基本法〉第一百六十條處理香港原有法律的決定》(以下簡稱 "1997 年決定")[31]和《釋義及通則條例》(香港法例第 1 章)第 2A 條[32]的規定,原有的關於國家豁免的普通法規則在成為特區法律體系的組成部分時已經作出必要的 "變更、適應、限制與例外",以便體現香港特區作為中國的一個地方行政區域的地位。[33]而根據特區的這種新地位,國家豁免規則需要作出的修改就是:必須變得與中國所實行的國家豁免規則保持一致。[34]由於中國一向將決定國家豁免規則(政策)的事宜視作外交事務,而不是法律事務(不由法庭決定),[35]因此當香港的法院在案件審理中需要確定作為法律規則的國家豁免規則時,應當跟從中國所採行的規則(政策),即絕對豁免。多數意見同時指出,根據基本法第 19 條第 3 款,香港法院對國防、外交等國家行為無管轄權。儘管他們承認 "國家行為" 這個概念是不清晰的,普通法上有關 "國家行為" 的規則(the common law doctrine of act of state）也很含糊，但還是傾向於認為基本法上的這一限定與普通法固有的"國家行為"規則是一致的。[36] 也就是說，即便站在沿用普通法的角度，一旦國家豁免規則被認定由"國家行為"決定，那麼法院就不會予以管轄。

　　包致金法官在其提交的少數意見中則指出，商業交易能否在香港的法院得到管轄豁免是一個普通法的問題，終審法院能夠作出決定、也必須作出決定（the question of whether the state immunity available in the courts of Hong Kong today extends to commercial transactions is a question of common law which the Court can and must decide）。[37] 他承認外交事務是中央政府的職權範圍，但作為法律問題的國家豁免規則**與外交無關**。他說，本案不存在法院意欲對國家行為行使管轄權的問題。[38] 很明顯，包致金首先把確定國家豁免規則視作一個法律問題，而不是外交問題。由於（截至本案之前）香港普通法確實已經接納了有限豁免規則（這一點沒有爭議），所以，如果將這一已經歸入司法權管轄範圍的事務重新交予行政部門（中央政府或外交部），那麼不僅是既有規則的改變，也是法治的倒退。至於香港法院實行一種不同於中央政府的國家豁免規則是否會令後者感到難堪，甚或有損於國家利益（例如影響與別國的外交關係），包致金則意味深長地說，"終審法院從未輕視這一可能性，但是，司法獨立與法治也必須被嚴肅地考量……"[39] 他進一步引述 FGH 公司代理律師的話說，"就算依法審判會令行政機關在處理外交事務時難堪，司法機關也不能因此拒絕依法審判。"[40] 他認為，繼續讓香港的法院就法律問題獨立作出決定，恰恰是"一國兩制"原則的生命力的體現。[41]

持平而論，本案的多數意見和少數意見[42]都能夠從基本法和普通法的傳統資源中獲得支持。普通法不會一成不變，若基本法明示地納入一種改變，那麼這種改變不僅是必需的，也是正當的，甚至最終會被視為推動了普通法的發展。但這種改變也不是無底綫的，它不能蛻化為對法院獨立審判權的予取予求。司法機關的權威來自於相關各方都認可其有權威，正因如此，這種權威既珍貴，又脆弱。包致金反覆強調，他並非無視基本法對於外交事務的安排，只是不願輕易放棄司法機關經年累月所贏得的管轄權 —— 從文本上看，基本法沒有明確規定 “國家豁免規則的確定” 屬外交事務，那麼法院對這一問題的既有管轄權是否已經被基本法第 19 條所排除就是值得辯論的。[43] 就普通法而言，一項法律規則的形成、鞏固 —— 或者說一個問題由非法律問題逐步轉化為一個嚴格的法律問題，並交由司法機關解決 —— 需要很長時間，但放棄它卻只是一夜之間的事。包致金法官在本案所堅持的大概就是這一點。

（五）“外傭居港權案”

“外傭居港權案”[44]是 2013 年前後的焦點案件。菲律賓籍家傭伊萬傑琳（Vallejos Evangeline B.）對港府入境事務處提起的司法覆核可算是外傭第一案。伊萬傑琳來港超過二十年。她認為，根據基本法第 24 條第 2 款第 4 項的規定，非中國籍人士在港 “通常居住” 連續七年以上並以香港為永久居住地，則可申請成為香港永久性居民 —— 即獲得居港權。但入境處拒絕了她的申請，她因而提起司法覆核。本案的核心爭議是如何確定 “通常居住” 的含義：一種觀點認為，既有的普通法先例已經提供了這一概念的含義，因此**作為憲法概念的通常居住**（"通常居住"寫入了基本法中）的含義已然清晰，無需、也不能被下位立法所限縮〔《入境條例》第2（4）a條規定，輸入香港的外來家傭不能被視作在港"通常居住"。入境處以此拒絕其申請〕。這一思路使得伊萬傑琳在一審（高等法院原訟庭）獲得勝訴。另一種觀點認為，普通法當中"通常居住"的含義並不清晰，在此情形下立法機關有權、也有空間對這個尚不清晰的憲法概念進行細化或限定。入境處認為《入境條例》中的相關限定是基本法"通常居住"條款的細化，不構成違反基本法。依循這一思路，上訴審與終審都判決入境處勝訴。

普通法在本案再度成為理解基本法條款的關鍵資源。從初審到終審，法院判詞多次提到"普通法"、"普通法方法"（common law approach）、"普通法體制"（common law system）等字眼。在第一審中，林文瀚法官[45]在判詞中25次提及"普通法"，其中既包括援引相關先例——如"Fateh Muhammad案"[46]，也包括闡述普通法傳統中的法律解釋規則或司法權在普通法體制中對法律解釋權的獨佔地位。例如，判詞在談到是否接受基本法公佈之後的補充材料作為解釋時的參考時，就援引"莊豐源案"的意見說，"在實行權力分立的普通法體制中，法律一旦制定完成，對其進行解釋就是法院的事情了。"[47]林文瀚法官強調，根據"普通法方法"，在一部法律制定之後再發佈文件對其予以補充說明，該後續文件的權威性是不足的，法庭對於是否將其納入考量範圍也應當是謹慎的。儘管在內地法律體制中，法律解釋機關有權在一部法律的實施過程中以"法律解釋"的名義對其文字及含義進行補充和說明，但這種做法對於一個受普通法訓練的法官來說，無異於剝奪了他的解釋權。

　　在上訴審中，"普通法"也被 15 次提到。上訴庭（高等法院上訴庭）同意原訟庭關於堅持普通法方法解釋基本法條款的立場。但與原訟庭不同的是，上訴庭強調了普通法傳統中的另一面，即雖然法律解釋是法院的職權，但是法官所要解釋的仍是法律，他們需要充分注意到制定法（這裏指的是《入境條例》）中的概念及其定義對於既有的普通法概念（"通常居住"）的改變或發展。張舉能法官說，"只要有可能，普通法概念的含義應當作出調適以符合制定法的文本表達。"[48]"那種將單個判例提高到某種憲法地位以至於無論是一般立法還是判例法都無法對其進行修正的做法是不符合普通法傳統的。"（this approach—whereby a single common law decision, albeit one by the House of Lords, is elevated to the status of an immutable, constitutional definition, which cannot be changed either by ordianry legislation or by normal development of case law— also represent a considerable departure from the traditions of the common law.）[49] 質言之，上訴庭並不認為普通法中的"通常居住"的含義已經清晰，更沒有由此壟斷基本法條款的含義。相反，基本法容許立法機關參與塑造這一概念的含義。表面上看，"普通法傳統"被原訟庭和上訴庭各取所需了，但實質上，這反映了普通法傳統的複雜性。從深層次上講，一個已經進入憲制性法律文件中的法律概念，其含義在多大程度上取決於既有的普通法，多大程度上留給立法機關通過制定下位法進行概念填充，是一個憲制層面的分權問題。普通法體制明確承認權力分立原則，因此其既要保護司法解釋權免於立法機關的干預，也要尊重體現於制定法文本之中的立法權，不能任由司法機關無視或規避。上訴庭雖然推翻了原訟庭的判決，但沒有從總體上否定其方法，只是認為其“錯誤”地理解了普通法方法而已（上訴庭傾向於給予立法機關更多的闡發法律概念的空間），雙方其實在同一套話語中對話。[50]

二、香港特區的普通法

（一）普通法在“一國兩制”政策中的地位

“一國兩制”政策要求保留香港的原有制度 —— 包括法律制度 —— 基本不變。在作出恢復對香港行使主權這一決策之時，中央明確認識到，既要保持香港在回歸後的繁榮穩定，又要維持港人對香港回歸的信心，原有制度必須保持不變。[51] 憲法第31條的措辭表明，“一國兩制”政策具有憲法規範的地位，這更加印證了八二憲法對於香港獨特制度優勢的認可。

因此我們可以認為，“一國兩制”政策和作為其法律化表達的香港基本法在很大程度上具有一種保守氣質。也就是說，由於原有制度獲得高度成功、廣泛認可，當然也由於其他一些複雜的歷史背景，基本法 —— 作為香港地區的新的憲制性法律 —— 之所以得到香港社會主流民意的支持，實際上是以對原有制度的總體保留為前提的。“舊制度”是被留戀的，也被成功保留了下來；相應地，代表“舊制度”的階層和機關 —— 如法律職業共同體和司法系統 —— 仍然保有他們原有的崇高社會地位。這些年來任憑香港政治生態如何演變，法治水平卻始終獲得市民的高度認可，[52] 成為“香港核心價值”的代言人，這一現象令人印象深刻。很顯然，**香港人認為，普通法的延續使得特區維持了較高水準的法治，所以對法治的珍惜就理所當然地具體化為對普通法的推崇。**所謂原有法律制度基本保持不變，尤其是指普通法要基本保持不變。

但是，如果我們就此認為香港的普通法是一成不變的、固步自封的，那也是誤解。以人權保護為例，近二十年來，很多國家都選擇了建立憲法法院的方式來推動人權法和人權保護的發展。因為在很多國家，司法系統具有明顯的"舊制度屬性"，但憲法法院（以匈牙利、南非等國的憲法法院為典型）作為新機構則沒有任何歷史包袱，容易贏得公眾信任。反觀香港，憲法法院從來都不是選項，但是包括終審法院在內的各級法院在人權保護方面相當有作為，《公民權利與政治權利國際公約》等國際人權法資源已經被大量納入香港本地的人權法理（jurisprudence of human rights）當中。[53] 香港的法院仍然是遵循普通法方法的法院，但其展現了足夠的開放性和靈活性去吸納新的法律原則和法律理論。

這看似矛盾的現象其實不難理解。"一國兩制"政策保證內地的法律制度不會適用於香港，但不會阻礙香港法律制度隨社會變遷而相應地發展。不僅如此，基本法第 84 條規定香港法院在審理案件時可以參考其他普通法適用地區的判例，第 82 條規定終審法院可根據需要邀請其他普通法適用地區的法官參加審判。也就是說，基本法非常明確地允許和鼓勵香港與其他普通法適用地區保持聯繫，並通過這種聯繫使得香港的法律制度避免趨於僵化和邊緣化。質言之，香港普通法的"保守"主要是相對於內地法律制度而言的，"一國兩制"政策期望香港的法律制度能夠保持、維持、維繫這一相對優勢。實際上，普通法獨特性的保持恰恰證明了“一國兩制”政策的成功。

（二）普通法的穩定性與漸變性

如上文所述，普通法並非一成不變，但其總體上的穩定性取決於以何種方式實現改變。普通法的改變一向都是漸變性的（incremental），即一點點地改變，而非疾風驟雨、大破大立式地改變。一言以蔽之，普通法的穩定性表現在其“漸變性的改變方式”得以保持。基本法作為香港特區的憲制性法律，在進入到香港法律體系之後，成為本地最高法律，因此必然會給原有普通法帶來改變。但是“莊豐源案”、“外傭居港權案”都說明，如果基本法文本中採用了普通法既有的法律概念，那麼這一既有概念的含義將決定性地影響法官對基本法相關條款的理解。也就是說，基本法作為新晉實施的法律 —— 儘管是位階最高的法律 —— 必須依託於既存的一整套法律資源，才能被順利地實施。反過來講，法律真空狀態是不能容忍、不可想象的。[54]“馬維騉案”已經確定，普通法於特區成立的那一刻自動實現過渡，而無需特別的決議或其他立法行為來重新使其生效 —— 事實上這些法律從未失效過。既然如此，香港特區的建立就不會引發法律制度瞬時地、大幅度地改變；也因如此，在特區建立之後，普通法的漸變特性將繼續保持，更不會出現疾風驟雨式的改變了。

除了實體規則或法律概念的漸變特性之外，普通法更為穩定的部分是其法律方法。這一點突出體現在“莊豐源案”中。終審法院明確表示，“本院與各下級法院一樣，必需採用在香港發展起來的普通法來解釋基本法，這是符合‘一國兩制’原則的。”[55]“香港發展起來的普通法（the common law as developed in Hong Kong）”這一說法暗示，在基本法生效之時，一套法律方法已經存在，而且這些並不是什麼新方法。終審法院接著指出，“入境處長沒有說香港的法院應當適用內地法律制度中的原則來解釋基本法。那一套制度與香港的這一套基於普通法的制度是不同的。”[56] 換言之，身處普通法之中的香港法院不熟悉內地的法律制度，因此不可能運用 —— 事實上也不知道如何運用 —— 後者的原則、方法來解釋基本法，只能沿襲普通法已有的原則與方法。這是實際情況所決定的。香港的法官不可能超越於他們既有的法律訓練之外。

（三）嵌入普通法傳統中的人大釋法制度

儘管法律解釋權是普通法適用地區司法機關的固有權力，但基本法在對此予以認可的同時，也安排了一項非常獨特的人大釋法制度。[57] 到目前為止，人大釋法制度仍處於摸索和完善當中，這給身處普通法傳統之中的司法解釋權帶來了一定挑戰，或至少是不適應。

在內地法律體制的層面，憲法賦予全國人大常委會法律解釋權，不過這一權力極少被使用。但是，在涉及香港基本法的問題上，這一權力又相對高頻率地被使用。[58] 在理想化的情形中，基本法第 158 條所設計的提請解釋程序應該在全國人大常委會和香港特區終審法院之間實現一個明確的分工。[59] 但此處的難題是，這個分工界限首先就需要解釋。從實踐上講，香港的法院必然是在“第一綫”處理基本法解釋問題的機關，是否需要向全國人大常委會作出釋法的請求也由終審法院決定。[60]但理論上講，終審法院有可能將提請釋法機制虛置化，[61]從而限縮全國人大常委會的釋法權。假如終審法院在審理中認為尚未滿足提請釋法的條件（這些條件由終審法院設定）而不作出提請，但全國人大常委會卻不認同"不作提請的決定"或不認同實體上的解釋結論，那麼就會引發後者要不要繞開第158條第3款進行釋法的問題。[62]雖然全國人大常委會根據基本法第158條第1款主動解釋基本法的權力也得到終審法院的認可，[63]但這種做法對於全國人大常委會或終審法院是"雙輸"的，既損害終審法院作為終審機關的威信，也讓全國人大常委會背負"過度介入特區司法事務"的質疑。也就是說，儘管從形式法治的角度看，全國人大常委會有權主動釋法，但"一國兩制"政策絕不希望終審法院對釋法問題的裁決一再被中央推翻，因此從"實質法治"的標準來看，基於基本法第158條第1款的解釋越少越好。[64]既然如此，除了依賴全國人大常委會自己的審慎與克制之外，與終審法院就提請釋法的法律標準達成基本共識是極為關鍵的。自"吳嘉玲案"以來，類別標準與必要性標準[65]一直被後續案件〔包括"莊豐源案"、"剛果（金）案"、"外傭居港灌案"〕遵循，而全國人大常委會從未提出過質疑。[66]"剛果（金）案"是終審法院第一次遵循基本法第158條第3款作出提請，而全國人大常委會在解釋文中表示，本釋法議案是委員長會議根據香港終審法院依照基本法第158條第3款所作的提請而提交的。質言之，決定提請這一結論得到了全國人大常委會的認可。我們還可以進一步推論，全國人大常委會可能同時也認可了終審法院用以決定是否作出提請的法律標準，或者全國人大常委會無意進入到技術層面去審查法律論證過程，而寧可將這一空間留給終審法院。這些推論只能交給時間去檢驗。但值得注意的是，即便全國人大常委會有意就上述標準對終審法院作出指引，也不能完全取消後者在個案中的法律論證。全國人大常委會不能、也不會將提請釋法制度完全轉化為一個"非普通法的"制度，從而令終審法院無所適從。實際上，如果全國人大常委會主動回應終審法院的法律論證，甚至與之形成論點交鋒，反而證明前者在一定程度上開始接納普通法的思維方式和法律方法。人大釋法制度是配合"一國兩制"政策而作出的制度創新，其與普通法傳統的相互借鑒與融合是符合基本法的目標的，應當樂見其成。

從終審法院的角度看，其解釋基本法的時候，延續普通法傳統幾乎是必然選擇 —— 我們如何能期待普通法傳統中訓練出來的律師在庭審中援引內地的憲法判例（如果有的話）或憲法學理論？又如何能期待同樣傳統中訓練出來的法官在判詞中大段闡述其所不熟悉的內地憲法學理論，而將其本可信手拈來的普通法公法原則棄之不用？終審法院至少要考慮到三個方面的需求：第一，如何說服當事人；第二，如何保持法的穩定性；第三，如何將基本法創設的新制度（人大釋法）納入到既有的公法法理（public law jurisprudence）當中，從而使其**能夠實際運作**。要滿足上述三個方面的需要，終審法院不得不充分利用既有的普通法資源，而不可能予以隨意否定或放棄。有學者認為，終審法院在若干案件中流露出一種"掙脫情緒"，由此解釋其對基本法解釋方法的選擇與運用。[67] 筆者認為，這種揣測是以假定普通法制度與內地法律制度相互對立為前提的，誤解了人大釋法制度背後的目標。我們必須明白，基本法是一部年輕的法律，很多條款的含義並非一望即知，而立法過程中積累的背景資料所能提供的指引也不見得能在迅速變遷的社會中解決所有問題。所以，基本法法理需要在實踐中不斷豐富和完善。在這個過程中，普通法不是障礙，而是助益。

（四）普通法與司法獨立

司法獨立原則是普通法傳統的核心。從歷史上看，普通法是英格蘭的法院所發展起來的，這區別於立法機關興起之後的制定法模式——立法機關制定系統化的、法典化的法律文件，再交由法院負責執行。也就是說，在普通法規則的意義上，"什麼是法"由法官說了算。在當代，制定法已大行其道，普通法系國家也不例外。但由於法律只能交由司法機關來適用，所以制定法的解釋權——這附屬於法律適用的過程——仍由法官享有。所以，在法律適用領域，仍然遵循"法官說了算"的原則。也就是說，司法機關獨立適用法律、作出判決的權力不受任何人、任何機關干涉。

上述傳統在香港被完整繼承。基本法第 2 條規定，香港特區享有獨立的司法權，這顯然是指其司法機關享有獨立的司法權。第 85 條規定，特區法院獨立進行審判，不受任何干涉。這是在最狹義的層面理解司法獨立。第 88 條規定了向行政長官推薦司法機關任職人選的獨立委員會（即"司法人員推薦委員會"[68]），第 89 條規定在任法官的免職必須經由法官組成的審議庭進行調查、審議並提出建議。這些規定都保障了司法制度的整體能維持最大程度的獨立。不僅如此，當基本法對原有普通法總體上予以保留時，附著於普通法傳統中的有關司法獨立的一系列原則、條件與觀念也都被保留下來了。可以說，基本法並非創設了香港的司法獨立，而是確認並加強了已有的司法獨立。司法獨立是從長久的法律傳統中逐步沉澱出來的，而不是一份單獨的法律文件 —— 哪怕是憲制性法律文件 —— 在一夜之間建構起來的。反過來講，司法獨立也不可能在一瞬間被取消。

首先，根據司法獨立，特區政府 —— 即行政長官所領導之下的行政機關 —— 在司法程序中不會享有任何特殊地位，無論這一程序是關乎民事案件、刑事案件還是司法覆核。[69] 也就是說，在某種意義上，司法機關並不是 "政府" 的組成部分，而是獨立於政府之外，僅僅負責法律得到充分遵守。只有在這種憲制架構之下，法律才有可能獲得高於政府的地位，才能夠保證公權力真正源出於法律，且受制於法律。這並不是所謂 "司法至上主義" 的立場 —— 這個表述是令人誤解的。實際上，司法獨立確保了 "法律的至上性"。

其次，司法獨立促進了司法覆核制度的發展。1980 年代起草基本法的時候，香港的司法覆核制度僅僅是指由法院負責審查行政機關的行為或決定是否合法。在 1991 年制定《香港人權法案條例》（以下簡稱《人權法案》），並修改當時的《英皇制誥》以賦予《人權法案》高級法地位之後，香港的法院迅速承擔起依據《人權法案》對一般立法進行合法性審查的職能。[70] 根據司法獨立原則，法律適用是法院獨立享有的職權，當下位法抵觸上位法時，法院必須適用上位法而排除下位法的效力。特區建立之後，基本法作為高級法也在司法覆核制度中被運用。沒有司法覆核，基本法作為憲制性法律的地位恐怕只是一個抽象的理論，但有了司法覆核，這種地位已經落到了實處。

其三，司法獨立意味著香港終審法院將扮演特別重要的角色。基於普通法傳統中的遵循先例原則，作為終審機關的香港特區終審法院（在不存在人大釋法的情形中）實際上決定了基本法的發展路向。按照普通法傳統，終審法院在認為合適的時候，可以推翻自己的先例，創設新的規則，由此引領相關法理的發展。根據基本法第 84 條，其他普通法地區的判例可以在香港用作參考，而終審法院則有權最終決定特定國家或地區的判例在香港特區的 "參考價值" 的大小。就目前來看，英國的判例（不論 1997 年以前的判例或新近判例）仍很受重視，[71] 同時由於英國加入《歐洲人權公約》，使得歐洲人權法院（European Court of Human Rights）的判例也逐步被引入香港的人權訴訟當中 —— 如 "比例原則" 這種傳統上非常 "歐陸" 的法律原則如今已經成為基本法法理的重要組成部分。[72] 終審法院的這種影響力還體現在，其所作的判決也開始得到其他普通法適用地區的法院的援引、參考，這說明香港在繼續保持普通法傳統方面已經得到域外同行的認可，且香港的公法法理 —— 包括人權保護、司法覆核等 —— 也開始對整個普通法系有所貢獻。

三、普通法與香港政制發展

從更為宏觀的視角看，普通法傳統將在兩個層面與香港政制發展產生密切關聯。其一，普通法傳統將繼續充當基本法框架下香港法治的保護人，使得政治爭議、憲制危機都有可能遵循法治軌道獲得解決，減輕伴隨政制發展而出現的政治爭拗的強度；其二，普通法會將諸多有益的公法理念與原則引入基本法法理，從側面推動香港政制朝著更為均衡、問責和民主的方向邁進。

（一）不平衡的憲制架構與強勢司法權

行政主導是中央政府和一些學者對香港特區憲制架構的基本認知。[73] 但回歸以來的實際情形是，行政主導面臨極大困境。[74] 在香港政治生態越來越碎片化、政治光譜越拉越長的總體背景下，一個缺乏政黨或執政聯盟背景、又未經普選檢驗的行政長官，實際上不具有主導行政立法關係的政治實力。[75] 更糟的是，行政立法關係在近一兩年正在持續惡化，建制派與泛民主派誰也無力扭轉當前的僵局，甚至還遭遇激進派別的干擾與挾持。[76] 讓人擔憂的是，如果真正遭遇全域性的政治危機，這個 "魏瑪化" 的議會如何堪當大任？

在這種政治困局之下，司法機關反而凸顯了其重要地位。一個獨立、中立、專業的司法體制被認為是香港憲制架構中最為穩固和可靠的一極。[77] 如上文所述，"一國兩制" 政策強調原有制度的延續和穩定，相比於政治生態的急速變遷，司法機關的穩定特質尤為彰顯，所以市民對法治、自由的信心有所依憑。我們知道，"司法審查的反多數難題"（the counter-majority difficulty of judicial review）在有的國家成為困擾其司法權憲法定位的難題，但這個問題在香港根本不存在，因為行政機關與立法會的民主成分不足以令其挑戰司法機關的社會認受性，遑論司法機關在人權保護方面本身就成績斐然。在現時的香港，民主的不充分與牢固的法治傳統催生了獨特的憲制生態，使得終審法院以及整個司法機關享有非常強勢的話語權。可以預見，在"雙普選"改革收穫實質成果之前，司法權在香港憲制架構中的優勢地位是不會改變的。

必須指出，所謂"強勢司法"，並不是常常引發爭議的那種"司法能動主義"（judicial activism），而是指獲得社會的高度尊崇與信賴。法官在處理極具社會爭議的案件時不厭其煩地強調，其所欲解決的只是法律上的問題，無意處理基於政治、經濟或社會考量的其他主張，儘管某些案件的最終影響顯然會超越法律分析本身。[78] 現任終審法院首席法官馬道立在香港 2014 年法律年度開啟禮的致辭中也指出，"司法機構的憲制權限清晰明顯：法院和法官只處理訴諸法院的糾紛所引致的法律問題，並只就這些法律問題作出裁決。即使訴訟各方之間的糾紛或會產生政治、經濟或社會上的影響，例如那些關乎政府政策的案件，法院仍貫徹始終，只會考慮訴訟各方爭議的法律問題。正如我之前多次談及，法院的角色並不包括就法律問題以外的任何其他範疇作出決定。"[79] 謹守法律問題的界限，使得終審法院得以儘量避免捲入政治或政策爭議。[80] 儘管有些基本法案件不可避免地會包含政治元素，但法院仍然有機會運用普通法上的成熟法律方法將政治化的議題儘可能轉化為法律化、技術化的議題予以處理。這是維持司法獨立和社會大眾對司法機關的信心所必需的。

（二）政治爭議的法律化解決

一方面，司法機關盡力保持其專業考量，避免就政制議題表態；另一方面，強勢司法權的存在必然會導致政制爭議被提交至司法機關尋求解決。提出司法覆核申請的門檻並不高，而香港社會大眾對於這一制度的認知程度則越來越高。如果政治爭議被擠壓在政治部門久拖不決，則司法覆核制度很可能被視作最後解決問題的可信賴的機制。[81]

　　從提升法治水準的角度看，政治爭議能夠依循法律程序獲得解決是利大於弊的。美國憲法的成功之處曾被描述為"政治問題法律化、法律問題技術化"。在英國，議會主權這一根本性的憲法原則被認為同時具有政治層面與法律層面的含義，且近年來越發呈現出由"政治性憲法"到"法律性憲法"的轉向——即有關爭議越來越傾向於通過法律程序、而非政治過程（議會政治）予以解決。[82] 根據普通法傳統，什麼是作為法律原則的議會主權，其含義當然由法院闡明，這就大大加強了議會主權原則的明確性、穩定性與可預期性。對香港而言，司法機關具有相對更高的聲望，這是其藉以解決政治爭議，並由此參與塑造基本法體制下的公法原則、慣例乃至政治文化的有利條件。如何充分利用這一有利條件，同時又繼續保持司法機關獨立、中立與專業的形象，主要取決於能否合理劃定司法管轄權的範圍，以及在管轄範圍內發展出一套用以解決爭議的具體規則——當然，這些規則必須是清晰、可操作、符合香港憲制發展的階段性特徵，並符合"一國兩制"的政策目標的。

　　但我們仍需注意，就香港政制發展而言，全國人大常委會始終擁有法律意義上的、終局的決定權。[83] 香港終審法院在解決政治爭議、創設公法規則方面有多大作為，將取決於其與全國人大常委會之間的默契。在人大釋法制度發展至比較穩定的狀態之前，終審法院應該會比較審慎地決定是否介入香港的重大憲制議題。

（三）憲制發展的普通法路徑

普通法的特質之一是隨社會發展而逐漸變遷。通過判例，某一項新的規則或域外的規則就可以被引入到本地的規則體系當中，成為本地法律的一部分。對公法來說也不例外。例如，歐盟法中的"適當尊重"（margin of appreciation）原則，就被香港終審法院稍作修改後納入到基本法法理當中，用來幫助決定法庭將在多大程度上尊重立法機關和行政機關基於其信息優勢、政策地位而作出的決定。[84] 通過這一原則，香港特區三權之間的關係將得以進一步的法律化，這無疑推動了基本法法理的發展。

除了普通法所固有的通過個案漸變式地改造公法原則這一優勢之外，香港特區所特有的優勢還表現在，其他普通法適用國家和地區的公法發展都可以為香港提供參考。也就是說，通過與普通法系的其他成員保持聯繫，香港的基本法法理可以持續地從普通法公法的最新發展中獲益，且這一制度性的聯繫是由基本法所明確保證的。香港法院可以聘請其他普通法法域的法官參與庭審，可以援引其他普通法法域的判例，所以最新近發展的公法原則要想進入到香港基本法法理當中並無實質性的障礙。與此同時，自 1980 年代以來，普通法國家自身也經歷了一系列極具公法意義的變化 —— 如英國制定《人權法案》和推行憲法改革、南非種族隔離的終結和新憲法的誕生、加拿大 1982 權利法案的實施及其人權法理（jurisprudence of constitutional rights）的不斷發展，而這些變化都呈現加強公民權利保護、建構更具問責性的政府體制的大趨勢，香港作為普通法世界的一分子自然不可能隔絕於這一歷史潮流之外。

當然，公法觀念、原則與規則必然反映了其所在地區的特定歷史、文化背景和政治生態的實際情勢，所以比較法方面的資源絕不能採用"拿來主義"，作生搬硬套。也因此，終審法院的角色需要再次被強調，她將在極大程度上決定，域外的公法資源以何種方式、速率，並伴以何種程度的修改而引入到香港基本法的體系中來。但無論如何，作為普通法系的一部分，香港特區擁有得天獨厚的優勢，其憲制發展不會缺乏理論資源與制度資源。在"一國兩制"與基本法的框架內，司法機關有足夠的空間通過普通法的方法來不斷推動香港憲制走向成熟。

四、餘論

由內地視角來看，對香港普通法傳統的誤解大體上源自不了解，畢竟這是內地法律制度訓練出來的法律人所不熟悉的一套規則、技術與觀念。推己及人，香港法律界在面對基本法議題時，對內地法律制度所流露的疑慮也不難理解。但必須指出，將基本法放在"內地法律制度 v 香港法律制度"的對立框架中來理解，本身就是有失偏頗的。基本法是一部人大立法，但不是一部"內地"法，否則何來"一國兩制"的創造性？作為一部必須浸入香港既有法律制度中，並為其提供新的憲制框架的法律而言，基本法的屬性是複雜的、新穎的。因此，僅僅借用內地固有的法律思想與法律方法來理解基本法，是不夠的。更何況，香港需要接納的是基本法，而不是內地法律制度。放大兩地之間的法律差異，並以此論證普通法傳統對基本法的消極抵觸，恐怕是看錯了病根，也開錯了藥方。基本法是一部年輕的法律，作為香港特區的憲制性法律文件，要駕馭相對成熟的原有法律體系，必定是充滿挑戰的漫長過程。在這一過程中，普通法傳統應當成為基本法所依仗的有利資源，而不是對手或阻礙。香港普通法傳統的延續與發展必定有助於基本法獲得更成功地實施。

| 註釋 |

1.　Peter Wesley-Smith 教授認為，普通法可以有四個層面的含義。第一，作為區別於 "地方法" 的統一法，如英格蘭普通法發展的早期，這裏的 "普通" 就是指共通的、通行的；第二，作為判例法，以區別於制定法；第三，作為一種以特定方式運作的判例法，區別於另一種判例法 —— 衡平法；第四，作為對一種特定風格之法系的稱呼，區別於 "羅馬法系"、"民法法系"、"大陸法系"。在香港基本法的語境下，普通法主要在第二個和第四個層面上使用。就第四層意思而言，常常是指香港的普通法區別於內地的法律制度或社會主義法律制度。參見 Peter Wesley-Smith, *An Introduction to the Hong Kong Legal System* (Oxford University Press, 1998), 3rd edition, p. 37。

2.　See Yash Ghai, *Hong Kong's New Constitutional Order: The Resumption of Chinese Sovereignty and the Basic Law* (Hong Kong University Press, 1999), 2nd edition, p. 350.

3.　*HKSAR v Ma Wai Kwan David and others*, [1997] HKLRD 761.

4.　本案最終止於高等法院上訴庭。

5.　*HKSAR v Ma Wai Kwan David and others*, [1997] HKLRD 761.

6.　陳兆愷法官的原話為："The answer to the question whether the common law has survived the change of sovereignty depends on whether the laws previously in force in Hong Kong are automatically adopted upon the establishment of the HKSAR on 1st July 1997 or whether it is necessary to have an overt act of adoption of such laws and if so, whether there has been any valid adoption." 參見 *HKSAR v Ma Wai Kwan David and others*, [1997] HKLRD 761。

7.　同上。

8.　*Ng Ka Ling and Others v Director of Immigration*, [1999] 1 HKLRD 315.

9.　"吳嘉玲案" 引發的最大爭議是香港法院對全國人大及其常委會的司法管轄權的問題。參見 Xiao Weiyun and others, "Why the Court of Final Appeal Was Wrong: Comments of the Mainland Scholars on the Judgment of the Court of Final Appeal", in Johannes M M Chan, H L Fu, Yash Ghai (eds.), *Hong Kong's Constitutional Debate: Conflict over Interpretation* (Hong Kong University Press, 2000), p. 53。相對而言，本案對普通法的鞏固與發展所起的作用在當時沒有受到內地學者太多關注。除了被 1999 年 6 月的人大釋法所直接推翻的部分之外，"吳嘉玲案" 至今仍是重要先例。

10. 終審法院在判詞中曾試圖參考普通法中的居留權的概念（concept of the right of abode in the common law）來理解基本法第 24 條所規定的居留權的含義。參見 *Ng Ka Ling and Others v Director of Immigration*, [1999] 1 HKLRD 315, p. 346。

11. 吳嘉玲的代理人曾提出，臨時立法會不是基本法所設立的機構，因此對其通過的法例的有效性的確認應以相關立法之必要性為前提，即所謂普通法中的必要性規則（the common law doctrine of necessity）。判決書在引述吳嘉玲這一主張的語境下用到 "the common law" 這個表達。參見 *Ng Ka Ling and Others v Director of Immigration*, [1999] 1 HKLRD 315, p. 355。

12. See *Ng Ka Ling and Others v Director of Immigration*, [1999] 1 HKLRD 315, pp. 338-339.

13. Evelyn Ellis, "Sources of Law and the Hierarchy of Norms", in David Feldman (ed.), *Oxford Principles of English Law: English Public Law* (Oxford University Press, 2009), 2nd edition, p. 61.

14. 李蕊佚：〈議會主權下的英國弱型違憲審查〉，《法學家》2013 年第 2 期。

15. Evelyn Ellis, "The Legislative Supremacy of Parliament and its Limits", in David Feldman (ed.), *Oxford Principles of English Law: English Public Law* (Oxford University Press, 2009), 2nd edition, p. 134.

16. 陳弘毅教授指出，終審法院聲稱有權審查全國人大及其常委會的行為是否符合基本法的那段話不一定構成本案裁定臨時立法會合法性的判決理由（*ratio decidendi*），暗示這一表述不見得具有法律效力。參見 Albert H Y Chen, "The Court of Final Appeal's Ruling in the 'Illegal Migrant' Children Case: Congressional Supremacy and Judicial Review", in Johannes M M Chan, H L Fu, Yash Ghai (eds.), *Hong Kong's Constitutional Debate: Conflict over Interpretation* (Hong Kong University Press, 2000), p. 73。

17. *Ng Ka Ling and Others v Director of Immigration*, [1999] 1 HKLRD 315.

18. Ibid.

19. See *Marbury v Madison,* Supreme Court of the United States, [1803] 1 Cranch 137, 5 U.S. 137, 2 L.Ed.60.

20. See *Ng Ka Ling and Others v Director of Immigration*, [1999] 1 HKLRD 315, p. 364.

21. *The Director of Immigration v Master Chong Fung-yuen*, FACV 26/2000.

22. See Johannes Chan, "Basic Law and Constitutional Review: the First Decade", (2007) *Hong Kong Law Journal* 37, p. 417.

23. "雙非兒童" 是指父母雙方均不是香港永久性居民，但出生在香港的中國籍兒童。根據 "莊豐源案" 的判決，凡出生於香港的中國籍人士，根據基本法第 24 條第 2 款第 1 項，即獲得香港永久性居民身份。由於這項判決，2001 年之後大量內地孕婦來港產子，引發香港社會關於經濟、教育、醫療和社會福利資源能否承受的持續爭論。迄今，"莊豐源案" 確立的規則仍為有效法律，內地孕婦赴港產子的問題仍未在法律上獲得根本解決。

24. 有關判詞原文為："The position of the Director representing the Government is very clear. It is that this Court, like the lower courts, is bound to apply the common law as developed in Hong Kong in interpreting the Basic Law and this is consistent with the principle of 'one country, two systems' enshrined therein. The respondent adopts the same position." See *The Director of Immigration v Master Chong Fung-yuen*, FACV 26/2000, sec. 6.1.

25. See *The Director of Immigration v Master Chong Fung-yuen*, FACV 26/2000, sec. 6.1.

26. 全國人大常委會 1999 年釋法案的名稱為《全國人民代表大會常務委員會關於〈中華人民共和國香港特別行政區基本法〉第二十二條第四款和第二十四條第二款第（三）項的解釋》，即主要針對 "吳嘉玲案" 的判決結果而作出權威解釋。解釋文中有一段文字提及另一份文件，即《全國人民代表大會香港特別行政區籌備委員會關於實施〈中華人民共和國香港特別行政區基本法〉第二十四條第二款的意見》（以下簡稱 "籌委會意見"）。這份於 1996 年由香港特區籌備委員會（全國人大下設機構，負責特區成立的籌備事宜）通過，並發佈於《中華人民共和國國務院公報》（1996 年第 24 期）的文件中記錄了籌備委員會對於如何實施香港基本法第 24 條第 2 款（包括其中第 1 項，即 "莊豐源案" 爭議點）而提出的意見。文件表明，籌備委員會意圖將此意見作為特區在將來制定有關實施細則（如《入境條例》，該條例在 "吳嘉玲案"、"莊豐源案" 中被提請司法覆核）時的參考。但是，該文件並非全國人大常委會依照基本法第 158 條所作的正式解釋，也不是全國人大作出的決定。"莊豐源案" 中，特區政府表示，不主張 1999 年解釋案構成對基本法第 24 條第 2 款第 1 項的 "解釋"，但認為法庭有足夠靈活度將 "籌委會意見" 納入考量範圍，從而支持政府的請求。最終，法庭沒有接受這一主張，同時認定 1999 年釋法案中援引 "籌委會意見" 的部分文字不構成正式解釋。

27. 參見秦前紅、黃明濤：〈普通法判決意見規則視闋下的人大釋法制度——從香港"莊豐源案"談起〉，《法商研究》2012 年第 1 期。

28. See Johannes Chan, C L Lim (eds.), *Law of the Hong Kong Constitution* (Sweet & Maxwell, 2011), p. 63.

29. *Democratic Republic of the Congo and others v FG Hemisphere Associates LLC*, FACV 5,6&7/2010.

30. 根據基本法第 160 條第 1 款，香港特區成立時，原有法律除由全國人大常委會宣佈為同本法抵觸者外，採用為特區法律。

31. "1997 年決定"中第四點規定，"採用為香港特別行政區法律的香港原有法律，自 1997 年 7 月 1 日起，在適用時，應作出必要的變更、適應、限制或例外，以符合中華人民共和國對香港恢復行使主權後香港的地位和《基本法》的有關規定……"

32. 《釋義及通則條例》第 2A 條複製了"1997 年決定"第四點的規定。參見上註。

33. *Democratic Republic of the Congo and Others v FG Hemisphere Associates LLC*, FACV 5,6&7/2010, para. 336.

34. Ibid, para. 321.

35. Ibid. 多數意見認為，問題的核心在於哪一個政府機關（branch of government）應該被賦予決定國家豁免政策的職能。有的國家由行政機關決定，有的國家通過統一的立法來決定。而法院則負責執行已經決定了的豁免政策。一言以蔽之，在香港回歸中國之後，法庭已經不再擁有決定國家豁免規則的地位。

36. Ibid, para. 345.

37. Ibid, para. 84.

38. Ibid.

39. Ibid, para. 124.

40. Ibid, para. 125.

41. Ibid, para. 124.

42. 非常任法官馬天敏也提交了一份少數意見，此處不作詳述。

43. 最後，根據終審法院的提請，全國人大常委會作出了解釋，認定"國家豁免規則或政策屬國家對外事務中的外交事務範疇"。由此，在香港，國家豁免規則問題從一個法律問題變成外交問題，其管轄權也從法院轉移到中央政府手中。參見《全國人民代表大會常務委員會關於〈中華人民共和國香港特別行政區基本法〉第十三條第一款和第十九條的解釋》。

44. 2011 年下半年以來，陸續有多名外籍在港傭工向法院起訴政府，要求獲得身份證明或登記，以便取得香港永久性居民地位。進入司法覆核程序從而產生廣泛影響主要是兩個案件，即 *Vallejos Evangeline Banao v Commissioner of Registration and Registration of Persons Tribunal*, FACV 19/2012（高等法院原訟庭第一審案卷編號為 HCAL 124/2010，上訴庭第二審的案卷編號為 CACV 204/2011）和 *Domingo Daniel L. v Commissioner of Registration and Registration of Persons Tribunal*, FACV 20/2012。本文主要討論前一宗案件，即下文所稱 "伊萬傑琳訴入境事務處案"。

45. 時任高等法院原訟庭法官。本案一審實行獨任法官審理。

46. *Fateh Muhammad v Commissioner of Registration*, [2001] 4 HKCFAR 278.

47. *Vallejos Evangeline Banao v Commissioner of Registration and Registration of Persons Tribunal*, HCAL 124/2010。"外傭居港權案" 第一審過程中一直糾纏於如何認定《全國人民代表大會香港特別行政區籌備委員會關於實施〈中華人民共和國香港特別行政區基本法〉第二十四條第二款的意見》（即 "籌委會意見"）的效力及其在解釋基本法時的作用。這份文件發佈於 1996 年，即基本法通過六年之後。其中第 2（5）條規定，"根據政府的專項政策獲准留在香港" 的人士的居港期間不被視為 "通常居住"。外傭是根據香港政府專項政策而輸入的外來勞工，屬本條涵蓋範圍。高等法院原訟庭認為，這份文件發佈於基本法通過之後，根據普通法，需要謹慎地認定其在多大程度上能夠反映立法當時的背景和目的。最終，這份文件沒有對判決起到實質性的作用。

48. *Vallejos Evangeline Banao v Commissioner of Registration and Registration of Persons Tribunal*, CACV 204/2011.

49. Ibid.

50. 終審法院維持上訴庭的判決結果，此處無需再詳述其說理過程。

51. 中央對香港基本政策的醞釀和形成過程，可參見 Wong Man Fong, *China's Resumption of Sovereignty over Hong Kong* (David C. Lam Institute for East-West Studies/Hong Kong Baptist University, 1997), pp. 12-13, 20-21。

52. 終審法院前首席法官李國能認為，"在當今急速變化的時代，包含有司法獨立的法治仍是香港社會不可撼動的基石。" 參見 Andrew Li Kwok Nang, "The Importance of the Rule of Law", (2013) *Hong Kong Law Journal* 43, p. 800。

53. 羅沛然大律師認為，香港特區的各級法院展現出一種 "國際主義"（internationalist）的面貌。參見 P Y Lo, "An Internationalist, Consequentialist

and Non-Progressive Court: Constitutional Adjudication in Hong Kong (1997-2009)", (2010) *City University of Hong Kong Law Review* 2。陳弘毅教授也贊同香港的基本法案件與法理呈現出國際化的特色,同時指出,這反映了"一國兩制"之下與內地法律制度相區隔的心態。參見 Albert H Y Chen, "International Human Rights Law and Domestic Constitutional Law: Internationalisation of Constitutional Law in Hong Kong", (2009) *National Taiwan University Law Review* 4(3), pp. 237-333。

54. 陳兆愷法官在馬維騉案中說,哪怕一瞬間的法律真空都有可能引發混亂。See *HKSAR v Ma Wai Kwan David and others*, [1997] HKLRD 761.

55. *The Director of Immigration v Master Chong Fung-yuen*, FACV 26/2000, sec. 6.1.

56. Ibid.

57. 參見朱國斌:〈香港基本法第 158 條與立法解釋〉,《法學研究》2008 年第 2 期。

58. 從香港特區建立以來,全國人大常委會分別於 1999 年、2004 年、2005 年、2011 年共四次對基本法作出解釋(註:本文最初發表於 2015 年。2016 年作出第五次解釋)。

59. 理想化的解釋權劃分是:凡屬有關自治範圍內的基本法條款,香港法院自行解釋,不必、也不能提請人大釋法;凡屬涉及中央管轄事務或中央與特區關係的基本法條款,香港終審法院(根據基本法第 158 條第 3 款)必須提請人大釋法,然後依其解釋作出判決。這一理想化的安排假定全國人大常委會與終審法院對於彼此的權力界限有穩定共識,但事實上並不總是如此。

60. "吳嘉玲案"中,終審法院表示,提請人大釋法的條件是否滿足只能由終審法院作出決定。(In our view, it is for the Court of Final Appeal and for it alone to decide, in adjudicating a case, whether both conditions are satisfied.)終審法院隨後列出了兩項標準以決定是否提請人大釋法,即類別標準(classification condition)和必要性標準(necessity condition)。參見 *Ng Ka Ling and Others v Director of Immigration*, [1999] 1 HKLRD 315, p. 342。由於本案涉及兩個基本法條款的解釋,一個屬特區自治範圍條款,另一個屬中央與特區關係條款,因此終審法院又追加了一個"主要條款標準(predominant provision condition)",以決定是否向人大提請釋法。參見 *Ng Ka Ling and Others v Director of Immigration*, [1999] 1 HKLRD 315, p. 344。關於主要條款標準,還可參見下註。

61. 如"吳嘉玲案"中終審法院所採用的 predominant provision test 就導致將香港法院的司法解釋權凌駕於全國人大常委會的解釋權之上。可參見 Albert H Y Chen, "Ng Ka Ling and Article 158(3) of the Basic Law", (2002) *Journal of Chinese and Comparative Law* 5。終審法院曾在"劉港榕案"(*Lau Kong Yung v Directors of Immigration*, [1999] 2 HKCFAR 300)中表示,會在合適的案件中重新審視這一標準的合理性。但是在涉及提請人大釋法的"莊豐源案"(此案最終未提請)、"剛果(金)案"(此案作出了提請)中,終審法院都認為尚未出現合適的討論空間,因此擱置了這一問題。參見 Johannes Chan, C L Lim (eds.), *Law of the Hong Kong Constitution*, pp. 62-65。

62. 全國人大常委會 1999 年針對"吳嘉玲案"而作出的解釋中表示,終審法院"沒有依照《中華人民共和國香港特別行政區基本法》第一百五十八條第三款的規定請全國人民代表大會常務委員會作出解釋,而終審法院的解釋又不符合立法原意",因而全國人大常委會決定根據基本法第 158 條第 1 款主動釋法。全國人大常委會事實上推翻了終審法院在本案中對基本法第 158 條的理解,打擊了終審法院作為終審機關的威信。

63. *Lau Kong Yung and Others v Director of Immigration*, [1999] 3 HKLRD 778.

64. 關於這一點已有默契。特區政府在《基本法簡訊》第 2 期中表示,"除非情況極為特殊,否則人大常委會應該不會行使這項解釋權(指根據基本法第 158 條第 1 款作出主動釋法,而非基於終審法院提請而釋法),尤其不會解釋不屬(自治)範圍之外的條款。"《基本法簡訊》是由特區政府律政司、公務員事務局和政制及內地事務局聯合出版,旨在提高香港公務員對基本法的認識與了解的定期刊物。

65. 見前引 60。

66. 1999 年釋法中,全國人大常委會只是表示終審法院沒有根據基本法第 158 條第 3 款作出提請,但沒有表示究竟是終審法院選取的兩大標準有問題,還是終審法院對該標準的運用有誤。

67. 曹旭東:〈博弈、掙脫與民意 —— 從"雙非"風波回望"莊豐源案"〉,《政治與法律》2012 年第 6 期。

68. 參見《司法人員推薦委員會條例》(香港法例第 92 章)。

69. Andrew Li Kwok Nang, "The Importance of the Rule of Law", p. 796.

70. Albert H Y Chen, "The Interpretation of the Basic Law — Common Law and Mainland Chinese Perspectives", (2000) *Hong Kong Law Journal* 30, p. 419.

71. 終審法院不受回歸之前從香港上訴至英國樞密院的判決的拘束,但下級法院

（高等法院上訴庭以下）仍然受到這些判決的拘束。與此同時，這些判決，連同從其他法域上訴至英國樞密院的判例、英國上議院所作的判例，仍然對香港有較大的說服力，尤其是那些案情相似度很高的判例。

72. 比例原則在香港司法覆核案件中的運用可參見 *Leung Kwok Hung v HKSAR*, [2005] 8 HKCFAR 229; *Secretary for Justice v Yau Yuk Lung*, [2007] 10 HKCFAR 335。

73. 劉兆佳：《回歸後的香港政治》，商務印書館（香港）有限公司 2013 年版，第 114 頁。陳弘毅教授指出，香港特區政府在 2004 年首次把"行政主導"的概念引進特區政府關於香港政制發展的官方話語。參見陳弘毅：《"一國兩制"下香港的法治探索》，中華書局（香港）有限公司 2014 年版，第 100 頁。

74. 劉兆佳：《回歸後的香港政治》，第 116 頁。

75. 劉兆佳教授認為，香港回歸以來最大的政治變故就是政府在立法機關內缺少穩定可靠的大多數立法會議員的支持，這是管治困難的根本原因。參見劉兆佳：《回歸後的香港政治》，第 143 頁。

76. 2010 年之後，香港政黨政治發展的新趨勢是激進民主派的冒起，尤其以"人民力量"及其立法會黨團的成立為標誌。在立法會日常運作中，激進民主派通過"拉布"（指利用議事程序規則中的漏洞故意阻塞、拖延、甚至癱瘓議會運作的手法）頻頻癱瘓立法會的議程，使得立法會效率降低、行政立法關係持續惡化。

77. 羅沛然大律師指出，香港特區的司法機關一直享有很高的社會評價，行政機關也對司法機關行使司法覆核權給予一貫的支持。參見 P Y Lo, *The Judicial Construction of Hong Kong's Basic Law: Courts, Politics and Society after 1997* (Hong Kong University Press, 2014), pp. 240-241。

78. 參見"外傭居港權案"第一審林文瀚法官的表態。*Vallejos Evangeline B. v Commissioner of Registration and another*, HCAL 124/2010.

79. 〈終審法院首席法官二零一四年法律年度開啟典禮演辭〉，香港特區司法機構網站，http://www.judiciary.gov.hk/tc/other_info/speeches.htm（最後訪問時間：2014 年 7 月 19 日）。

80. 可裁判性（justiciability）作為一項普通法上的原則，常常被用來界定司法管轄權的界限。香港終審法院非常任法官梅師賢爵士指出，不具可裁判性就是指一個問題不適合、不適宜通過司法程序來解決。參見 Anthony Mason, "The High Court as Gatekeeper", (2000) *Melbourne University Law Review* 24, pp. 784-796。另有學者指出，普通法地區的法院通常認為有些問題是不適合由他們來做決定的。參見 Benny Tai, "The Jurisdiction of the Courts of the Hong Kong Special Administrative Region", in Alice Lee (ed.), *Law Lectures for Practitioners 1998* (Hong Kong Law Journal, 1998), pp. 65-117。轉引自 P Y Lo, *The Judicial Construction of Hong Kong's Basic Law: Courts, Politics and Society after 1997*, p. 267。

81. 例如,2005 年上半年,圍繞 "行政長官辭職之後,繼任者的任期如何計算" 的問題,曾產生不少爭議,並且已經有司法覆核申請被提交至高等法院。不過全國人大常委會迅速作出基本法解釋,從而平息了爭議,也避免了司法機關實質介入這一問題。參見《全國人民代表大會常務委員會關於〈中華人民共和國香港特別行政區基本法〉第五十三條第二款的解釋》。

82. See Andrew Le Sueur, "Fundamental Principles", in David Feldman (ed.), *Oxford Principles of English Law: English Public Law* (Oxford University Press, 2009), 2nd edition, p. 6.

83. 全國人大常委會在決定香港特區憲制發展的時候,在法律層面之外必定會考慮香港社會的民意、國家的戰略需要等因素。但是從嚴格的法律角度講,人大釋法制度是有關香港基本法的爭議的終局裁決機制。

84. See Johannes Chan, C L Lim (eds.), *Law of the Hong Kong Constitution*, p. 495.

04

試論《香港特別行政區基本法》的自足性
——對基本法第 11 條第 1 款的一種解讀

本文原發表於《學習與探索》2015 年第 1 期。《學習與探索》是黑

龍江省社會科學院主辦的一份社會科學類綜合學術期刊,該期刊已

授權收錄於本書

—— • ——

《中華人民共和國香港特別行政區基本法》是為了在香港地區實施"一國兩制"方針政策而制定的。基本法第 5 條規定,"香港特別行政區不實行社會主義制度和政策,保持原有的資本主義制度和生活方式,五十年不變"。這是"一國兩制"方針所要求的穩定性的體現。[1]為了確保這種穩定性,基本法有關條款進行了具體而明確的設計,最典型就是第 159 條關於基本法修改的規定。這一條款規定了嚴格的修改程序,也對修改內容設定了實體上的限制。很顯然,國家不希望基本法為香港特區所奠定的制度與政策被輕易改變。[2]但有學者指出,從確保香港本地各項制度、政策的穩定性、獨特性和完整性來看,基本法第 159 條("修改條款")所提供的保障是不足的。"修改條款"適用於嚴格意義上的"基本法修正案",但如果全國人大或全國人

大常委會在行使其一般立法權的過程中 —— 這是憲法框架內的權力 —— 制定出**實質上**與基本法不一致的條款，那麼就有可能在基本法框架之外造成 "修改" 基本法的實際效果。[3] 考慮到基本法是一部由全國人大制定的法律，所以第 159 條作為基本法框架內的修改制度，是否能約束基本法框架外、但屬人大立法權限內的相關公法行為，就值得存疑。[4]

不過，基本法的另一條款實際上在第 159 條的基礎上提供了額外保障，這就是第 11 條第 1 款。其規定："根據中華人民共和國憲法第三十一條，香港特別行政區的制度和政策，包括社會、經濟制度，有關保障居民的基本權利和自由的制度，行政管理、立法和司法方面的制度，以及有關政策，均以本法的規定為依據。" 本文認為，這一規定賦予基本法在設定香港特區各項制度與政策方面的專有地位（或者說獨佔地位），從而排除了繞開嚴格修改程序而造成實際修改效果的公法行為在香港特區法律體制內的效力。因此，基本法第 11 條第 1 款可以稱之為香港基本法的 "自足性條款"。下文將指出，"自足性條款" 是憲法對全國人大作特別授權（亦是特別限定）的證明，彌補了基本法第 159 條的不足，從而為基本法與 "一國兩制" 方針的穩定性提供了更強、更清晰的法律保障。

一、對 "自足性條款" 的初步解讀

我們知道，基本法第 11 條第 2 款規定，"香港特別行政區立法機關制定的任何法律，均不得同本法相抵觸。" 那麼對於

第 1 款的一種可能的解讀是，這僅僅是導出第 2 款的邏輯鋪墊。但是，對第 1 款也可以作出另一種同樣合理的解讀，這種解讀將該款視作更具獨立性的一個規範：既然香港的各項制度與政策均以本法為依據，那麼就不應當以**其他法律**為依據；也就是說，全國人大既然已經通過制定香港基本法全面規定了香港特區的各項制度、政策，也就不需要再通過其他的人大立法作另行規定（尤其是不一致的規定）了。說得極端一點就是，全國人大不可能在將來另立一部香港基本法去重新全面規定香港的各項制度、政策，[5] 國家對其各項制度、政策的總體性設計，僅此一次；如果假定一個不那麼極端、卻有更多現實性的情形，那就是，如果其他的人大立法包含涉及香港特區實行的制度、政策的規定，則這些規定應當以基本法為準，或者應當以不與基本法相衝突的方式被解釋、適用。質言之，基本法雖然仍是一部人大立法，但**在建構香港特區的制度與政策的意義上具有特殊地位**，與其他人大立法不同。通過 1990 年 4 月 4 日的那一次立法行為，一個完整的香港特區法律體制被建立起來，其以基本法為統領，以其他有效法律為枝幹。這一套法律體制具有明顯的獨特性和獨立性。獨特性是指，作為中國憲法體制內的一個組成部分，香港法律體制與內地法律體制具有明顯差異，尤其是不實行社會主義制度；獨立性是指，香港法律體制能夠獨自解決本地區法律爭議，回應本地社會經濟需求，與內地法律體制互不干擾。基於此，本文將基本法第 11 條第 1 款稱作"自足性條款"，以基本法為最高法的香港法律體制的自足性亦可簡稱為"香港基本法的自足性"。

這樣一種解讀方式可以從多方面獲得法理上的支持。從憲法與基本法的關係來看，第 11 條第 1 款是基本法正文中唯一直接援引憲法第 31 條的條款。[6]憲法第 31 條是這樣規定的：

> 國家在必要時得設立特別行政區。在特別行政區內實行的制度按照具體情況由全國人民代表大會以法律規定。

香港基本法序言第三段則說：

> 根據中華人民共和國憲法，全國人民代表大會特制定中華人民共和國香港特別行政區基本法，規定香港特別行政區實行的制度，以保障國家對香港的基本方針政策的實施。

這段序言文字與憲法第 31 條的文字幾乎形同 "同義反覆"，這說明憲法第 31 條所提及的 "法律" 就是指 "基本法"，而不會是其他的法律。[7]上引序言第 2 分句說，全國人大代表大會 "特" 制定香港基本法 —— 這個 "特" 字透露了基本法的特殊性，乃至唯一性。另外，最後一個分句特別提到，制定基本法是為了 "保障國家對香港的基本方針政策的實施"，這說明基本法被賦予了特殊使命，也決定了香港基本法不同於其他的人大立法，就算其他立法可能在技術上不可避免地部分涉及香港的制度與政策，也不會改變基本法的特殊地位。基於此，基本法第 11 條第 1 款凸顯 "根據中華人民共和國第三十一條" 這樣的字眼，就顯得順理成章了，即基本法這一部法律接受憲法授權，亦領受了 "憲法委託"，而委託的內容就體現在該條款接下來詳盡列舉 "社會、經濟制度，有關保障居民的基本權利和自由的制度⋯⋯"等各項制度與政策的文字中。這些文字看似冗長，但顯然不是立法技術上的失誤，而是有意體現基本法任務的全面性、完整性，或者說，**憲法是通過基本法來統領和建構香港特區的法律體系的**。[8]這一邏輯關係可簡單描繪如下：

圖 1　香港特區法律體系的邏輯關係

可見，基本法的自足性是由憲法授權和保障的。

　　再來看基本法的立法目的。如前文所述，制定基本法是為了實施"一國兩制"方針，而這個方針的最重要內容之一是保持五十年不變。眾所周知，如何在國家恢復對香港行使主權之後繼續保持該地區的長期繁榮穩定，是中國政府的核心關切，也是最終出台"一國兩制"方針的原因。[9]就香港市民而言，一個延續既有制度並從法律上確保其長期穩定的安排，將提振絕大多數人對於回歸祖國的信心。當年鄧小平之所以認為"信心問題"在香港不是一個真正的問題，也正是基於其對"一國兩制"的信心。[10]緣於此歷史背景，香港社會對基本法的起草及諮詢工作投入有史以來的最大熱情就不令人意外了。[11]也就是說，中央對完成國家統一的法律安排和對香港人民的承諾是通過基本法來體現的，這使得基本法固然為全國人大的立法，但其他的人大立法卻不能 —— 在涉及香港的意義上 —— 與基本法相提並論。假設有人說，香港基本法終究只是全國人大的一部立法，不能優越於同樣為人大所制定的其他法律，尤其是 1990 年之後的 "新法"，那無異於說，基本法所建立的框架並無任何屏障，香港法律體系始終無法與內地法律體系明確區分開，這顯然違背了制定基本法的初衷。

由此觀之，基本法第 11 條第 1 款實際上是基本法整體立法目的的一種宣示，即為香港的各項制度、政策提供一種穩定性的保障，而保持穩定性的必要條件之一就是保持基本法的自足性。某種程度上講，第 11 條第 1 款不僅對香港的立法機關施加了限制（與第 2 款一起理解），也對如何處理其他人大立法與基本法的關係提供了指引 —— 如果有基本法以外的人大立法包含有涉及香港特區的制度、政策的條款，那麼對這些條款的理解、適用應當以不與基本法相衝突為原則。

二、基本法第 159 條的缺失與 "自足性條款" 的獨特作用

香港基本法第 159 條是 "修改條款"，規定了修改權的歸屬（第 1 款）、修改程序（第 2 款、第 3 款）以及修法在實體上的界限（第 4 款）。這是一項很嚴格的法律修改制度。但是此條款的最大缺陷在於，其只能適用於 "形式意義上的基本法修改"，不能約束到對基本法所規定的制度、政策的 "實質修改" 或 "實質改變"。該條原文如下：

本法的修改權屬於全國人民代表大會。

本法的修改提案權屬於全國人民代表大會常務委員會、國務院和香港特別行政區。香港特別行政區的修改議案，須經香港特別行政區的全國人民代表大會代表三分之二多數、香港特別行政區立法會全體議員三分之二多數和香港特別行政區行政長官同意後，交由香港特別行政區出席全國人民代表大會的代表團向全國人民代表大會提出。

本法的修改議案在列入全國人民代表大會的議程前，先由香港特別行政區基本法委員會研究並提出意見。

本法的任何修改，均不得同中華人民共和國對香港既定的基本方針政策相抵觸。

從第 2 款、第 3 款的字面表述來看，其顯然在描述一個封閉的、專門的修改程序，即以修改基本法文本為明示目的、以形式意義上的修正案為載體的修改。以 2010 年修改基本法附件一的情形為例，該次修法的成果在形式上表現為基本法附件一之後添加上了一份叫做《中華人民共和國香港特別行政區基本法附件一香港特別行政區行政長官的產生辦法修正案》的文件，其在效力上覆蓋掉了附件一正文中與其不相符的部分。假設我們要對基本法正文作一次修改，按照第 159 條的字面含義，就是最終產生一份名為《中華人民共和國香港特別行政區基本法第 × 條第 × 款修正案》的文件，並添加在緊接正文之後（即第 160 條之後）的地方。顯而易見，如果根本不存在依照第 2 款而提出的修正案，而是在人大行使其一般立法權、決定權或其他合法權力時提出了事實上修改香港特區制度與政策的法案、決議案，那麼基本法第 159 條將不能起作用。

悉尼大學凌兵教授認為，第 159 條第 4 款是不同的，可以覆蓋基本法框架以外的"事實上的改變"，即此款禁止全國人大在其他立法行為（legislative acts）中包含與國家對香港的既定方針政策相衝突的條款。[12] 這個觀點值得商榷：第一，從第 159 條整體來看，第 4 款顯然與前三款構成一個完整的邏輯鏈條，其所指"本法的任何修改"，當然是指依照前三款的程序而通過的修正案所實現的修改；第二，中文語境中，"修改"與"改變"是不同的，"本法的任何修改"與"對本法的任何實質改變"也是不同的，第 4 款中的"修改"——作為一個名詞——是通過形式意義上的修正案在法律效果上實現的改變、變化，因此，第 4 款不能約束第 159 條程序之外的"改變"。

或許有人會說，既然基本法的目的之一是保持香港各項制度、政策的穩定性，那麼對第 159 條第 4 款作目的解釋不就可以容納上述觀點了嗎？我的回答很簡單：第一，目的解釋不能被濫用，當 A 條款的字面含義清晰，且無法承載兩種以上的合理理解時，目的解釋是不能取代字面解釋的；[13] 第二，如果同一部法律當中的 B 條款的字面含義已經可以實現對 A 條款作目的解釋方能達成的效果，那麼就不應該捨近求遠，而應該讓不同條款各司其職。所以，即便對第 159 條第 4 款作目的解釋以擴大其字面含義，在技術上也是不必要的。基本法第 11 條第 1 款就是這個"B 條款"，其提供了第 159 條所力不能及的限定，幫助保障基本法的自足性：第一，第 11 條第 1 款的核心概念是"制度、政策"，這就能夠適用於形式意義的修法之外的實質修法。不論是否遵從第 159 條的程序，任何人大行為（NPC acts，

這個概念比 "人大立法" 更全面）如果涉及到香港特區的制度、政策，就需要考慮到其是否符合第 11 條第 1 款中 "均以本法的規定為依據" 這個限定；第二，"均以本法的規定為依據" 中 "本法" 這一表述的使用，明顯排除了 "他法"（或其他有效的 "決定"）。我們可以合理地推定，全國人大在制定基本法的時候，明確意識到這一次立法與其他立法（尤其是後續立法）之間的差異。就香港所實行的制度、政策而言，只有基本法才是居於其他法規範之上的憲制性法律。

三、憲法限制，還是全國人大 "自我設限"？

從邏輯上講，既然基本法是全國人大制定的，那麼全國人大又怎麼會主動限制自己的權力？基本法的 "自足性條款" 究竟何以限制全國人大？此處不妨與全國人大常委會作一個對比：全國人大通過立法向全國人大常委會進行授權是沒有問題的，只要不違反憲法上的限制 —— 基本法當中有不少向全國人大常委會授權的條款，如第 17 條第 3 款，第 18 條第 3、4 款，第 158 條等；同時，全國人大常委會在基本法框架內的職權與其在內地法律體制內的原有職權有諸多明顯差異，可見基本法有意作出一個不同的憲制功能上的設計，或者說，基本法創設了一個 "自己的" 全國人大常委會。

對全國人大而言，上述說法很難講得通。基本法正文中僅七次提到 "全國人民代表大會"，與授權直接相關的僅有第 20 條、第 21 條和第 159 條，[14] 且第 20、21 條的授權實際上也不屬於建構特區制度的授權。表面上看，除了 "修改條款"，全國人大並不打算將自己束縛在基本法框架之內 —— 她是基本法框架與特區制度的建構者，而不是被其建構。既如此，基本法第 11 條第 1 款與第 159 條似乎面臨同樣的困境，即難以真正約束全國人大。既然全國人大是否遵守第 159 條的規定取決於其是否"自願"，[15] 那麼又憑什麼指望第 11 條第 1 款提供更有力的約束呢？

凌兵教授就質疑，中國憲法體制中的全國人大"自我設限"是否可能。他認為，全國人大作為人民主權的載體，卻進行自我限制，這本身很可能就違反了憲法。他舉例說，假如七五憲法中規定，該部憲法所確立的政策在五十年內不得修改，簡直難以想象會引發多大的憤怒。[16] 很遺憾，凌兵教授混淆了作為制憲機關的全國人大與經由憲法而產生的全國人大。八二憲法對此前憲法的替代，是一次制憲權的運用，[17] 這項權力當然是沒有法律上的限制的。但現行憲法體制下的全國人大不是主權者（sovereign）本身。全國人大當然可以被限制，這不違反憲法，恰恰是憲法規定了此種限制。全國人大不是英國國會，在基本法的語境內引入"主權者"或"主權權力"（sovereign power）的概念必須審慎，更不能把"議會主權"（parliamentary sovereignty）理論生搬硬套於全國人大，進而解釋全國人大與香港特區的法律關係。儘管制定基本法是以國家對香港恢復行使主權為前提，但全國人大制定基本法的時候，不是以主權者身份在行動，而是以全國立法機關的身份在行動。主權權力的真正運用是修憲時加入憲法第 31 條。我們可以說第 159 條授予全國人大修改基本法的權力是一項"中央的權力"（power of the central authorities），但不能說這是一項主權權力（sovereign power）——基本法如何能夠向全國人大授予主權權力？

由此可見，所謂全國人大能否"自我設限"恐怕是提出了一個"錯誤的問題"。正確的提問是，憲法是否確認了這樣一種限制？如果有，那麼第 11 條第 1 款顯然就具有約束全國人大的能力，並且不像第 159 條那樣僅僅在基本法框架內作出約束，而是在憲法體制內作出約束。如前文所述，這種憲法層面的限制是存在的。憲法第 31 條針對特別行政區的制度安排，授權予全國人大進行立法，對香港特區而言，這部法律就是香港基本法。憲法第 31 條不會詳細羅列香港特區的具體制度、政策，這既是因為立法技術層面的不便，也因為"一國兩制"方針意圖適用於香港、澳門乃至台灣，從而需要在措辭上保持一定的抽象度和包容性。但歸根結底，以基本法為憲制性法律來構建香港特區的法律制度完全沒有障礙，基本法第 11 條的文字就是對憲法第 31 條的最好註解。所謂香港各項制度、政策"均以本法的規定為依據"是直接"根據中華人民共和國憲法第三十一條"而來的。換句話說，"自足性條款"是由憲法第 31 條保障的、具有更強的剛性的基本法條款。其核心意義就是，在涉及香港特區之制度、政策的範圍內，基本法是僅次於憲法的最高法，這不僅在特區法律體系內如此，在中國憲法體制內亦然。全國人大早已在法律上承認了這一點。[18]

四、"自足性條款"在香港特區的適用 —— 香港法院的有限審查權

如何處理人大行為與基本法之間的位階關係的問題早在

1999 年 "吳嘉玲案"[19] 中就被討論過了。終審法院在該案中有關香港法院管轄權的論述引發激烈爭議，但其至少坦率面對了一個真實的問題 —— 基本法在香港特區的憲制性地位如何得到落實。終審判詞在法理上的最主要缺陷是，其認為如果有人大行為（包括基本法框架外立法）被確認與基本法構成衝突，則法院有權宣佈其無效並予以撤銷（null and void）。[20] 陳弘毅教授認為，終審法院本可以採取一個稍微緩和的立場，即宣佈與基本法條款相衝突的人大行為在香港特區的範圍內沒有法律效力，因為根據基本法第 18 條，這些法律或決定並非香港特區所實施的法律的一部分。[21] 陳教授的 "法律淵源論" 無疑可以解決一部分問題：根據基本法第 18 條，香港地區實施的法律為基本法、香港原有法律、特區立法機關制定的法律以及被列入基本法附件三的全國性法律。如果有人大立法包含與基本法條款相衝突的條款，只要該法沒有被全國人大常委會列入附件三，那麼香港法院可以合法地拒絕承認其在香港特區的效力，至於其在內地法律體制中的效力則不予考慮，也不必宣佈其無效。不過，陳教授承認，法院之所以可以作出如此裁決，是因為根據（普通法上的）法律解釋規則，該人大立法尚未構成對基本法第 18 條的 "默示廢除"（implied repeal）。[22] 言下之意，如果法院認定其構成默示廢除，或甚至 "明示廢除"（expressly repeal），[23] 那麼香港特區的法律淵源規則將就此改寫，法院也必須結合個案裁定，究竟是人大立法中的相關條款還是基本法條款具有優先適用的地位。此處須保持謹慎的是，將源自英國法的上述規則不加限定地適用於香港是不妥的，終審法院曾經清楚地表明，香港特區的憲制架構是全新的，將全國人大比作英國議會是一種誤用。[24] "法律淵源論" 是一種混合理論，既包含議會至上（parliamentary supremacy）原則的要素，也涉及到基本法的自足性。實際上，對基本法第 18 條的默示廢除或明示廢除都是繞開基本法第 159 條的 "事實修改"，這就再次回到本文的中心議題——如何保障基本法的自足性。

質言之，"法律淵源論" 的不足之處主要是：第一，如果基本法的自足性缺乏憲法層面的確認，那麼人大後續立法確實有可能起到修改基本法第 18 條的效果，繼而香港法院就不能拒絕承認相關人大立法在特區法律體制內的效力；第二，根據陳教授的觀點可以推知，如果全國人大常委會將有關人大立法列入基本法附件三，則 "法律淵源論" 立即出局。

本文認為，基本法第 11 條第 1 款有助於克服上述缺失。第一，該款確認的基本法自足性有助於鞏固基本法第 18 條，進而，即使遵循 "默示廢除" 或 "明示廢除" 規則，也更難得出此條款被修改、限定或覆蓋的結論；第二，即便全國人大常委會將有關與基本法存在衝突的全國性立法列入附件三，雖然香港法院難以質疑 "列入" 這個行為本身的合法性，[25] 但被列入的全國性法律與基本法如何進行協調則是另外一個問題，而基本法第 11 條第 1 款將是支持基本法優越性的有力理據。1999 年國旗案 [26] 曾經間接處理了這樣的問題，即用於實施附件三法律的香港本地法例與基本法條款是否存在衝突以及如何處理該衝突。[27] 由於該案中被提起司法覆核的本地法例被終審法院認定並不違反基本法，也就避免了就附件三法律與基本法何者優先適用的問題作出決定。但類似的問題有可能再度出現，當法律解釋不能化解法律衝突時，第 11 條第 1 款可以起到衝突規則的作用。

綜上所述，"自足性條款"可以在以下幾種情形中被法庭援引為化解法律衝突的規則：

（1）當列入基本法附件三的全國性法律（即事實上修改基本法的人大立法）中涉及香港特區的制度、政策方面的條款與基本法存有衝突時，根據"基本法的自足性"，有關全國性法律的條款應當盡可能按照與基本法相一致的方式被解釋。[28] 如果窮盡法律方法仍不能達成一致解釋或此種解釋將扭曲基本法條款的含義，法庭可以作出"不一致宣告"，[29] 並在存在衝突的範圍內，拒絕適用該附件三法律的相關條款，但是不質疑其他有關國防、外交以及不屬特區自治範圍內的條款的一般效力。

（2）當未列入基本法附件三的人大行為（包括人大立法）包含有與香港特區的制度、政策不一致的規定時，若該人大行為不構成對基本法第 18 條的默示廢除，則法院有權依據基本法第 18 條拒絕承認該人大行為為香港特區內的有效法律，但不質疑其在憲法體制內的合法性或合憲性。或者，法庭有權基於"基本法的自足性"（這是一種憲法層面的保障），裁定相關條款不可能被理解為改變了基本法第 18 條關於香港特區法律淵源的規定（即不構成默示廢除），從而仍然依據基本法第 18 條拒絕承認該人大行為為香港特區內的有效法律，但不質疑其在憲法體制內的合法性或合憲性。

（3）若人大行為在基本法第 159 條的程序之外明示修改基本法第 18 條，法庭將無法質疑這一改變特區法律淵源的行為，"自足性條款"不能阻止香港特區法律淵源的擴張，但是在"擴張了的法律體制內"，特區所實行的制度、政策仍然以基本法的規定為依據。

（4）最後，如果人大行為在基本法第 159 條的程序之外明示廢除第 18 條與第 11 條第 1 款，則法庭不再可以援引“基本法的自足性”作出裁決。這種情形實質上等於修改憲法第 31 條，香港法院無權管轄，但這會引發香港憲制的根本危機（即特區法律體系不再有獨立性），在實踐中幾乎不可能出現。

五、結論

基本法第 11 條第 1 款是憲法第 31 條通過香港基本法來建構一個完整、和諧的香港特區法律體制的意圖的充分展現。因此，“基本法的自足性”不僅是基本法的自我提升，也是憲法層面的保障。這一保障不會挑戰全國人大的一般立法權：一方面，全國人大不會因為偶然地、附帶性地涉港立法而在抽象意義上被香港法院審查，後者所作的僅僅是確保基本法在香港特區法律體制內的憲制地位，從而維護這一體制的內部和諧；另一方面，全國人大的涉港立法權已經由憲法第 31 條作出了限定，因此尊重香港基本法的自足性不會損害全國人大的立法權，是憲法 —— 而不是香港基本法 —— 約束了全國人大。

當然，基本法的自足性也不應被誇大。自足性並不是指香港特區的制度、政策靜止不變，也不是指特區法律體制會封閉起來，拒絕與全國人大及其常委會之間的應有互動。更為重要的是，自足性條款本身要真正被遵守，也依賴於全國人大的克制，因為如果憲法監督制度不起作用的話，即便是憲法第 31 條也不能免於被濫用，又何況處於其保護之下的基本法第 11 條？因此，從根本意義上講，基本法的自足性取決於建構這一自足性的主體的意志。矛盾的是，我們只能在描述意義上（而非規範意義上）說，在全國人大決定取消基本法的自足性之前，基本法的自足性仍然是存在的。

1. 王叔文教授認為，五十年不變的規定是香港基本法的一條十分重要的原則。
    參見王叔文主編：《香港特別行政區基本法導論》，中國民主法制出版社 2006
    年版，第 57 頁。

2. 佳日思教授指出，基本法非常特殊，在中國憲法體制內，香港基本法與
    澳門基本法是唯一 "自帶" 修改條款，且規定其中特定條款不得修改的
    法律，即便憲法中也無類似規定。參見 Yash Ghai, "Litigating the Basic
    Law: Jurisdiction, Interpretation and Procedure", in Johannes M M Chan, H
    L Fu, Yash Ghai (eds.), *Hong Kong's Constitutional Debate: Conflict over
    Interpretation* (Hong Kong University Press, 2000), p. 48。

3. P Y Lo, *The Judicial Construction of Hong Kong's Basic Law: Courts, Politics
    and Society after 1997* (Hong Kong University Press, 2014), pp. 449-454.

4. 羅沛然大律師指出，基本法第 159 條只是適用於 "修正案"。他同時指出，
    基本法是全國性法律，而憲法第 62 條第 3 款規定全國性法律的立法權與修
    改權屬於全國人大。作為憲法確立的最高國家權力機關，全國人大享有一系
    列權力，而立法權只是其中之一。參見 P Y Lo, *The Judicial Construction of
    Hong Kong's Basic Law: Courts, Politics and Society after 1997*, p. 449, 454。

5. 羅沛然大律師提出過一種假想情形，即依據基本法第 159 條，全國人大常
    委會提出修正案，全國人大予以通過，改變國家對香港的基本政策，取消香
    港特區的現行制度。參見 P Y Lo, *The Judicial Construction of Hong Kong's
    Basic Law: Courts, Politics and Society after 1997*, p. 455。

6. 基本法第 11 條第 1 款的文字以 "根據中華人民共和國憲法第三十一條" 起
    首，基本法其他條款都沒有作這樣的援引。

7. 王叔文教授在闡述憲法與香港基本法的關係時指出，"憲法第 31 條明確規
    定設立香港特別行政區和由全國人大制定基本法，規定特別行政區實行的制
    度，這一規定自不待言地是制定香港特別行政區基本法的依據。" 憲法第 31
    條沒有使用 "基本法" 這個詞，王教授顯然認為對香港而言，憲法第 31 條所
    指的 "法律" 就是 "香港基本法"。參見王叔文主編：《香港特別行政區基本
    法導論》，第 84 頁。

8. 全國人大在 1990 年 4 月 4 日通過香港基本法之後隨即作出的決定中說，"香
    港特別行政區設立後實行的制度、政策和法律，以香港特別行政區基本法為
    依據。" 儘管全國人大此處沒有具體區分 "香港特區立法機關制定的法律"

和 "全國人大及其常委會制定的法律"，但無論如何都要以基本法為依據。也就是說，香港基本法的自足性實質上是香港法律體制的自足性。這個法律體制並不絕對排除基本法以外的、涉及香港制度與政策的其他人大立法，但在這個體制內，必須以基本法的規定為依據，即不得與基本法相衝突。參見《全國人民代表大會關於〈中華人民共和國香港特別行政區基本法〉的決定》。

9. 有關國家對香港基本政策的出台背景，可參見 Wong Man Fong, *China's Resumption of Sovereignty over Hong Kong* (David C. Lam Institute for East-West Studies/Hong Kong Baptist University, 1997), pp. 12-13, 20-21。

10. 鄧小平在 1984 年對參加國慶觀禮的香港代表團說過，"我們的政策不會變，誰也變不了……聯合聲明確定的內容肯定是不會變的。" 參見鄧小平：《鄧小平文選》(第三卷)，人民出版社 1993 年版，第 72 頁。

11. 有學者指出，從 1985 年到 1990 年之間的起草過程中，香港社會幾乎每天都處於圍繞著憲制原則、人權等議題進行活躍的辯論與熱切的討論的狀態中，這徹底改變了香港社會的面貌，不再像以前那樣是一個政治冷感的地方。參見 Johannes Chan, C L Lim (eds.), *Law of the Hong Kong Constitution* (Sweet & Maxwell, 2011), p. 29。

12. Ling Bing, "Can Hong Kong Courts Review and Nullify Acts of the National People's Congress?", (1999) *Hong Kong Law Journal* 29, p. 14.

13. 香港終審法院在 "莊豐源案" 中明確表示，法庭在解釋基本法的時候，雖然要避免一種字面的、技術性的、狹隘的或僵化的解釋，但也不能給條文賦予某種其無法承受的含義。還表示，法律文本的含義如果不存在模糊之處 —— 即不可能合理地得出其他的含義 —— 就應該被認為是清晰的。參見 *The Director of Immigration v Master Chong Fung-yuen*, FACV 26/2000, sec. 6.3。

14. 基本法第 2 條規定，全國人民代表大會授權香港特區依本法行使高度自治，這是對整部基本法的概括，不屬於對全國人大進行授權；第 20 條規定，特區可享有全國人大授予的其他權力，是指全國人大可以在基本法之外向特區追加授權，因此本條是對全國人大的一項特定授權，這一規定與 "自足性條款" 並不衝突，"追加授權" 將擴大高度自治的範圍，因此與香港特區已有的制度、政策不會衝突；第 21 條規定，全國人大有權確定香港特區的全國人大代表的名額和產生辦法，是一項特定授權，但須注意，港區人大代表的產生辦法並不屬於 "保持五十年不變的資本主義制度" 的一部分，這實際上是社會主義制度在香港特區的極罕見的體現；第 159 條顯然是對全國人大作授權及限制。

15. 有學者認為，基本法第 159 條只是全國人大施加的 "自我限制"，參見 Benny Tai, "The Jurisdiction of the Courts of the Hong Kong Special Administrative Region", in Alice Lee (ed.), *Law Lectures for Practitioners 1998* (Hong Kong Law Journal, 1998), p. 108。轉引自 P Y Lo, *The Judicial Construction of Hong Kong's Basic Law: Courts, Politics and Society after 1997*, p. 450。

16. Ling Bing, "Can Hong Kong Courts Review and Nullify Acts of the National People's Congress?", p. 12.

17. 李忠夏副教授認為，1982 年的全面修憲是制憲權的延伸而非簡單的修憲。儘管他也指出不宜追求對 "立憲時刻" 作一勞永逸地正當化，而是需要歷史性地自我證成。但很明顯，中華人民共和國歷次全面修憲的幅度之大是不能用一般的修憲或修憲權來解釋的。參見李忠夏：〈從制憲權角度透視新中國憲法的發展〉，《中外法學》2014 年第 3 期，第 632 頁。

18. 參見《全國人民代表大會關於〈中華人民共和國香港特別行政區基本法〉的決定》。全國人大在該《決定》中表示，"香港特別行政區設立後實行的制度、政策和法律，以香港特別行政區基本法為依據。"

19. *Ng Ka Ling and Others v Director of Immigration*, [1999] 1 HKLRD 315.

20. 這個表述不是該案判決理由（*ratio decidendi*）的一部分，只是說理性的文字。*Ng Ka Ling and Others v Director of Immigration*, [1999] 1 HKLRD 315, p. 337.

21. Albert H Y Chen, "The Court of Final Appeal's Ruling in the 'Illegal Migrant' Children Case: Congressional Supremacy and Judicial Review", in Johannes M M Chan, H L Fu, Yash Ghai (eds.), *Hong Kong's Constitutional Debate: Conflict over Interpretation* (Hong Kong University Press, 2000), p. 89.

22. 所謂 "默示廢除"，是與 "明示廢除" 相伴隨的概念。根據英國憲法中的議會至上原則，議會立法不可限制將來的議會的立法權，因此如果議會有後續新制定法明示廢除舊法，那麼法院將承認新法的優越性。在有的立法中，雖不包含明示廢除舊法的文字，但在法律解釋、適用上無法達成新舊法律條款之間的和諧，則法院會推定新法當中與舊法相衝突的條款 "默示地" 廢除了舊法有關條款。這項原則是英國憲法的獨特性的產物，不宜、也不能直接套用在其他憲法體制中。參見 Albert H Y Chen, "The Court of Final Appeal's Ruling in the 'Illegal Migrant' Children Case: Congressional Supremacy and Judicial Review", p. 89。

23. 同上。

24. *Ng Ka Ling and Others v Director of Immigration*, [1999] 1 HKLRD 315, at 338.

25. 基本法第 18 條第 3 款規定，列入附件三的法律「限於有關國防、外交和其他按本法規定不屬香港特別行政區自治範圍的法律」。也就是說，並非任何法律都可以被列入。但是，因為全國人大常委會擁有解釋基本法的最終權力，同時又有權依本款規定作出「列入」的決定，因此「列入」的決定只能被推定為符合本款的規定。參見 Johannes Chan, C L Lim (eds.), *Law of the Hong Kong Constitution*, pp. 57-58。

26. *HKSAR v Ng Kung Siu and another,* [1999] 3 HKLRD 907.

27. 有學者認為，形式上，終審法院在審查一項本地立法，但效果上，則相當於審查了一部全國性法律。參見 Johannes Chan, C L Lim (eds.), *Law of the Hong Kong Constitution*, p. 57。

28. 這種處理方法類似於英國 1998 年人權法案 s3(1) 部分對法院的授權與指引。參見 Evelyn Ellis, "The Legislative Supremacy of Parliament and its Limits", in David Feldman (ed.), *Oxford Principles of English Law: English Public Law* (Oxford University Press, 2009), 2nd edition, p. 134。

29. 這種處理方法類似於英國 1998 年人權法案 s4 部分對法院的授權，即法院不會對與基本法存有不一致之處的法律作全盤地撤銷，僅僅從法律適用上指出其不一致之處（incompatibility as-applied）。參見上引。

第二章

司法篇

普通法判決意見規則視閾下的人大釋法制度

本文最初與秦前紅教授合署發表於《法商研究》2012 年第 1 期。
《法商研究》是中南財經政法大學主辦的一份法學專業學術期刊。
2015 年，三聯書店（香港）有限公司出版了由陳弘毅、鄒平學主
編的論文集《香港基本法面面觀》，本文被收錄其中。本文收錄於
本書時，秦前紅教授已授權由筆者獨立署名

—— • ——

在香港特區法院與全國人大常委會的互動中，普通法方法
始終都在扮演關鍵角色。此前"外傭居港權案"[1]中，特區政
府於一審（高等法院原訟庭）敗訴，很大程度上就是因為法庭
遵循普通法上的"判決意見規則"，排除了 1999 年人大釋法[2]
之部分文字的效力，使得特區政府不容易否認在港外傭的居留
期間的性質。此案終審判決眾所周知，外傭敗訴，[3]但是，用
於認定人大釋法效力的"判決意見規則"沒有被質疑，反而得
以鞏固。

"判決意見規則"的核心就是區分案件判詞中的判決意見部
分與附隨意見部分。這是普通法的基本方法，也是法官藉以保
持獨立判斷權和司法論辯空間的傳統武器。以這種典型的普通
法方法分析和處理人大釋法並非"外傭居港權案"的原創，而

是早在 2001 年由終審法院判定的 "莊豐源案"[4] 當中就已經埋下了伏筆。筆者認為，"莊豐源案" 當中對於普通法方法的明確宣示具有深遠影響，其中就包括引入判決意見規則來分析和認定人大釋法的效力。"莊豐源案" 限定了 1999 年人大釋法的效力範圍，為特區法院（包括各級法院）在個案審理中留出了足夠的判斷空間，實際上對基本法解釋制度作出了重要補充和修正。

本文分為四個部分：第一部分，回顧 "莊豐源案" 中處理 1999 年人大釋法的方法，以及該方法如何在 "外傭居港權案" 中被遵循並確立為規則的過程，並簡述該規則對於 1999 年人大釋法的直觀影響。本文將 "莊豐源案" 對於 1999 年人大釋法的處理方法簡稱為 "莊豐源案規則"；第二部分，筆者將指出，"莊豐源案規則" 的原型就是普通法傳統當中的判決意見規則；第三部分會從普通法的視角分析人大釋法的性質、功能及效力，並指出判決意見規則為香港司法機關保留了必要的獨立判斷權；第四部分，筆者將提出，人大釋法制度應當在 "個案分析" 和 "有限解釋" 兩個方面予以完善，從而促進全國人大常委會與香港法院之間的良性互動。

一、"莊豐源案" 再審視：對 1999 年人大釋法的普通法解讀

（一）"莊豐源案規則" 的提出

"莊豐源案" 所處理的法律問題很簡單，即於香港回歸之後出生於香港的中國公民（該宗司法覆核申請人莊豐源）能否根

據香港特別行政區基本法第 24 條第 2 款第 1 項的規定而無條件地獲得永久性居留權。之所以產生這項爭議，是因為雖然基本法第 24 條第 2 款第 1 項明白無誤地規定特區永久性居民包括了"在香港特別行政區成立以前或以後在香港出生的中國公民"，但是入境條例有關條款[5]則對上述人群獲得居港權設定了條件——其出生時或之後任何時間內父母當中一方必須是定居於香港或擁有永久性居留權的人。這就是入境事務處的立場。儘管莊豐源的父母赴港產子的行為算不上典型的"因出生於香港而獲得居留權"，但是法庭需要考慮的僅僅是上述入境條例對於永久性居留權資格的限定是否符合基本法的規定。本案判決結果是政府敗訴，莊豐源因出生於香港而獲得居港權的資格不受其父母之身份或停留於香港之方式的限制。

終審法院在解釋基本法第 24 條第 2 款第 1 項時，提出了"莊豐源案規則"。在"莊豐源案"審理過程中，全國人大常委會既沒有收到終審法院的解釋請求，也沒有自行行使基本法第 158 條第 1 款的解釋權出具解釋文。但是有意思的是，1999 年人大釋法案在直接處理圍繞"吳嘉玲案"[6]而引發爭議的基本法第 22 條第 4 款和第 24 條第 2 款第 3 項時，卻"附帶地"提及了"莊豐源案"將要面對的第 24 條第 2 款第 1 項。解釋文原文為：

> 本解釋所闡明的立法原意以及《中華人民共和國香港特別行政區基本法》第二十四條第二款其他各項的立法原意，已體現在 1996 年 8 月 10 日全國人民代表大會香港特別行政區籌備委員會第四次全體會議通過的《關於實施〈中

華人民共和國香港特別行政區基本法〉第二十四條第二款的意見》中。

也就是說，雖然這次人大釋法文件的名稱似乎給我們只是處理基本法第 22 條第 4 款和第 24 條第 2 款第 3 項的錯覺，可是解釋文的內容卻涉及到了並沒有在 "吳嘉玲案" 中提出的 "第二十四條第二款其他各項的立法原意"。那麼，既然 "莊豐源案" 需要解釋第 24 條第 2 款第 1 項，法庭是否應當受到該解釋文的約束呢？或者說是否應當把 "1996 年 8 月 10 日全國人民代表大會香港特別行政區籌備委員會第四次全體會議通過的《關於實施〈中華人民共和國香港特別行政區基本法〉第 24 條第 2 款的意見》"（以下簡稱籌委會實施意見）納入到司法考量的範圍內呢？[7]

終審法院給出的結論是，並不存在有關基本法第 24 條第 2 款第 1 項的、對香港法院有拘束力的人大釋法，而解釋文當中所謂有關其他各項的立法原意已經體現在籌委會實施意見中的說辭並不構成關於第 24 條第 2 款第 1 項的有效解釋。[8] 在當事雙方達成此項共識之後，籌委會實施意見就從司法程序中排除了出去，同時，1999 年人大釋法也被認為與審理 "莊豐源案" 無關了。

（二）"外傭居港權案" 對於 "莊豐源案規則" 的遵循和發展

籌委會實施意見所涉及的範圍很廣，其中也包括了如何理解第 24 條第 2 款第 2 項和第 4 項當中的 "通常居住" 之含義，而這正是 "外傭居港權案" 的核心爭議。如果法庭接受籌委會

實施意見對於 "通常居住" 的理解，則 "根據政府的專項政策獲准留在香港" 的期間就不構成 "通常居住"，[9] 這將對外傭爭取居港權極為不利。但是高等法院原訟庭輕鬆地避開了這個棘手的問題，因為 "莊豐源案" 已經為其提供了明確的指引，即不受 1999 年人大釋法之約束，自然也不受籌委會實施意見之約束。

林文瀚法官詳細回顧了 "莊豐源案" 從初審到終審的過程中如何分析 1999 年人大解釋文的結構和效力。他引述當時 "莊豐源案" 初審法官司徒敬（Frank Stock）的觀點說，1999 年人大釋法文本中所謂 "基本法二十四條第二款其他各項的立法原意反映在……實施意見中" 這段文字是對基本法第 22 條第 4 款和第 24 條第 2 款第 3 項之解釋的副論（addendum），不屬有效的解釋文字，因此法庭不受其約束。在 "莊豐源案" 後來的上訴和終審程序中，這個結論均得到了雙方律師的認同，因此法院也沒有花費更多的筆墨來討論何為 "副論"。總之，林文瀚法官明確表示遵循 "莊豐源案"，即 1999 年人大釋法不屬對香港法院有約束力的解釋。實際上，此處林文瀚法官將 "莊豐源案" 往前推進了一步。此前，終審法院只是說，1999 年人大釋法不構成對基本法第 24 條第 2 款第 1 項的有效解釋；基於 "外傭居港權案" 的法律問題，林文瀚的意思其實是，1999 年人大釋法同樣也不構成對基本法第 24 條第 2 款第 4 項的有效解釋。至此，"莊豐源案規則" 就很清晰了 —— 1999 年人大釋法只是在基本法第 22 條第 4 款和第 24 條第 2 款第 3 項的意義上構成有約束力之解釋，其他附帶性的文字不屬有效解釋的範圍。

當 "外傭居港權案" 上訴至終審法院時，1999 年人大釋法的效力再次被討論。港府沒有直接要求法庭將 1999 年人大釋法中援引"籌委會意見"的文字（以下簡稱"援引文字"）接納為有效的基本法解釋；但港府認為，這個問題**是值得討論的**，並且若滿足提請人大釋法的相關條件，有關什麼是全國人大常委會的"解釋"這個問題是值得提請人大釋法的。[10] 港府提出了這樣兩個問題：（1）根據基本法第 158 條第 1 款，全國人大常委會有權作出的"解釋"是什麼含義？；（2）1999 年人大釋法中的"援引文字"是不是基本法第 158 條第 1 款所稱的"解釋"或是否構成"解釋"的一部分，從而對香港法庭構成約束，要求其在審理涉及基本法第 24 條第 2 款各項的案件時適用這些"援引文字"？[11] 最終，終審法院並未就此向全國人大常委會提請釋法，從而暫時迴避了這個問題。但根據"外傭居港權案"的終審判決，1999 年人大釋法不構成對基本法第 24 條第 2 款第 3 項之外的其餘各項的有效解釋。也就是說，終審法院認可了高等法院原訟庭對於"莊豐源案規則"的發展，而這一規則也由此得到進一步的鞏固。

（三）"莊豐源案規則"對於 1999 年人大釋法的影響

把 1999 年人大釋法的文字區分為有拘束力的部分和無拘束力的部分恐怕是全國人大常委會始料未及的。直觀的效果就是，這份解釋案只能對涉及基本法第 22 條第 4 款和第 24 條第 2 款第 3 項的案件形成拘束力；而對於第 24 條第 2 款其他各項，則根本不構成拘束力。也就是說，今後凡有涉及到基本法第 24 條第 2 款除第 3 項之外其他條文的案件，1999 年人大釋法均無法被法庭接受為有效的解釋文。由於籌委會實施意見是被該次解釋案所"援引",所以籌委會實施意見中的那些"意見"也無法以人大釋法的名義約束香港法院。簡而言之,1999年人大釋法在相當程度上被"凍結"了。

從"莊豐源案"的終審判詞來看,"副論"並不是法庭所主要倚靠的理論;毋寧說,雙方律師似乎達成了某種"默契",共同限定了1999年人大釋法的效力範圍。但是另一方面,原審法庭提出的"副論說"也沒有被否定,相反,還在十年之後的"外傭居港權案"中被重述,作為遵循"莊豐源案規則"的主要理據。就1999年人大釋法而言,其無拘束力部分就屬"副論";或者反過來講,因為該部分文字構成"副論",所以其不屬有效的解釋文,因此不能約束香港法院。那麼,究竟什麼是"副論"?要回答這個問題,就必須說到普通法上的判決意見規則。

二、從判決意見規則到"莊豐源案規則":普通法方法的延續和擴張

當我們把"莊豐源案規則"放在普通法的背景中來觀察的時候,很自然就會聯想到判決意見規則。即,先例案件的判決書由"判決意見"和"附隨意見"組成,其對後續案件的約束力僅限於判決意見;與達成判決結果無必要關聯的附隨意見僅僅反映法官的論辯或說理之思路,並不構成有拘束力之司法規則,不具有約束後續案件的效力。筆者認為,把1999年全國人大常委會解釋文區分為有拘束力部分和副論部分正是判決意見規則的運用。

（一）何為判決意見規則

判決意見規則與普通法上的遵循先例規則（*stare decisis*）密切關聯。眾所周知，先例判決本身有可能是一份冗長的法律文書，如果每句話都成為約束本院後續案件或下級法院的"規則"，那麼整個司法系統將會無所適從。並且，判決書的大部分文字也不具備法律規則所需要的明確性和"規範句式"。於是，普通法國家的司法系統逐步形成了這樣的原則，即先例判詞當中僅僅與得出判決結論存在**必要的邏輯聯繫**的文字才屬有拘束力的"規則"，而判詞當中其他部分文字即便非常雄辯且發人深省，亦不構成有拘束力之規則。有拘束力的部分就稱之為"判決意見"（*ratio decidendi*），而無拘束力的部分就稱之為"附隨意見"（*dicta* 或 *obiter dicta*）。

判決意見作為普通法判決書之特定組成部分，服務於兩項重要的功能：（1）為得出當前案件的判決結果提供必要的理據；（2）為後續案件創設規則。[12] "必要的理據" 其實反映了判決意見規則的 "法律形式主義" 傳統。[13] 法理學家博登海默等人認為，"法庭提出的規則常常比決定當前案件所需要的更寬泛，而共識是對於超過解決當前案件之必要的理據必須被認作附隨意見。"[14] John Salmond 爵士也曾提到，"雖然法官有職責依據一定的規則來裁決案件中的事實，但是他們必須小心謹慎，其創設的規則必須限於當前案件的需要。即，他們不應提出對審理當前案件而言不是必需的規則，或者超過了解決案件之必要限度的規則。具有約束力的司法規則僅僅是那些與先前案件的主題相關聯，且嚴格限定了規範範圍的那些規則。其餘的都不是判決理由，也可以如大家所稱的那樣，只是附隨意見而已。"[15]

這裏的推論就是，對於先例案件而言，如果其拋開當時的案情或具體爭議而提出一些普遍性的規則，那麼這些規則本身的正當性是值得懷疑的，因為司法權的本職是解決爭議或者說適用法律，與先例案情無關的文字甚至都不屬 "先例"。Edmund Morgan 教授也有類似的觀點，其認為 "判決理由就是判決意見中創設了被用於解決當下案件的法律規則（rules of law）的部分，這些規則的適用是當下案件所必需的。"[16] 可見，普通法傳統中的共識是，不願意接受過於抽象、寬泛、缺乏問題針對性或案件事實之指向性的規則。

之所以判決意見應當以必要為限，而不宜過寬，主要的理由就在於：（1）從分權的角度來說，法院的職責是適用法律、解決個案，並不是為社會創設抽象的、普遍的規則，因此過於寬泛的規則宣示侵犯了立法者的權力；（2）從司法權的屬性來說，判決的可接受性來自於將法律規範適用於個案事實的 "具體性"，沒有已然發生的事實就不存在 "法律適用"，正是在事實與規範之間的涵攝過程中，司法權才完成了正當性的證明；（3）純粹意義上的普通法是法官的創造，但即便是制定法時代，也需要司法規則（judicially recognized doctrines）來連接法律條文和案件事實，而司法規則依然是法官的作品。這就造成了一種 "溯及既往之法律"，所以，法官的必然傾向就是只給出必要的、有限的規則，盡量緩解 "溯及力困境"。

（二）"莊豐源案規則"：判決意見規則的翻版

根據基本法第 158 條，全國人大常委會出具的基本法解釋文對香港各級法院均有約束力，這類似於普通法當中的先例判決：一方面，人大釋法實質上為基本法的適用創設了規則；另一方面，人大釋法本身應當以解決當下案件為限，不宜過多過寬地處理尚未出現的問題。正如很多普通法判決書也會長篇大論一樣，全國人大常委會的解釋文也不見得會寫得精準如法律條文，所以辨析其中構成 "判決意見" 的部分就是法院的首要功課。就 1999 年人大釋法而言，解釋文的名稱明確無誤地表明這是針對 "吳嘉玲案" 而作出的，因此潛在地限定了解釋文的適用範圍。同時，在解釋文的正文部分已經有特定語句明確回答了必要條款 —— 基本法第 22 條第 4 款和第 24 條第 2 款第 3 項 —— 的含義，法院以此即可作出判決從而了結本案。按照判決意見規則，其餘的語句不為解決當前案件所必需，應當被認定為附隨意見，不能約束法院的後續判決。"副論" 這個詞也有附錄、補充的意思。"莊豐源案" 與 "外傭居港權案" 以副論的名義排除其他文字，其潛台詞就是，這些文字如同附隨意見一樣，可有可無。法庭可以認為這段文字提供了相關的思路、背景或其他信息，但並不適合作為明確的規則來決定案件的結果。

不過這裏的問題是，人大釋法作為一份法律文件，在多大程度上與普通法的判決意見書是類似的？全國人大常委會對於解釋文的效力的理解與期待又是怎樣？以普通法的標準來處理人大釋法，是否促進了基本法作為一份憲制性文件的實施？

三、普通法背景中的人大釋法：性質、功能及其效力

（一）人大釋法的性質：立法文件抑或司法文件？

香港法院以純粹的普通法思維來面對全國人大常委會，自

然會讓後者難以適應。但是，判決意見規則的理論基礎與人大釋法制度的功能是有交集的。

第一，基本法的制定權、修改權和解釋權由不同的主體分享，已經體現了一定程度的分權。根據基本法第 159 條，基本法的修改權屬於全國人大，而全國人大常委會只擁有修改議案的提案權。因此，全國人大常委會不得以釋法的方式侵奪全國人大的修法權。根據憲法第 67 條第 3 項，全國人大常委會對於專屬全國人大立法權之範圍的法律都享有一定程度的修改權，反觀基本法的修改機制，卻以明確的口吻將全國人大常委會限定為修法提案主體，更可見基本法的解釋權與修改權之嚴格界限，否則必然是違背了本法的初衷。儘管全國人大與全國人大常委會之間就法律制定權、解釋權與修改權的界分似有模糊之處，[17] 但是在**基本法框架內**，卻有明確的區分。質言之，人大釋法同樣有分權方面的考量，作為一項公法行為，其必須與法律修改或法律制定保持明確而必要的距離。

這個距離既包括形式意義上的距離，也包括實質意義上的距離。從形式意義上來講，人大釋法程序與立法程序並沒有"外觀上的"明顯區別，其起草、討論、審議、通過等各個步驟如果冠之以"立法"之名，也照樣成立。而從實質意義來講，人大釋法的內容應當體現出與法律制定或法律修改的不同，而這兩者最大的不同就是有沒有個案分析。如果人大釋法泛泛而談，幾近創設了抽象規則，那就屬徒有法律解釋之名，而行法律修改之實。從這個角度來看，以判決意見規則處理人大釋法的文字，實際上弱化了其抽象性，減輕了其"法律修改之嫌疑"。

第二，如果全國人大常委會的解釋文過於寬泛，也是不符合《中國人民共和國立法法》有關法律解釋權的設計的。《立法法》第 42 條第 2 款規定了全國人大常委會行使法律解釋權的兩種情形，分別是"法律的規定需要進一步明確具體含義的"和"法律制定後出現新的情況，需要明確適用法律依據的"。回到 1999 年人大釋法的背景下，基本法第 24 條第 2 款除第 3 項之外其餘各項並不需要"進一步明確具體含義"，因為沒有出現任何案件引發對於諸項條文的不同理解，在缺少案件的具體質疑的情況下，有關條文應當被認為是"明確的"、"具體的"；同樣，也沒有出現"新的情況"，因為除了"吳嘉玲案"之外就沒有什麼其他"情況"進入到法律適用的視野。在缺乏具體案件的情形下，看似抽象的條款也是清晰的，因為我們並不需要它變得更加清晰！這實際上是根植於立法解釋這一特殊制度之內的邏輯困境。曾有人提出，立法解釋要麼就是對法律文本的原義反覆，要麼就是對法律進行了修改，很難有中間路綫可以走。如果有可能以立法解釋的方式來申明立法的原義，那麼為什麼當初立法程序當中卻選擇不申明這一點？[18] 這裏的推論就是，合情合理且切合實際需要的法律解釋必然有法律適用方面的動因。事實證明，全國人大常委會迄今為止對基本法所做的四次解釋（註：本文最初發表於 2012 年，在 2016 年全國人大常委會作出關於基本法第 104 條的釋法後，應為五次）全部都存在具體的事由。[19] 人大釋法從來就不是為了釋法而釋法，而必定是為了回應某個具體而急迫的問題。假設全國人大常委會在毫無徵兆的情況下以法律解釋的名義表達其對基本法某一條款的理解，那麼這與修改基本法又有什麼區別？或者說，這樣的解釋有什麼必要？

從這個意義來講，任何脫離法律適用之語境的法律解釋都是多餘的、不必要的。法律解釋本身如果能夠成為一項獨立的制度，或者說法律解釋權要成為一項具有獨立內容的權力，其生存空間是非常狹窄的，必須被精確地定義、謹慎地使用。很多時候，立法機關在以"解釋"的名義重複行使立法權，[20] 這個"解釋"其實毋寧稱之為"澄清"、"說明"、"解讀"，這類文字並不因為冠之以"法律解釋"的名稱就搖身一變成為某種全新的事務。對法律之解釋如果不是無用的，那麼就只能是在法律適用的意義上所進行的解釋，而這一工作也必定是"附屬於"[21] 法律適用的過程中。這一"附屬性"就表現在，只有出現了解釋之必要時，法律才會被解釋。這其實和立法法所設定的法律解釋權的兩種行使方式是一致的。

普通法傳統之所以極力避免脫離個案而憑空創設司法規則，正是出於相同的考量。常常可以見到法官在判決意見當中反覆強調"這是一個有限的判決（this is a narrow decision）"，因為他們不希望、也不主張提出大而無用的、空泛的觀點。事實上，即便概括地承認了抽象規則的效力，也需要在以後的案件中，結合案情，由彼時的法官獨立地完成判斷，或者可能永遠也不會有進入該規則之語義範圍內的案情出現，以至於這些規則成了"沉睡的規則"。所以，即便提出了看似具有指導性或前瞻性的意見，但這些意見在實際上很可能是沒用的。

至此，我們暫時可以總結說，人大釋法雖然其本意不是成為一份司法性質的文件或判決書，但是，一方面由於立法解釋制度的固有矛盾，另一方面由於司法適用對於歷次人大釋法之實踐具有不可替代的前置地位，所以，**人大釋法不可避免地會**

帶有一定的司法性質。普通法方法與這種"準司法性"之間的相容度或許超過了我們的預想。

（二）人大釋法的功能：一個法律衝突的視角

從內地法律體制的特點來看，不論是法律解釋，還是位階較低的地方性法規、規章或行政法規範的制定，都是在接續上位立法未完成的工作。那種法律一旦制定，剩下的事情即與立法機關無關的觀念，乃是普通法國家的固有觀念。在大陸法國家，上位法的抽象語句可以經由下位法去細化和完善，[22] 在某種意義上，上下級立法者之間分享了立法權，尤其在缺乏有效的法律審查機制的中國內地就更是如此。

基本法是全面奠定香港政治體制和基本社會制度的憲制性文件，因此抽象的用語不可避免，人大釋法很可能仍舊被某些人期待去完成"細化"和"具體化"法律規範的任務。按照內地的立法慣性，各種各樣的內容都有可能被塞進某部法律的"實施細則"或"實施辦法"當中，而這當中很多的條款都可能是違憲或者違法的。在有司法審查制度的地方，這樣的做法必然會引起很多問題。1999年人大釋法引用了籌委會實施意見，而籌備委員會的法律地位顯然比全國人大或全國人大常委會要低很多，那麼他們提出的實施基本法的意見能在多大程度上"補充"或"細化"基本法的本義呢？或者說，如果有違反基本法的意見被提出來，哪個機關負責對其進行審查呢？與這份實施意見相類似的文件在中英談判和特區籌建過程中可謂汗牛充棟，如果任何這類報告、意見、備忘錄、草案、聲明等等都可以成為適用基本法的權威依據而不受任何質疑，則基本法本身的剛性和權威性就大打折扣了，而這是不符合"一國兩制"的初衷的。其實，這正是判決意見規則適用於 1999 年人大釋法的重要考量，並且從深層次上反映了普通法傳統對於人大釋法之功能的不同理解。甚至可以說，這種不同理解與其說是基於普通法傳統，毋寧說是基於違憲審查在憲政體制中的基礎地位 —— 無論是普通法國家還是大陸法國家。

（三）人大釋法的效力：香港法院的獨立判斷

基本法是憲制性的法律文件，可以通過司法程序等機制具體適用，包括通過司法覆核來保護這種根本地位。佳日思教授認為，基本法應當是一個自足的法律機制（a self-contained instrument），唯此方能實現"一國兩制"的政策。[23] 而這個自足性就表現為，基本法能夠為處理中央與香港之間的法律關係提供充分、完整的依據，這就要求全國人大常委會也必須遵循基本法 —— 這一點貌似不證自明，但其實沒有得到充分的討論。有一個問題很微妙，卻無法迴避，那就是如何保證人大釋法不違反基本法？

香港的法院顯然沒有抽象意義上的糾正人大釋法的權力，判決意見規則對於人大釋法文字的部分凍結不是一項明示的權力，而是隱含於司法獨立這個原則當中 —— 法院有權力獨立地理解基本法，而人大釋法也不能違背基本法。正是在這個意義上，判決意見規則不是挑戰了全國人大常委會的權威，而是作為一個系統的一部分，維護了基本法的權威。

四、人大釋法制度：法律衝突視角下的協調與完善

"莊豐源案規則" 並沒有提出區分有效解釋和副論的標準，並且 1999 年人大釋法在多大程度上受困於其所援引的籌委會實施意見也未可知。但是可以肯定的是，法院在考慮人大釋法之效力的時候，不會放棄獨立判斷的權力。這個判斷有可能是全盤接受，也可能是部分限定，但是其所依據的標準就是判決意見規則。就基本法實施而言，這項規則保證了一套穩定、協調的解釋方法；而對全國人大常委會而言，應當思考如何進一步完善基本法解釋制度。

（一）判決意見規則並未減損中央政府的權威

以普通法方法處理人大釋法並沒有減損中央政府的權威，也無損於國家主權統一。前文已提到，對於實施基本法而言，不管針對某條款是否有相應的人大釋法，案件若進入司法程序，香港法院只能按照普通法的方法來處理。香港回歸以來的眾多基本法案件已經表明，法院完整保留了其固有的普通法方法和獨立判斷權。如果說以同樣的方式處理基本法解釋案反而構成了對中央權威的挑戰，難以令人信服。

對人大釋法而言，可以選擇更加精確的、"規範式"的語言來反向限定判決意見規則的適用空間。即，全國人大常委會也可以利用這項規則尋求某種穩定性和可預期性，在理解普通法方法的前提下，出台有針對性的解釋文，對其可能的被適用的方式作更多的預判，反而更有利於達成中央政府的政策目標。

（二）人大釋法制度的完善

1. 加強個案分析和法律論證

只要司法權始終是獨立適用法律的機關，那麼其固有的判斷空間就會一直存在，人大釋法不可能代替法院完成判決。如果全國人大常委會不能進入到個案分析的場景中，將其意圖以精確、細緻的規範化語言表達出來，那麼留給法院獨立發揮的空間是很大的。法院的獨立判斷權體現在連接規範與事實的論證過程中，甚至可以說，沒有個案就無所謂法院的判斷權。反觀立法機關，其所缺乏的正是這種“將法律條文與案件、規範與事實聯繫起來的優勢和能力”[24]。因此，全國人大常委會要避免留給判決意見規則太大的裁量空間，就應當主動地結合案情來闡述基本法特定條款的含義。當然這種做法的弊端就是對解釋文的效力範圍進行了“主動限縮”，但是恰恰是主動地將效力限定在特定的事實要素之上，反而確保了被“圈定”的有限規則會對法院形成真正的拘束力。越是緊密結合當前案情解釋基本法，越是會表現出強烈的判決意見的屬性。例如在“剛果（金）案”[25]中，全國人大常委會基於終審法院之提請而釋法，其解釋文實際上圍繞著被提請之法律問題而展開，[26]這樣的解釋文是不可能被認作是附隨意見的。

2. 避免寬泛的、不必要的政策宣示或規則創設

一旦我們認可個案分析是法律解釋的主要功課，接下來很自然的推論就是：法律解釋應該導向一個有限的判決，或者說有限的“解釋”。有限解釋與司法權的消極性和被動性一脈相承，即，僅僅是因為要在個案中執行法律才需要對法律之含義進行闡明，沒有必要主動地去尋求並不真實存在的“問題”。人

大釋法的目的是解決當下必須解決的基本法歧義，如果超出這個範圍去提出了更多的規則，恐怕不是解決問題，而是製造了更多的問題。人大釋法的"準司法性"也正是體現在這一點上。

基本法第 158 條第 1 款對於全國人大常委會的概括式授權不應被理解為可以任意行使該權力。放眼全球，無論是美國這樣的判例法系國家的最高法院，還是德國這樣的大陸法系國家的憲法法院，或是像南非這樣的具有混合法律傳統的國家的憲法法院，他們的判決書往往用大段篇幅去告訴當事人，其並不打算解決尚未出現的問題。這些最高法院或憲法法院所贏得的極高的社會地位不是因為他們管得很多，反而是因為他們管得很少且"恰到好處"。總之，以"準司法"的風格審慎、保守地頒佈解釋文才真正有利於提升人大釋法制度的權威，促進中央政府與香港特區之間的良性互動。

| 註釋 |

1. *Vallejos Evangeline B. v Commissioner of Registration and another*, HCAL 124/2010.

2. 《全國人民代表大會常務會員會關於〈中華人民共和國香港特別行政區基本法〉第 22 條第 4 款和第 24 條第 2 款第 3 項的解釋》。以下簡稱 "1999 年人大釋法" 或 "1999 年解釋文"。

3. *Vallejos Evangeline B. v Commissioner of Registration and another*, FACV 19/2012.

4. *The Director of Immigration v Master Chong Fung-yuen*, FACV 26/2000.

5. Paragraph 2(a) of Schedule 1 to the Immigration Ordinance, Cap. 115. 該條文於 1999 年 7 月 16 日進行了修改,但是該修改對於本案當事人沒有影響,其仍然屬上述文字所表明的限制範圍內。

6. *Ng Ka Ling and Others v Director of Immigration*, [1999] 1 HKLRD 315.

7. 參見《關於實施〈中華人民共和國香港特別行政區基本法〉第 24 條第 2 款的意見》第 1 點。第 1 點原文為:"基本法第 24 條第 2 款第(1)項規定的在香港出生的中國公民,是指父母雙方或一方合法定居在香港期間所生的子女,不包括非法入境、逾期居留或在香港臨時居留的人在香港期間所生的子女。"

8. *The Director of Immigration v Master Chong Fung-yuen*, FACV 26/2000, sec. 6.2. 原文為:"As has been pointed out, the Director accepts that the Standing Committee has not issued an interpretation of art. 24(2)(1) which is binding on the courts in Hong Kong. He accepts that the statement in the Interpretation that 'together with the legislative intent of all other categories of art. 24(2) ... have been reflected' in the Opinions of the Preparatory Committee on the implementation of art. 24(2) of the Basic Law does not amount to a binding interpretation of art. 24(2)(1)."

9. 參見《關於實施〈中華人民共和國香港特別行政區基本法〉第 24 條第 2 款的意見》第 2 點第 5 項。

10. *Vallejos Evangeline B. v Commissioner of Registration and another*, FACV 19/2012, para. 97.

11. *Vallejos Evangeline B. v Commissioner of Registration and another*, FACV 19/2012, para. 99.

12. 參見李紅海:〈普通法的司法技藝及其在我國的嘗試性運用〉,《法商研究》

2007 年第 5 期。

13. See Lawrence Solum, "Legal Theory Lexicon 005: Holdings, Legal Theory Lexicon", available at: http://lsolum.typepad.com/legal_theory_lexicon/2003/10/legal_theory_le_2.html (accessed on 24 October 2011).

14. See Edgar Bodenheimer, John B. Oakley, Jean C. Love, *An Introduction to the Anglo-American Legal System: Readings and Cases* (West Publishing Company, 2001), 3rd edition, p. 116.

15. See Sir John W. Salmond, "The Theory of Judicial Precedent", (1900) *Law Quarterly Review* 16, pp. 387-388.

16. See Edmund M. Morgan, *Introduction to the Study of Law* (Callaghan and Company, 1948), 2nd edition, p. 155.

17. 參見朱國斌:〈香港基本法第 158 條與立法解釋〉,《法學研究》2008 年第 2 期。

18. 參見袁吉亮:〈論立法解釋制度之非〉,《中國法學》1994 年第 4 期。

19. 全國人大常委會所作過的基本法解釋要麼是因為有案件進入了司法程序,要麼是對於基本法有關條文的理解有重大爭議且立即關涉到有關公共事務的進行,例如 2005 年時任行政長官董建華辭職,由曾蔭權接任,但是各界對於曾蔭權的剩餘任期的期限產生不同理解。於是全國人大常委會發佈了《全國人民代表大會常務委員會關於〈中華人民共和國香港特別行政區基本法〉第五十三條第二款的解釋》,從而化解了這一爭議。

20. 參見袁吉亮:〈再論立法解釋制度之非〉,《中國法學》1995 年第 3 期。

21. 參見袁吉亮:〈論立法解釋制度之非〉。

22. See William Tetley, "Mixed Jurisdictions: Common Law v. Civil Law (Codified and Uncodified)", (2000) *Louisiana Law Review* 60, pp. 703-704.

23. See Johannes M M Chan, H L Fu, Yash Ghai (eds.), *Hong Kong's Constitutional Debate: Conflict over Interpretation* (Hong Kong University Press, 2000), pp. 44-46.

24. 參見鄭賢君:〈我國憲法解釋技術的發展〉,《中國法學》2000 年第 4 期。

25. *Democratic Republic of the Congo and others v FG Hemisphere Associates LLC*, FACV 5,6&7/2010.

26. 參見《全國人民代表大會常務委員會關於〈中華人民共和國香港特別行政區基本法〉第十三條第一款和第十九條的解釋》。

"莊豐源案規則"與人大釋法的模式

本文原題為〈論全國人大常委會在與香港普通法傳統互動中的釋法模式 —— 以香港特區 "莊豐源案規則" 為對象〉，發表於《政治與法律》2014 年第 12 期。《政治與法律》是上海市社會科學院主辦的一份政法類學術期刊。本文已獲得該期刊授權收入本書。此外，文本曾在 2015 年被中國人民大學複印報刊資料《憲法學、行政法學》全文轉載

————————— ● —————————

一、問題的提出

在香港特區引發廣泛關注的 "外傭居港權案"[1] 於 2013 年 3 月 25 日達成終審判決，[2] 爭取香港特區居留權（right of abode）的本案當事人 Vallejos Evangelin B. 及 Domingo Daniel L. 未能獲得終審法院的支持。但本案各審級法院解釋與適用基本法的論證理路非常微妙。回歸之前針對在港大批外傭的法律地位問題本已有諒解，這就表現在《全國人民代表大會香港特別行政區籌備委員會關於實施〈中華人民共和國香港特別行政區基本法〉第二十四條第二款的意見》[3]（以下簡稱籌委會意見）中，

而這份意見又作為引證文件被著名的"1999年人大釋法"[4]所援引，乍看起來本案應無懸念。港府曾經在終審法院提出，被1999年人大釋法案所援引的籌委會意見已經反映了基本法的立法原意——即外傭居港期間不構成"通常居住"[5]——因此法庭據此即可駁回外傭的請求。[6]但是，終審法院根據2001年"莊豐源案"[7]所確立的規則，決定排除1999年人大釋法案作為"對本案有拘束力之解釋"的地位，令籌委會意見退而成為某種"參考性材料"，僅供法庭綜合考量之用。[8]儘管外傭最終仍然敗訴，但籌委會意見基本上未起作用。那麼，為何終審法院置1999年人大釋法不顧，反而繞一大圈去作出一個結果上無差別的判決？[9]這就必須回到"莊豐源案規則"上來——作為一項普通法規則，其源於"莊豐源案"所創設的先例，後又被香港各級法院所確認及遵循。[10]正是這一規則在很大程度上影響了香港特區三級法院[11]在"外傭居港權案"中的法律論證路徑，同時也對人大釋法制度的完善提出了重要課題。

"莊豐源案規則"是指，1999年人大釋法僅僅針對基本法第22條第4款與第24條第2款第3項構成有效解釋，解釋文中援引其他法律文件的文字僅構成論理文字（說理文字），不具有拘束力。筆者曾經提出，運用普通法上的規則與方法，是香港法院的常態，這既不意外，也為基本法所確認。[12]至於對全國人大常委會解釋基本法的文件從文本結構上作出"區分"，則屬內地法律傳統與香港普通法傳統之間在基本法實施過程中不可避免的不適應。因此，"莊豐源案規則"並未損害全國人大常委會的解釋權，而是**"在個案適用的狹窄空間內"對作為基本法規範的人大解釋案的適用方式作出裁定。**[13]

但是，有學者提出了不同意見，認為香港終審法院在 "莊豐源案" 中錯誤地運用了普通法上的規則來處理 1999 年人大釋法的效力，損害了全國人大常委會的權威。[14] 確實，"莊豐源案規則" 在表面上 "凍結了" 1999 年人大釋法案的部分文字，這讓全國人大常委會始料未及。[15] 因此，我們有必要從理論上反思：第一，以 "莊豐源案規則" 這種普通法規則來確定人大釋法的效力，是否被基本法所允許？是否構成對全國人大常委會之解釋權的挑戰？第二，從 "一國兩制" 方針出發，人大釋法制度是否需要適應 —— 既非順從亦非壓制 —— 香港特區已然成熟的普通法傳統？又應當如何適應？

在本文第二部分，筆者將首先對 "莊豐源案規則" 的發展演變情況作簡要闡述，並分析該規則今後可能的演變路向；在第三部分，筆者將針對 "莊豐源案規則" 所引發的批評，從法律解釋方法的層面予以回應，並且將指出，內地理論界對於立法原意解釋方法的過度倚重是不合理的，而那種認為 "莊豐源案規則" 嚴重挑戰了中央權威的觀點也是值得商榷的；在第四部分，筆者將嘗試對 "一國兩制" 方針作出某種新的闡發，以回應上述批評意見所反映的深層理論困境。筆者將指出，全國人大常委會作為香港基本法之解釋者而行動時的角色，有別於其在內地法律體系中的通常角色，因此能夠、且應當在香港基本法的釋法模式上有所改善和突破；最後，第五部分將論證，通過逐步轉變為一種基於法律論證的釋法模式，人大釋法制度將與 "莊豐源案規則" 及其所代表的香港普通法傳統和諧共存。

二、"莊豐源案規則"：從1999年人大釋法到"外傭居港權案"

（一）"莊豐源案"與"莊豐源案規則"

2001年的"莊豐源案"的法律爭議是，夫妻雙方均不是香港永久性居民的子女（即"雙非嬰兒"）是否能因其出生於香港特區境內而直接依據香港基本法第24條第2款第1項的規定獲得永久性居民身份？在該案之前兩年發佈的1999年人大釋法的文本中有援引"籌委會意見"的文字，"意見"明確指出"雙非嬰兒"不屬於基本法所指的永久性居民。1999年解釋案是這樣表述的：

> 本解釋所闡明的立法原意以及《中華人民共和國香港特別行政區基本法》第二十四條第二款其他各項的立法原意，已體現在1996年8月10日全國人民代表大會香港特別行政區籌備委員會第四次全體會議通過的《關於實施〈中華人民共和國香港特別行政區基本法〉第二十四條第二款的意見》中。

這段文字即"援引文字"。乍一看，既然全國人大常委會對基本法所作的解釋對香港法院有拘束力，那麼通過從1999年人大釋法"跳轉至"籌委會意見，"莊豐源案"的終審法院就可以得知係爭法律條款的"立法原意"，進而作出判決了。但問題在於，1999年人大釋法是針對"吳嘉玲案"（1999年1月作出終審判決）而作出，且文件標題包含"關於……第二十二條第四款和第二十四條第二款第（三）項的解釋"這樣的字眼，顯示當年的人大常委會是著意於解決"吳嘉玲案"才"出手釋法"。此外，並沒有證據表明那次釋法程序中，香港基本法委員會考慮過與"吳嘉玲案"無關的基本法第 24 條第 2 款第 1 項。

"莊豐源案"是在排除了 1999 年人大釋法"作為拘束本案之有效解釋"的前提下作出判決的。初審法官司徒敬（Frank Stock）認為，"援引文字"是解釋案的"副論"，不屬有效的解釋文，因此法庭不受約束。[16] 上訴審與終審都沒有質疑初審法官對這一點的判斷，入境事務處也向法庭表示，其接受"就基本法第 24 條第 2 款第 1 項而言不存在有效的人大解釋"這一立場。於是，終審法院基於此而採用了普通法方法來處理該案。簡單講，彼時終審法院所接納的**規則僅僅是**：1999 年人大釋法不構成對基本法第 24 條第 2 款第 1 項的解釋。終審法院並未對"副論說"表態，也沒有對區分解釋案文本之不同部分的做法給出理由，但也沒有將這抽象化為"法庭有權對人大常委會的任何解釋案進行效力上的區分"——那會是一個很激進的宣示。就 2001 年而言，"莊豐源案規則"作為一樁先例的生命力和穩定性尚有待檢驗，而且它是一項"極為狹窄"的規則。

（二）"外傭居港權案"對"莊豐源案規則"的確認與發展

"外傭居港權案"第一審的判詞顯示，港府接受"莊豐源案"上訴審階段的結論，但保留在更高審級階段要求重啟這一問題之辯論的權利。因此，"外傭居港權案"第一審判決同樣是在排除 1999 年人大釋法案的前提下作出的。值得注意的是，"外傭居港權案"第一審判決實際上結合了該案的法律爭議，將"莊豐源案規則"作了擴展。"莊豐源案"中，這一"規則"僅僅是：1999 年人大釋法案不構成對基本法第 24 條第 2 款第 1 項的有效解釋。"外傭居港權案"的法律爭議關乎基本法第 24 條第 2 款第 4 項，而林文瀚法官卻在判詞中說，"港府一方認可，本庭需受'莊豐源案'上訴審判決的約束，1999 年人大釋法不構成對基本法第 24 條第 2 款第 4 項的解釋。"[17] 當然，導致 1999 年人大釋法不構成對第 1 項之解釋的理由自然也會導致其不構成對第 4 項之解釋，但畢竟"莊豐源案"沒有這麼說。經過林文瀚法官的話語轉換之後，"莊豐源案規則"實際上已發展為：1999 年人大釋法案中除直接解釋基本法第 22 條第 4 款和第 24 條第 2 款第 3 項的文字之外的其餘部分皆不構成有效解釋。因此，籌委會意見在整體上喪失了通過 1999 年人大釋法案而拘束法庭的可能性。

終審法院對此予以認可。在"外傭居港權案"的終審階段，港府一方果然提出了 1999 年人大釋法案的效力問題。判詞顯示，在處理這一問題之前，法庭已經通過重新審視"沙阿案"[18]，認定外傭在港期間不構成基本法所指的"通常居住"。[19] 但港府仍然提出，1999 年人大釋法案中的"援引文字"同樣"有可能"對法院產生拘束力。港府並沒有直接要求法庭裁定那些"援引文字"必定有拘束力；但其表示，如果法庭依照普通法方法對"通常居住"所作的理解與他們的觀點不符，則會要求法庭提請人大釋法，闡明"援引文字"是否屬基本法第 158 條所稱的"解釋"。[20] 終審法院評論說，港府之所以並未要求法庭將"援引文字"直接接納為有效解釋，有兩個原因：（1）港府律師一直承認，1999 年人大釋法中的"援引文字"是"附帶性"（incidental）

的；（2）"莊豐源案"中，港府已經表示接受"援引文字"不構成基本法第 158 條所稱的解釋，從而對法院無拘束力。也就是說，依遵循先例原則，終審法院基本上認可了"莊豐源案規則"，也承認了本案第一審對這一規則的發展。鑒於全國人大常委會始終沒有通過新的釋法介入這一問題，因此我們可以說，"莊豐源案規則"通過"外傭居港權案"終審判決得以再次被確認，已經成為較穩固的"普通法規則"。

值得注意的是，在"外傭居港權案"中，港府並未強力主張推翻"莊豐源案規則"。儘管終審法院有權在合適的時候推翻自己創立的先例，[21] 但最終港府只是請求終審法院考慮是否需要對基本法第 158 條所稱的"解釋"一詞提請解釋 —— 即間接地尋求對"莊豐源案規則"的蓋棺定論。[22] 這一看似"溫和"、"間接"的訴訟策略雖然沒有導致港府輸掉"外傭居港權案"，但也沒有為其贏得法律上的大勝（若通過提請釋法而順帶解決"雙非嬰兒"問題，則為大勝）。這種策略可能出於以下幾種考量：（1）從技術層面講，1999 年人大釋法的確給人一種專注於解決"吳嘉玲案"的印象，無論從文件的標題、文辭的表述或相關釋法程序來看皆如此，因此，處於香港法律傳統之中的港府很難否認"援引文字"的"附帶性"，也很難主張全國人大常委會有意在 1999 年即出手解決 2001 年才出現的"莊豐源案"或 2010年才出現的"外傭居港權案"。（2）根據"劉港榕案"[23]，人大釋法對香港法院有拘束力，且釋法可以是不拘於個案的、抽象的解釋。但是，究竟什麼構成基本法第 158 條意義上的"解釋"仍然是司法過程中必須面對的問題。此外，籌委會意見作為對基本法立法原意的某種反映，是否直接等同於相關條款在個案適用中的“正確解釋”，則取決於立法原意解釋方法在基本法解釋中的地位。全國人大常委會是否有意將立法原意作為其解釋基本法的唯一或首要方法，並不清楚，要釐清這一點，也只有讓全國人大常委會自己來表態。（3）儘管全國人大常委會的個別官員曾以個人名義表達了對“莊豐源案”的一些不同看法，但全國人大常委會本身卻從未正式否認過“莊豐源案規則”，從而在實際效果上加強了其作為先例規則的地位。從港府的角度考慮，與其大幅度地改變自己先前的立場，要求將當年的“援引文字”重新視作有效解釋，還不如請全國人大常委會作出澄清，通過解釋什麼是“解釋”來迂迴解決 1999 年人大釋法案的模糊之處，這比讓終審法院推翻自身先例或許要容易一些。

（三）“莊豐源案規則”的未來

現時的“莊豐源案規則”是：1999 年人大釋法案中的“援引文字”不屬於基本法第 158 條意義上的有效解釋，不對香港法院產生拘束力。“外傭居港權案”中，終審法院決定不提請人大釋法，因此何為有效解釋仍然是一個基於普通法傳統予以判斷的問題。

“外傭居港權案”再次遵循並發展了“莊豐源案規則”，加強了該規則的穩定性與確定性。但由於終審法院最終避開了何為“解釋”的討論，因此從法理上講，這一規則仍缺乏牢固根基。由於“援引文字”或籌委會意見確實涉及了大量關係到香港社會政策與居民基本權利的事宜，所以對“莊豐源案規則”的挑戰將不會停止（如“雙非嬰兒”問題）。港府與法律專家已經表示，此問題的最終解決恐怕還是需要終審法院推翻“莊豐源案" 判決或者由人大釋法予以闡明。[24] 因此,如果有後續案件重啟對 "莊豐源案規則" 的討論,應該不令人意外。

三、"莊豐源案規則" 再審視

(一) 內地學者對 "莊豐源案規則" 的質疑

"莊豐源案規則" 實質上將 1999 年人大釋法案 "切割" 為兩部分 —— 有效解釋部分與副論部分,這讓內地法律界很意外。很難想象內地的司法機關或其他執法者會質疑或否定某個抽象解釋文件的部分文字的效力。

姚國建教授的〈論 1999 年《人大解釋》對香港法院的拘束力〉一文開宗明義地指出,香港特區法院錯誤地運用普通法中的判決理由與附隨意見的區分規則來解讀 1999 年人大釋法,導致其中的 "援引文字" 失去對香港法院的拘束力,這是香港社會面臨 "外傭居港權案" 及 "雙非兒童" 法律風險的主要原因。[25] 他認為,法院在解釋和適用基本法的時候,對於立法原意的探求應該被放在首要位置。他援引 "莊豐源案" 終審判詞第 6 段說,香港終審法院亦強調,根據普通法解釋基本法的任務是詮釋法律文本所使用的字句,以確定這些字句所表達的立法原意。因此,既然 1999 年人大釋法案說籌委會意見反映了相關條款的 "立法原意",卻仍被終審法院無視,就顯得不合理了。也就是說,姚教授認為終審法院應當堅持解釋方法的一貫性。

除了 "基於解釋方法的批判",這篇文章還認為終審法院不能依照普通法傳統來確定人大釋法的效力:(1) 香港雖然保留了普通法，但香港法院不得要求全國人大常委會也遵循普通法方法來解釋基本法；（2）香港法院作為接受全國人大常委會授權而解釋基本法的主體，不得質疑人大釋法的程序；（3）人大釋法一旦作出，香港法院不得以普通法方法對"解釋"進行"再解釋"，這不符合香港法院在國家憲法體制中的地位。姚教授提出了"主權性權力"和"獲授權的權力"這一區分，他認為香港法院解釋基本法的權力屬"獲授權的權力"，全國人大常委會解釋基本法的權力屬"主權性的權力"，後者高於前者，因此不應受到前者的任何挑戰。在他看來，不管是質疑 1999 年人大釋法程序上的瑕疵，還是運用普通法方法對人大釋法案進行"再解釋"，以至於由此"迫使"全國人大常委會向普通法傳統"妥協"，都有挑戰主權權威的嫌疑。本文將後面一種批評稱之為"基於主權權威的批判"，以區別於"基於解釋方法的批判"。

（二）基於解釋方法的批判

"莊豐源案規則"在解釋方法上的爭議其實是"文義解釋"與"立法原意解釋"之爭。基本法仍是一部年輕的法律，不少參與起草的人士仍活躍在社會各界或仍健在，因此反映基本法之立法目的與背景的"立法原意"天然地具有較強的說服力。1999 年人大釋法案雖然並非刻意針對基本法第 24 條第 2 款"其他各項"表態，但"立法原意已經反映在……"這樣的語句應該不是隨意寫下的，可見探求"立法原意"是全國人大常委會頗為看重的理解基本法的路徑。所以當"莊豐源案"遵循文義解釋方法來處理基本法第 24 條第 2 款第 1 項的文字時，就形成了"立法原意解釋"與"文義解釋"的對壘。其實，終審法院並未排除"立法原意"的作用，但這與將"立法原意解釋"看做第一順位解釋方法的立場有差異。在 1999 年人大釋法被法庭認作不構成對"莊豐源案"之有效解釋的前提下，"援引文字"雖提示了獲知"立法原意"的可能路徑，但這段文字本身只能是一種"外圍材料"（extrinsic materials），這類外圍材料雖然也可納入語境解釋（contextual interpretation）的考量範圍，但其重要性比較低。[26] 實際上，立法原意解釋並非終審法院的基本法解釋方法序列中的首選，就"莊豐源案"而言，文義解釋才是關鍵，並且本案所涉條款在語言上十分"清楚明白"，這也加強了文義解釋方法的合理性。

至於姚教授所說"終審法院已然宣示了其任務是詮釋基本法文字以求得該字句所表達的立法原意"，這其實是對終審法院的誤解。相關判詞原文如下：

The courts' role under the common law in interpreting the Basic Law is to construe the language used in the text of the instrument in order to ascertain *the legislative intent as expressed in the language*. Their task is not to ascertain the intent of the lawmaker on its own. Their duty is to ascertain *what was meant by the language used* and to give effect to *the legislative intent as expressed in the language*. It is the text of the enactment which is the law and it is regarded as important both that the law should be certain and that it should be ascertainable by the citizen.[27]

第一句表明，法庭認為其任務是理解"文本中所使用的語言"，從而獲知"表達在這些語言之中的立法原意"。"the legislative intent as expressed in the language"這幾個詞採用斜體寫出，顯示法庭有意斟酌了措辭——其所探求的"立法原意"是文本所採用的語句所傳達的立法原意，且立法原意是不可以拋開文本之措詞去隨意理解的。第二句馬上補充說，法律解釋不是去探求"立法者"的意圖，而是弄清他們所使用的法律語言的意思，從而對"表達在這些語言之中的立法原意"予以確認。這就很明顯了，法律文本所採用的語言並不只是解釋者用以達至"立法原意"的跳板而已，更不是在阻礙了通往"立法原意"的道路之時可以隨時被甩開的路障。如果立法者要表達自己在立法時的意圖，則應當對文本字斟句酌，最終通過文本來展現其思想，畢竟普通公民所能接觸、理解並遵守的只是文本而已。公允地講，立法原意解釋是有可能被濫用的，如果但凡法律文本的字面意思——無論多麼清楚明白——與所探知的"立法原意"有差距，就將該"立法原意"視為正解，那麼法律的穩定性與公開性必然受損。這也是為什麼文義解釋始終都是最基本的解釋方法，只是在該方法不能獲得唯一答案，或答案顯然荒謬的情況下，才會由其他解釋方法予以補充。

另有學者認為，香港終審法院在"吳嘉玲案"中採用了寬鬆的目的解釋方法，卻在"莊豐源案"中改弦易轍，拒絕有關立法目的的考量。這一正一反的處理手法，顯示了"一種掙脫情緒"，即儘量排除人大釋法對他們的束縛。[28] 本文認為，不宜追問終審法院的動機。實際上，終審法院在"劉港榕案"中已經明確表態接受全國人大常委會不受限制的解釋權，且承認人大釋法對香港法院的拘束力。作為一個法律問題，此處的重點是，"莊豐源案" 對於文義解釋的倚重是否背離了其解釋方法的連貫性及遵循先例原則？必須指出，"吳嘉玲案" 中，終審法院談及基本法解釋方法的選擇時，其所指的目的解釋方法（purposive approach）不同於立法原意解釋，[29] 也不能簡單化為立法者的意思，更不能將其直接等同於被人大釋法案所援引的籌委會意見的文字。不可否認，文義解釋在 "吳嘉玲案" 中的作用不如 "莊豐源案"，因為出於給予基本權利更多保護的 "目的"，法庭在吳案中著意避免了 "文義的（literal）、技術性的、狹隘的或僵化的" 解釋。但從盡量保護基本權利的標準看，"莊豐源案" 與 "吳嘉玲案" 的邏輯仍然是一致的，無所謂背離。至於 "莊豐源案" 中有關立法原意之探求的拗口文字，我們毋寧將其視為終審法院為保持其法理連貫性而作的努力，所以我們看到判詞一方面延續了 "吳嘉玲案" 中對 "文義的（literal）、技術性的、狹隘的或僵化的解釋" 的否定，另一方面又強調，"也不能背離清楚的文義，賦予法律文本中的語句以某種其無法承受的含義" [30]，這就為後面的 "表達在語言中的立法原意" 這一表述埋下了伏筆。終審法院並非刻意規避人大釋法，只是遵循了普通法傳統中對於解釋方法的使用方式。

那麼接下來的一個有趣的假設就是，如果 1999 年人大釋法採取了不同的表達方式，是否就能夠改變那段 "援引文字" 的地位呢？強世功教授認為，那次人大釋法的文字僅僅依賴全國人大曾經以 "決議" 的形式確認 "籌委會意見" 這一事實作為該意見反映了立法原意之理據，乃是陷入了 "形式主義" 審查或 "法律程序主義" 審查的模式，即單純從形式上的標準來判斷用以證明立法原意的各種材料或證據的可接受性。香港終審法院恰恰根據這種"形式標準"將籌委會意見認作"外圍材料"，進而大大降低了其證明力度。強教授認為，對於立法原意的探知還可以遵循一種"實質主義"的方法，即，就算從形式上看，某些證據不能符合證明立法原意所要求的標準（如材料必須形成於立法之前或不晚於立法之時），但從整部法律的立法目的或總體精神來看，仍然可推知該證據反映了立法原意。[31]

此處值得存疑的是，強教授所提的立法原意的形式主義論證路徑與實質主義論證路徑之間的區分在多大程度上是真實的、可欲的區分？質言之，實質主義路徑意味著，儘管證明立法原意的材料與立法原意之間無法建構形式上的因果關係，但前者所體現的實質內容恰與後者相符，因此可以作為對後者的恰當反映。問題是，立法意圖本身是不可見的[32]、需要被探知的，因此形式主義路徑的好處在於，從一個可靠的證據開始，經由無縫的形式邏輯論證，儘可能地接近證據背後所體現的立法原意；而實質主義路徑的特點是，事先分別確定立法意圖的內容與當前證據的內容，進而判斷兩者是否相符，但立法意圖如何被確定？這實際上是讓解釋者來決定什麼是立法意圖。或者說，本來是不可見的、被推知的立法意圖，在此處卻直接成為先予確定之物，這無疑增加了解釋者注入其主觀見解的機會，無論這個解釋者是誰。因此，所謂形式主義與實質主義的分歧，毋寧是解釋者遵循克制主義還是能動主義的問題，或者說，採行基於論證的判斷還是先驗判斷的問題。實質主義路徑的風險是，擁有最終話語權的人決定了"什麼是實質上的立法意圖，以及當前證據是否恰當反映了此意圖"。

當然，這並不是說實質主義的立法原意論證模式是無用的，實際上，筆者同意強教授所提出的人大釋法應當加強法律論證這一觀點。但是，對立法原意的探求、乃至實質主義的探求方式，究竟增加了、還是減少了基本法適用的穩定性與可預期性，不無疑問。僅從香港法院的司法適用層面來看，強調對外圍材料的形式審查的做法至少限縮了法院的裁量空間，與司法克制主義是相符的。其實，人大釋法的權威性不見得必須建立在立法原意解釋之上，基本法與香港終審法院的若干重要判例也沒有將立法原意作為解釋基本法的首要方法。立法原意解釋是非常重要的解釋方法，但不是唯一的、壓倒性的。1999 年的人大釋法所引發的爭議以及後來的 "莊豐源案規則"，顯然也不是因為全國人大常委會陷入了所謂 "形式主義" 窠臼。這次釋法所引發的爭議是具有極強的個別性的，難以一般性地代表人大釋法制度的實踐狀況。應該說，"立法原意解釋" 在基本法學理中的作用被過度拔高了，我們對此應有所反思。

（三）基於主權權威的批判

姚國建教授在他的文章中提出了 "主權性的解釋權" 與 "獲授權的解釋權" 這一區分。[33] 筆者認為，"主權" 是一個不易把握的概念。"一國兩制" 方針毫無疑問是以主權統一為前提的，人大釋法相對於香港法院的優越地位也體現了保持主權統一的 "目的"，或者說人大釋法制度是主權在法律上的一種實現形式，因此有必要回應姚教授的上述疑問，以確定是否存在對 "中央主權權威" [34] 的挑戰。

第一，"莊豐源案規則" 作為普通法上的判決意見規則的一

種 "本土化運用"，是否在實際效果上迫使全國人大常委會也採用普通法方法進行基本法解釋？而這是否構成對主權權威的挑戰？我認為，全國人大常委會在 1997 年之後的四次釋法實踐（註：本文最初發表於 2012 年，到目前為止共五次），都遵循了自身的固有傳統，並沒有因為 1999 年釋法案被香港法院以普通法傳統作處理而導致其自身也接納普通法方法。全國人大常委會沒有採用對抗式的聽審模式，沒有解決個案爭訟，沒有遵循某個先例判決。因此，全國人大常委會事實上並沒有 "被迫" 接納普通法方法。正如全國人大常委會作為基本法框架內的法律主體的地位並未改變香港司法機關所處的普通法傳統一樣，普通法傳統也並未藉由 "莊豐源案規則" 而改變內地法律制度。基本法作為香港的憲制性法律，本身就是一個在普通法傳統中被適用的 "人大立法"，而基本法的制定過程顯然也了解這樣的前景，但我們不會因此說全國人大被迫採用了普通法方法來指導其立法工作，這是說不通的。而且，基本法在香港特區實施的過程中，大量的普通法判例、法律概念、解釋方法乃至公法原則都參與到了對其具體條款的理解與適用當中，這顯然也不能被評價為中央權威受到了挑戰。值得注意的是，"莊豐源案規則" 的效力範圍是狹窄的，只是針對 1999 年人大釋法這一個特定的釋法才有效，並沒有被適用於其他三次人大釋法，也沒有被法院宣佈為處理人大釋法的通常模式。因此，那種對普通法方法向內地法律傳統 "大舉入侵" 的擔心是不必要的。

　　第二，人大釋法是否有可能因為其程序上的瑕疵而影響到解釋案的效力？香港法院在適用解釋案的過程中對於該程序瑕疵的質疑是否構成對主權權威的挑戰？對這個問題可以作一個類比。《立法法》第 23 條規定，全國人大通過的法律案由國家主席簽署主席令予以公佈，方可成為正式的法律。如果某部立法尚未經國家主席簽署而被全國人大徑自公佈，那麼這部法律算不算正式有效的法律呢？從形式法治的要求來看，這份法律文件肯定存在瑕疵，即便是以全國人大所享有的崇高憲法地位，也不能違反立法程序。在 "移民與歸化署訴查達案" [35] 中，美國聯邦最高法院認定，國會繞開憲法所規定的 "兩院通過原則"（bicameralism principle）和 "總統簽署條款"（presentment clause）[36] 而通過的法律是無效的、不可執行的和無拘束力的。可見，形式法治的要求是普遍性的，是不區分大陸法系國家和普通法系國家的。程序上存在瑕疵的人大法律案不能成為正式法律，這個結論根本不用一個普通法法院得出，因為即便在內地的法律制度中，這個結論也是成立的。如果說一部適用於內地的人大立法需要遵守法定程序，而適用於香港特區的立法或釋法案就不需要遵守了，豈不荒謬。

當然，這個問題的麻煩之處在於，什麼叫做 "質疑" 全國人大常委會的釋法程序？就 "莊豐源案" 而言，1999 年人大釋法案中 "援引文字" 的作出缺少法定諮詢程序，因而被認為不構成 "解釋"，這恰恰是嚴格遵循基本法第 158 條第 4 款的程序性規定的表現。其實，是否存疑，並不取決於法律地位的高下，因為任何人皆可指出人大釋法的程序性瑕疵 —— 全國人大可以指出，學者可以指出，法院也可以。與法律地位之高下相關聯的僅僅是，存疑的主體是否擁有法定權利（權力）作出相應處分。就全國人大而言，其可以根據憲法改變或撤銷全國人大常委會所作出的不適當的決定，因此我們說全國人大的憲法地位高於全國人大常委會；就學者而言，其僅能在學理上予以探討；就香港法院而言，當其根據基本法認定“形式上”不存在“有效解釋”時，其有權依照普通法方法以及自身的合法管轄權對案件進行處理，因此屬在合法範圍內行動，並未挑戰全國人大常委會的權威。基於法治原則，全國人大常委會根據基本法所享有的權力並不會允許其超越基本法本身而行動；反過來講，香港終審法院的行動如果符合基本法的規定，就沒有挑戰全國人大常委會的權威。

第三，香港終審法院用普通法方法對全國人大常委會已經做出的解釋進行“再解釋”，是否構成對主權權威的挑戰？這個問題在某種意義上是一個假命題，因為對於解釋案的適用和對法律文本的適用都包含有“再解釋”的成分，這一點並不因普通法國家和大陸法國家而有任何區別。所謂“再解釋”中的“解釋”，是指規則在個案裁判中不可避免地被理解、被建構的過程，這是司法過程的本質屬性。已有不少內地學者注意到，司法適用中對法律規範的解釋是不可避免的，經由這種解釋而形成的真正指導判決的、與個案事實緊密結合的“規則”被他們稱之為“司法規則”[37] 或“適用性規則”[38]。這種現象具有超越“法系”的普遍意義。就人大釋法而言，我們須認識到，其在外觀上與立法行為並不存在本質區別，所以其在司法過程中被理解與適用的方式與制定法是無異的。換句話說，對解釋案的再度司法解釋，與對基本法文本的司法解釋一樣，都是香港法院的司法解釋權所允許的。

（四）一點反思

必須承認，"莊豐源案規則"在法理上的基礎是薄弱的，否則香港終審法院不會至今仍給不出一套完整的論述來支撐這一規則。但是，上述批評意見未能對相關爭議進行合理解讀，恐怕難以真正影響到終審法院日後的處理思路。無論是基於解釋方法的批判，還是基於主權權威的批判，都缺少對終審法院在相關案件中的法律論辯的準確理解，同時也誇大了內地法律制度與香港法律制度之間的對立。上述批評隱含了一種讓人憂慮的邏輯，即，越是強調兩地之間的差異與對立，就越能凸顯終審法院對全國人大常委會的"背離"，從而越能迫使前者"就範"。這一思路的證據就是，諸如"主權性"、"中央權威"這類詞彙被不加定義地頻繁使用。實際上，以兩地法律傳統的差異作為論據可能是有問題的：（1）內地與香港的法律傳統之間的衝突不能被簡單等同於大陸法系與普通法系之間的衝突，因為以歐陸國家為代表的大陸法系在諸多方面與我國內地的法律制度是不同的。（2）有些法律概念或法律原則是超越"大陸法 v 普通法"之區分的，如形式法治。**將某些內地本應遵循的法律原則視作被香港普通法傳統所強加，因此予以堅決拒絕，是荒謬的。**（3）"一國兩制"方針和基本法的意圖是確保內地與香港各自的法律制度及其發展變化能夠被包容在一個國家之內，而不是鼓勵一種制度吃掉另一種制度。香港特區有法律義務服從於中央權威，但這並非要求香港的普通法傳統被吸納進內地法律制度中去，或者接受內地法律制度的改造。

不過，關於如何從"一國兩制"方針的層面來看待兩地法律傳統之間的差異，是一個更具理論性、全域性的話題，筆者接下來試著作一點思考。

四、"莊豐源案規則"之爭的理論癥結：人大釋法在基本法框架內的地位與功能

基本法最重要的理論基礎就是"一國兩制"方針——在主權統一的前提下使得兩套迥然不同的制度能夠和諧相處。"一國兩制"不能被理解為令兩制各自原地踏步，不接納任何改變，否則這一方針將無法實施。換句話說，基本法一方面在香港原有法律制度不變的承諾中包含了容許一定程度的發展與改變的空間，[39]另一方面也要求內地法律制度與法律思維與時俱進，以滿足"一國兩制"的需要。從第一個方面來說，最典型的例子是 2011 年的"剛果（金）案"。儘管該案的判決引發諸多討論，[40]但這一次對"原有法律制度"的改變是依照基本法而實現的，也是為"一國兩制"方針所預見和容許的。就第二個方面而言，值得觀察的就是 1999 年至今的四次人大釋法之實操（註：本文最初發表於 2012 年，到目前為止共五次）所反映出的全國人大常委會在行事風格上的些微調整：人大釋法所展現的趨勢是，這一"立法解釋"不同於一般的立法解釋或內地法律制度中其他的抽象解釋，而更加契合其所處的香港法律傳統。

相對於全國人大常委會在內地法律制度中所進行的立法解釋而言，基本法解釋有這樣幾個特點：（1）基於具體案件或爭議而啟動釋法，不論是依提請而解釋或是主動解釋，其目的在於解決具體爭議，而不是面向未來創設普遍性規則。（2）採用

了一定的說理文字來佐證其欲宣示的法條之含義或解決方案。1999年釋法案的"援引文字"不能被理解為全國人大常委會偏偏要在此時把當年籌委會意見全盤背書出來，而是想暗示，中央對有關政策之立場的一貫性，從而加強其解釋立場的說服力。也就是說，這一段話其實具有說理性，所以這次釋法也被認為具有一定的"司法屬性"。[41] 2005年的人大釋法也有說理，有學者將其中的說理論證稱之為"結構解釋"，並認為體現了"高超的法律技藝"。[42]（3）釋法所作出的"實質決定"的涵蓋面是狹窄的，不超過解決當前爭議之必要範圍。還是以2005年人大釋法為例：在確定了繼任行政長官的任期為前任餘下之任期之後，全國人大常委會接著指出，剩餘任期規則被限定於僅解決曾蔭權的任期這一個問題，而不會適用於以後的類似情況，或者說，現在暫時不決定如何在2007年以後處理類似情況。[43]釋法者意在表明其專注於解決具體爭議，且對解釋案的效力予以嚴格限定的意圖。考慮到這次釋法是在引發大量爭議的1999年釋法之後作出的，我們可以認為，全國人大常委會汲取了一定的經驗教訓，提高了釋法的水平。

由此可見，人大釋法實際上發展出了自己的特點與模式，雖不是司法解釋，但也不是典型的、預想中的立法解釋。[44]全國人大常委會在解釋基本法時，展現了某種司法屬性，運用了一定的司法技術，作出了具有判決式特徵的"解釋"。或許，正是這種"準司法性"引發了"人大釋法的性質"這一疑問，即全國人大常委會是否被迫接納了，或受困於普通法傳統？

筆者認為，基本法容許並要求人大釋法制度的這種獨特性。全國人大常委會並非被普通法傳統所改造，而是因應"一國兩制"和基本法的需要，發展出一種有別於其傳統憲法地位的新地位。**質言之，當全國人大常委會以解釋基本法的方式介入基本法實施中的具體爭議時，其並非以內地法律體制中的"那一個"全國人大常委會的身份在行動**。全國人大常委會作為在基本法框架內銜接兩制的連接點，儘管機構上並未實現分離，但所擔負的法律任務卻出現了分離。在內地法律體制當中，全國人大常委會有明確的職權，如立法權、監督權、人事權、重大事項決定權。其中，立法權又可以細分為法律制定權、修改權和解釋權。在由憲法第 31 條授權，並由基本法具體搭建的法律框架 —— 即基本法體制 —— 內，全國人大常委會的權力主要表現為接受香港特區立法備案（基本法第 17 條）、接受有關人事任免備案（第 90 條）、宣佈戰爭狀態（第 18 條第 4 款）、決定列入基本法附件三之全國性法律（第 18 條第 3 款）、解釋基本法（第 158 條）、提出基本法修正案（第 159 條）等。在基本法體制中，全國人大常委會的任務主要是確保國家主權統一，因此基本法的授權原則是，儘量不會將特區內部無關主權意義的事務性的權力授予全國人大常委會，而在體現主權性質的事務上，則必須對其委以角色。此處列舉的授權條款都印證了這種授權原則。可以說，在內地法律體制中，全國人大常委會是全面參與的，其職權是廣泛的、細緻的，並且通常也不被認為是在"行使主權"；而在基本法體制中，全國人大常委會是有限參與的，其職權雖然極端重要，卻是範圍有限的、明示的，且通常被認為僅在體現國家主權的情形下才出場。尤其值得注意的是，基本法類似於一個閘門，對已然是國家重要憲法機關的全國人大常委會進行"重新授權"，而沒有被授權的部分則相當於未通過"閘門"，從而不得進入到"基本法體制內的全國人大常委會之權力序列"之中。比如，憲法第 67 條規定了全國人大常委會的法律解釋權，這個授權是一般性的，理論上並未將基本法排除在外。但是，基本法仍然通過第 158 條對全國人大常委會進行重新的、全面的授權。儘管有人可以反過來說，即便沒有基本法的再次授權，全國人大常委會仍然有憲法上的授權去解釋作為一般法律的基本法。但是，這種說法顯然不符合"一國兩制"的要求，因為這將導致無法在八二憲法體制內區分"兩制"。由是觀之，基本法建立了一個相對封閉的系統，使得以基本法為頂點的特區法律體制區別於內地的法律體制。但凡未經基本法授權，即便是全國人大常委會也不能僅僅依據憲法的規定而享有不受限制的或不明確的權力。這實際上是符合憲法第 31 條和"一國兩制"方針的初衷的，也恰恰印證了基本法是硬法（hard law），是很嚴肅的。所以，香港著名公法學者佳日思教授才說，基本法是一個自足的法律文件（a self-contained instrument），其目的在於使香港主權回歸之後仍然能在一個社會主義憲法體制內保持其相對區隔和獨立的制度。[45] 雖然，在理論上講，基本法或憲法第 31 條可以另外創建一個或數個代表中央行使主權的機構來專責處理與香港特區有關的事宜，但顯然，對全國人大常委會進行授權是更為唾手可得的選項。但是，這絕不只是為全國人大常委會增添了若干項權力而已，而是賦予其一種不同的法律地位和法律任務，以至於要求"一種新的法治觀和新的思維方式"[46]。因此，全國人大常委會至少有兩重身份：一個是其固有身份，即內地法律體制中的全國人大常委會；另一個是新身份，即基本法體制中代表國家行使主權性權力的全國人大常委會，而人大釋法就是這一新身份所擔負的任務之一。

如果上述論斷是合理的，那麼人大釋法所展現出的與香港普通法傳統的互動與協調就顯得更容易接受了。第一，人大釋法是對基本法的補充，解釋案作出之後，將成為香港法律體系的一部分。正如基本法必然在一個普通法環境中被理解與適用一樣，人大釋法案也會進入到一個普通法的"海洋"，這是沒有疑問的，也與終審法院的相關立場是一致的。因此，如果說基本法的制定考慮到了香港的實際情況，以確保平穩過渡，那麼人大釋法想要發揮出應有作用，必然也需要充分考慮香港的具體情況 —— 例如相關爭議的背景，香港法院的看法，解釋案被法院所適用的可能方式，對現有法律規則乃至後續法律問題的影響等等。將所有這些相關情況簡稱為"普通法傳統"，其實是有點詞不達意的。[47] 毫無疑問，人大釋法應當作出這樣的考量，這將決定性地影響釋法的法律效果，以及更寬泛意義上的社會評價。第二，我們可以在**一定程度上**將人大釋法與香港法院的關係類比於英國國會與法院的關係。根據議會至上原則，[48] 議會通過的法案即為法律，必須得到法院的遵循，且法院判決所創設的先例規則可以被後續的議會立法所推翻或修正。這樣的憲制結構並不與法治原則相衝突，因為法院仍能獨立行使司法權，即，法律（制定法，這裏類似於具有立法性質的人大釋法）一旦被制定，如何適用則是法院的事情。與此類似，發佈人大釋法案這一動作不會讓全國人大常委會成為個案審判者，因此這份"法律文件"的適用不屬其職權範圍。但全國人大常委會的權威體現為，如果其確實認為終審法院的判決偏離了基本法的正確含義，就可以通過釋法來改變相關判例和規則（如"吳嘉玲案"）。質言之，既然議會至上原則能夠與法治原則在英國相容，那麼人大釋法制度的最終權威就可以與香港法院的司法獨立相容。第三，人大釋法採用更具司法論理性質的模式並不會影響全國人大常委會在內地法律體制中的原有角色。從實際情況來看，不存在釋法提請或釋法需求過多而導致人大常委會自顧不暇的問題。就第 158 條第 3 款之釋法而言，"吳嘉玲案"所創立的提請標準[49]已充當了篩選機制；而第 158 條第 1款之釋法，則主要依賴全國人大常委會的審慎、務實的立場來保證這一權力不會被濫用。沒有任何證據顯示，因為人大釋法制度的發展，全國人大常委會作為一個機構已經偏離了其原本承擔的憲法職能。香港的普通法傳統對於內地法律傳統的"衝擊"並不存在。

五、人大釋法的技藝

誠如有學者所言，簡單地將內地法律傳統與香港普通法傳統對立起來，實際上遮蔽了人大釋法中包含的複雜、豐富的法律解釋技藝。回歸以來人大釋法的論理模式經歷了"從政治辯護向法律辯護的轉型"，恰恰說明了兩種法律傳統有可能在一種"政治問題法律化"、"法律問題技術化"的軌道上構架共識。[50]人大釋法的技藝 —— 即法律論證的程序、方法、技巧、結構與修辭 —— 的不斷純熟，實際上是一種內生性地重新證立（justify）人大釋法制度的路徑，使我們有可能在很大程度上告別對"主權話語"的依賴,同時降低未來再出現類似"莊豐源案規則"所引發之法律爭議的可能性。

(一)基於第 158 條第 3 款的解釋

迄今為止,僅有 2011 年 8 月發佈的人大釋法[51]是接受香港終審法院根據基本法第 158 條第 3 款提出之釋法請求而作出的解釋,可稱之為"基於第 158 條第 3 款的解釋"或"依提請之釋法"(reference-based interpretation)。引發該次提請的是"剛果(金)案",而需要全國人大常委會予以解釋的核心的問題是,香港是否仍可保留原有普通法規則中的有限豁免規則,抑或因為基本法第 13 條第 1 款與第 19 條的規定而必須在回歸後轉而追隨中央人民政府所採行的絕對豁免規則。

全國人大常委會作出的釋法案在文本結構上非常清晰:首先,對相關提請程序和委員長會議接受提請轉而向常委會提出議案的程序合法性予以認可;其次,對終審法院所提出的四個法律問題予以重述,並再次肯認終審法院本次做法符合基本法第 158 條第 3 款的規定;最後,依序對每一個問題給出正式的、明確的解釋。

同樣是與司法個案相關,該次釋法在細節上比 1999 年釋法案進步許多:(1)形式上凸顯"解釋文字"。全國人大常委會實際上接受了釋法案文本在文字上可區分為正式解釋部分與其他部分(如論理性文字、技術性事項、程序性事項等),在針對四個核心法律問題給出真正的"解釋"之前,特地用"作如下解釋:"這一表述作為提示,並另起一行開始逐項解答,以此暗示以下文字為"真正的解釋意見"。不僅如此,分段回答提請之問題時，每段文字仍作出了論理性文字與解釋文的區分，例如針對第一個問題，就先援引憲法第 89 條第 9 項的規定，對國務院決定國家豁免規則這一外事職權作出說明，然後說，"基於上述，根據……的規定，管理與香港特別行政區有關的外交事務屬中央人民政府的權力，中央人民政府有權決定在香港特別行政區適用的國家豁免規則或政策"。可見，直到最後這一句，才是真正結論性地回答了第一個問題的"解釋文"。其他幾段解釋文字也都遵循了這樣的行文結構，可知是有意為之。（2）略微加強了說理，總體上保持了行文的簡潔性。如上所述，回答每一個提問的段落中，在給出最終的"解釋"之前，都會有若干句論理性的文字。儘管論述很簡單，並未援引任何學理，但大致形成了"三段論"結構，避免了直接給出結論的突兀感。（3）強調個案背景。作為依提請而進行的解釋，在行文中特地明確提及"終審法院在審理一起與剛果民主共和國有關的案件時"這樣的背景，於是把本次釋法與個案更加明確地聯繫在了一起，彰顯了對終審法院司法權與終審權的尊重，也彰顯了對基本法釋法程序的尊重。（4）拒絕過度表態，嚴守釋法範圍。1999 年釋法的"援引文字"的本意或許是想"未雨綢繆"地解決某些特定人群的居港權問題，卻引發意想不到的麻煩。該次"剛果（金）案"釋法也並非沒有這類的風險。第四個問題所涉及的香港原有法律當中與基本法不一致之處如何處理的問題，實際上引出了全國人大常委會於 1997 年作出的一次重要的決定，[52] 而該決定的第 4 條所規定的"作出必要的變更、適應、限制或例外"實際上是一個寬泛、概括的表述，希望能夠在未來被援引來解決不斷出現的"需要改變原有法律規則的情形"。這一次，全國人大常委會沒有"多此一舉地"暗示香港法院全盤參照這份文件的規定——其涉及面遠超過解決"剛果（金）案"之必要——而只是在結論部分指出，依照該"決定"而採用為香港特區法律的香港原有法律中有關國家豁免的規則，須作出必要的變更、適應、限制或例外。也就是說，本次解釋只解決一個問題，至於其他在未來可能也需改變的法律規則，本次釋法不予考慮。

上述幾個方面的釋法技藝的進步，展現了"依提請之釋法"的固有優勢：第一，既然是由終審法院提請，那麼就有個案背景，且被提出的法律問題在形成之前已經經歷了很長時間的辯論，因此相關問題必定是清晰的、具體的、必要的，這實際上為全國人大常委會的解釋工作提供了足夠的鋪陳。第二，終審法院在考慮是否提請的時候，會遵循既定的標準，[53] 並獨立作出提請決定。通過法庭考量而提出的釋法請求，在法理上幾乎已經幫全國人大常委會完成了釋法正當性的論證，這與人大主動釋法所面對的"自證"難題不可同日而語。因此，對於全國人大常委會而言，依提請而解釋基本法，本身就是兩種釋法中更簡便易行，也更容易避免爭議的釋法。

（二）基於第 158 條第 1 款的解釋

基於基本法第 158 條第 1 款而作出的人大釋法有時被稱之為"主動解釋"。但這一表述未必準確，因為雖無終審法院之提請，相關釋法仍然是經由其他主體提出請求或要求的。[54] 這類釋法也無一不是用於解決具體問題的。除 2004 年釋法涉及香港政制發展，屬明顯難以司法化的"政治問題"之外，1999 年釋法直接推翻了司法判決，2005 年釋法則排除了以司法途徑解決爭議的機會。[55]

基本法解釋制度之所以被有些學者稱之為雙軌制或二元解釋體制，[56] 恰因為全國人大常委會與特區法院都能夠解釋任何條款，只是終局性不同。儘管有關中央政府管轄事務或中央與特區關係的條款（香港法院稱其為 "除外條款"，excluded provisions）之終局解釋必須由人大釋法來完成，但這並不排除相關爭議可以先期進入香港本地的司法程序尋求解決，一旦出現 "吳嘉玲案" 之類的案件 —— 即混合了除外條款與非除外條款的解釋 —— 而法院又決定不作出釋法之提請，就會把全國人大常委會置於一個比較尷尬的地位。"吳嘉玲案" 及 1999 年釋法一並形成了 "終審判決被後續人大釋法推翻" 的外觀，這顯然與基本法在規定香港特區擁有終審權時所預想的情形不太一致。"莊豐源案" 其實包含了更大的釋法風險，該案係爭條款純屬 "非除外條款"（即自治範圍內條款），而敗訴的港府也曾經有過循 "吳嘉玲案" 之路徑（即由港府向國務院提出請求，再由國務院依照立法法的授權向全國人大常委會提出解釋基本法的要求）提請釋法的衝動。假設該案判決也被人大釋法推翻，則引發的爭議與輿論反彈必將超過 "吳嘉玲案"。根據基本法第 158 條的規定，香港法院無權就 "非除外條款" 提請人大釋法，而必須 "自行解釋"。在這種情況下，全國人大常委會根據第 158 條第 1 款而作出解釋的權力就有可能變成案件敗訴方尋求 "再審" 或 "超級上訴審" 的管道，而一旦這條管道被常規性地使用 —— 港府不止一次在案件訴訟過程中 "暗示" 使用這條管道的願望或計劃，因而被媒體指責為干擾法庭判決 —— 那麼基本法第 158 條所奠定的基本法解釋制度就會面臨被肢解的危險。

基於基本法第 158 條第 1 款的解釋類型可參看下表：

表 1　基於基本法第 158 條第 1 款的解釋類型

	判決後進行解釋	無判決時進行解釋
除外條款 （excluded provisions）	情形一	情形二
非除外條款 （non-excluded provisions）	情形三	情形四

如上表所示，主動釋法依照是否針對除外條款和是否在司法終審判決出台之後作出，可以分列為四種情形。情形一的典型案例就是"吳嘉玲案"之後的 1999 年釋法；情形二的典型是 2004 年有關政改程序的釋法；如果"莊豐源案"之後有人大釋法出台，那就屬情形三的典型；就情形四而言，之前"外傭居港權案"引發廣泛關注時，理論上可以認為存在出台這種釋法的可能性。儘管人大釋法的權力是沒有疑問的，但是從釋法可能引發的爭議以及客觀上對於香港特區的司法獨立的影響來看，上述四種情形之間是存在一種位序的：情形四會引發最大的爭議，對司法獨立造成最大的影響，之後依次為情形三、情形一和情形二。

原則上講，全國人大常委會作為憲法與基本法體制的法律連接點，是對特區整體承擔起公法職能的，而不是專門與特區行政機關或其他某個特定公權力機關建立特殊的"聯盟"。特區政府需要對廣泛的社會政策負責，因此其儘可能地使用基本法所賦予的制度管道去實現其施政目標，本是無可厚非的。但是，全國人大常委會不是港府的“備胎”。如果在訴訟程序中，港府有意識地利用人大釋法可事後推翻終審判決的權力來影響正常的庭審，那麼港府不但有違法治精神，更將全國人大常委會推入“管治風險”和“政治風險”當中。[57] 因此，針對基本法中“非除外條款”的香港終審判決而作出的後續人大釋法必須慎之又慎，只能在非常罕見、極端，且為了解決根本性的特區憲制危機的情形中才可以使用，[58] 筆者認為，至少以下這幾種情形不在此列：（1）終審判決令政府敗訴，只是導致相關政策或措施須予以廢止、調整，而類似情形在其他承認司法獨立或分權的國家或地區亦不罕見；（2）終審判決引發社會爭議，甚至導致對司法機關的評價下降，但並未引發一般性地不執行判決的行為（如布朗訴教育委員會案判決之後美國南方各州抵制執行判決的危機）；（3）終審判決有可能在日後被推翻。

當相關爭議有可能最終進入司法程序尋求解決（即不屬明顯的不可司法化的“政治問題”），但尚處於發展之中，全國人大常委會又該當如何？此處可以借鑒“成熟原則”（the doctrine of ripeness）[59]，即，一個法律爭議必須發展至成熟的階段，才能進入到司法管轄的範圍內，否則不予受理。就人大釋法而言，法律爭議的不成熟意味著：（1）尚未達至不進行人大釋法就無法解決一個緊迫的法律問題的地步；（2）有可能在後續階段進入到司法程序尋求解決，而法院是否會在實體上（merits）給出判決尚不可知。總之，全國人大常委會寧可晚一點介入，也不要急於表態。實際上，當法院聲明對相關問題不具有管轄權之後，或者依照基本法第 158 條第 3 款提出釋法申請之後，人大釋法作為一種解決重大爭議的終局手段，其社會認受性會高得多。

（三）立法原意解釋的地位與作用

立法原意解釋在四次人大釋法（註：本文最初發表於 2012 年，到目前為止共五次）中的地位並不穩定。1999 年釋法案在援引籌委會意見時指出，該意見反映了"立法原意"；2004 年釋法案正文未提及立法原意，只是在關於解釋案草案的說明中，表明了根據立法原意來決定某個問題的思路，但也並未給出論證；[60] 2005 年釋法案正文也未提及立法原意，但是在基本法委員會關於解釋案草案的意見中有所提及，且給出了比較有力的論證，算是一次比較成功的立法原意解釋之操作；2011 年釋法案則未提及立法原意。

從上述釋法實踐來看，立法原意解釋的運用依賴於一定的條件。全國人大常委會明顯遵循了形式主義的立法原意解釋，即，從客觀上建構歷史材料與立法意圖之間的關係，因此相關證據的可得性就顯得尤為重要。在缺少必要的歷史材料予以支持的情況下，立法原意解釋不大可能被採用。

立法原意解釋的優勢在於：（1）對於制定年代尚不久遠的法律而言，社會變遷的程度、法律規範的語義流變的程度都不顯著，因此法律文本與立法意圖之間的差距不大，立法原意解釋具有更大的正當性；（2）基本法起草委員會、諮詢委員會的成員有許多仍健在，或活躍於公共舞台，他們所闡釋的"立法原意"當然比較有參考價值；（3）相比於寬鬆解釋（liberal interpretation）而言，"形式主義立法原意解釋"降低了解釋者輸入個人價值判斷的機會；（4）該解釋方法與香港法院常用的目的解釋（purposive interpretation）和語境解釋（contextual interpretation）在一定程度上是相容的。當然，優勢與劣勢之間的轉化有可能只在一瞬間，這也被歷次釋法實踐所證明。成功的立法原意解釋有賴於對其優勢的恰當把握以及說服力強的論證文字。

（四）香港基本法委員會的作用

香港基本法委員會在人大釋法制度中的地位已經被基本法第 158 條第 4 款所確定，即，全國人大常委會在作出解釋之前，必須徵詢基本法委員會的意見。根據全國人大常委會的議事程序與現有幾次釋法的實際操作，基本法委員會一般會召開全體會議，以已有的解釋案草案為腳本進行討論，並形成關於討論意見的報告，提交給常委會。基本法委員會在釋法程序中的地位有這樣幾個特點：（1）不參與提出解釋案草案；（2）以基本法委員會整體的名義向全國人大常委會提出報告；（3）不會在常委會全體會議上作正式報告。基本法委員會的意見報告不會在常委會全體會議上進入議程，但是會成為會議材料的一部分。

從釋法制度的實體方面來看，基本法委員會的優勢在於：（1）機構的專門性。香港基本法委員會是為了順利實施香港基本法而附設於全國人大常委會的工作機構，其職責是明確的、專門的，即，對基本法相關條款實施中的問題進行研究並提供意見給全國人大常委會。委員會的工作不是直接解決爭議，而是研究性的、諮詢性的。（2）機構的專業性與代表性。基本法委員會的組成人員遵循內地與香港"1:1"的比例，且委員個人或者為重要機構負責人，或者為法律專家，或者為具有一定社會影響力的（香港）人士，這樣的人員構成使得基本法委員會有機會以專業視角來理解與審視有關法律爭議。

由此可知，在人大釋法制度中，基本法委員會是全國人大常委會所能獲得和信任的最具知識優勢、獨立性與代表性的"法律智囊"，其所能給予的意見是全面的。人大釋法的效力需要在香港法律體制中實現，因此，站在香港法律傳統的視角對解釋案的理解與看法就是釋法時必須考量的關鍵點，而這是基本法委員會——尤其是來自香港法律界的委員——應予貢獻的。理想的情況是，在參考或接納了基本法委員會的意見之後，解釋案會具有更多的可理解性和可操作性，在香港法律界眼中不那麼"生疏"。這樣的解釋案顯然會更好地融入基本法體制中。

（五）基於法律論證的人大釋法

法律論證在人大釋法中的重要性從根本上取決於人大釋法制度的定位。值得強調的是，人大釋法不同於修改基本法，**其主要功能是解決具體問題**，[61] 而非創設一般性的規則或進行政策與願景的宣示。在這個意義上，人大釋法雖不是司法解釋，但與司法解釋的功能一樣，即，在一種個案爭議的背景中進行說理論證，以便最終證成其"解決方案"的正當性。

當人大釋法被稱為"立法解釋"（legislative interpretation）時，這種表述隱含著一種將解釋行為直接等同於立法行為的"概念誤用"。儘管人大釋法在基本法規範體系中的效力等級與基本法條款是一樣的，但這一點不能推論出人大釋法具有如同制定或修改基本法一樣的權威性基礎。換句話說，從香港法院的視角出發，基本法條款和基本法解釋都是必須予以遵循的法，但它們之間絕非沒有區別。立法的權威性僅憑立法者擁有立法權這一事實即可建構，所以立法語言是簡練的、普遍性的、無須說理論證的；但全國人大常委會在基本法體制中的獨特地位，[62] 使得其雖以"同一身體"行使基本法解釋權，卻不能依憑其作為內地法律體制中的立法者地位來直接證成其基本法解釋文的"立法屬性"（legislative nature），乃至由此推論出的抽象性、一般性，遑論基本法的制定主體是全國人大而非全國人大常委會。更直白一點說，**在基本法體制內，全國人大常委會不是立法機關**。[63] 基本法第 158 條授予其釋法權，那麼她就應當以"釋法者"的方式來行使這一權力。授權僅僅解決了人大釋法的形式合法性的問題，此處的正當性證明所強調的恰恰是人大釋法如何能夠在"實質上"被吸納進基本法規範體系中。一言以蔽之，**如何釋法**才是更關鍵的問題。

人大釋法中的法律論證必然是結合具體爭議的。"爭議"不必然是已經進入司法程序，或從性質上可以進入司法程序的"案件"。解決爭議與創建規則都是人大釋法的客觀效果，但之所以我們不把通過釋法而創建或修改規則這一事實視作"立法"或"修法"，是因為在缺少具體爭議的情境下，既有的基本法條文並非模糊，因此相關規則也無需被"澄清"、"說明"、"闡述"和"修改"。爭議的出現與解決，推動了規範的不斷明晰化，且兩者實際上是相輔相成的關係。在這個意義上講，沒有具體爭議，也就沒有釋法的必要；而沒有爭議的情況下所作的釋法，很可能偏離了釋法制度的初衷，偏離了全國人大常委會的應有角色。

概言之，在具體爭議的背景下，人大釋法中的法律論證的必要性表現在：（1）結合個案事實（或爭議中的相關要素）建構對於規範的正確理解。在爭議出現以前，規範的明確性並未遭遇挑戰，因此在具體問題出現時，理解法律文本的“背景”已經發生了變化，轉化為一個“適用場景”，此時對規範的含義予以建構或探知就是必需的。（2）呈現解釋者的思辨過程。任何一個理性的決定都需要有理由，但**在外觀上，一個不附帶理由的決定與根本沒有理由的決定是沒有區別的**。因此，一個決定如果能以其合理性而獲得接受，就必須將思辨過程展現出來，這確保了一個決定的背後確有理由，決定的作出不是武斷和草率的。（3）限定解釋文被適用的方式。人大釋法仍然無法避免一定的模糊性。通過充分的論證文字，可以給解釋文的適用者以必要的提示與限定，因而增強了解釋案作為法律規範的明確性。儘管這樣做在客觀上限縮了一份解釋案本來可以涵攝的範圍，但人大釋法本來就不需要涵攝太多，且相對“狹窄”的釋法也避免了全國人大常委會“做無用功”。（4）溝通兩地法律話語與法律思維。每一次的人大釋法都是一次在內地法律傳統與香港法律傳統之間進行對話的機會，有助於香港法律界了解內地法律體制中相關的法律概念、法律思想和法律方法，但是，這一切的前提是解釋案中有論證性的文字，而不是僅限於法律條文式的語句，或只有結論而沒有說理。

六、結語

作為內地法律傳統與香港法律傳統之間在互動初期所產生

的摩擦，"莊豐源案規則"的出現具有必然性。不管基本法的制定者對香港的普通法傳統的理解是如何，這一法律傳統始終是現實存在的。從"一國兩制"方針的長遠之計來看，"莊豐源案規則"其實是推動基本法法理（the Basic Law jurisprudence）不斷發展與成熟的契機，而絕不是實施基本法的阻礙。"莊豐源案規則"所能覆蓋的範圍是有限的，且具有繼續發展或被修正的可能性。其雖然引發了意想不到的法律後果，但也沒有對人大釋法制度造成多大衝擊。全國人大常委會在基本法體制中所扮演的角色是不同於其在內地法律體制中的角色的，這種特殊的角色使其能夠、也應當在考量到香港特區原有的、且比較成熟的法律傳統的前提下，以某種不同於其以往角色的方式，發展出適應於"一國兩制"方針的釋法制度。在這樣的背景下，諸如普通法傳統是否挑戰了全國人大常委會的解釋權，乃至是否挑戰了中央權威的問題，會有不一樣的答案。

　　1999年釋法之後，全國人大常委會已經逐步展現出更為從容、穩健的文風，和更為純熟的法律技藝，這恰恰是基本法的強大生命力的證明，也是全國人大常委會的適應力的證明。將人大釋法的這些發展演變視作香港法律傳統對內地法律傳統的"擠壓"的觀點是沒有必要的。其實，這毋寧是"一國兩制"與基本法對中國法治建設的巨大貢獻。陳弘毅教授早年曾指出，香港的基本法解釋之征途才剛剛開始，[64] 今天，我們仍然可以說，全國人大常委會的釋法之路，也剛剛邁出了一小步，而這條道路上的探索，不會停止。

| 註釋 |

1. 即 *Vallejos Evangeline Banao v Commissioner of Registration & Registration of Persons Tribunal*, HCAL 124/2010。本案一般被稱作 "外傭居港權案"。

2. *Vallejos Evangeline Banao v Commissioner of Registration & Registration of Persons Tribunal*, FACV 19/2012. 相關媒體報道可參見："香港外傭爭取居港權案終審敗訴,外傭沒有居港權",中國新聞網,http://www.chinanews.com/ga/2013/03-25/4673139.shtml(最後訪問時間:2013 年 9 月 29 日)。

3. 《中華人民共和國國務院公報》1996 年第 24 期,第 941 頁以下。

4. 《全國人民代表大會常務委員會關於〈中華人民共和國香港特別行政區基本法〉第二十二條第四款和第二十四條第二款第(三)項的解釋》,1999 年 6 月 26 日通過。全國人大常委會對於香港基本法的解釋在理論界通常被稱作 "人大釋法",在本文範圍內,如無特別說明,"人大釋法" 即專指對香港基本法的解釋文件或行為。1999 年通過的這次解釋文,一般被稱作 "1999 年人大釋法"。

5. 香港基本法第 24 條第 2 款第 4 項規定,在香港的非中國籍人持有效證件進入香港,通常居住滿七年且以香港為永久居住地,則可成為永久性居民。"外傭居港權案" 的法律爭議為,外傭在港居留從事家庭傭工工作的期間是否構成基本法所稱的 "通常居住"。按照 "籌委會意見" 第 2 條第 5 項的表述,外傭屬依照香港政府專項政策而獲准留在香港,這種居留期間不被視作 "通常居住"。

6. *Vallejos Evangeline B. v Commissioner of Registration and another*, FACV 19/2012, para. 95, 96.

7. *The Director of Immigration v Chong Fung Yuen*, [2001] 2 HKLRD 533.

8. *Vallejos Evangeline B. v Commissioner of Registration and another*, FACV 19/2012, para. 98.

9. 如果終審法院接受港府的立場,將 1999 年人大釋法視作對 "外傭居港權案" 有拘束力的有效解釋,並且接受籌委會意見中的相關表述,則不但 "外傭居港權案" 可以了結,甚至還能夠附帶解決困擾香港政府已久的 "雙非孕婦赴港產子" 問題。有關港府的立場,參見 "外傭居港權終極上訴開審,港府促尋求人大釋法",星島環球網,http://news.stnn.cc/hongkong/201302/t20130227_1862302.html(最後訪問時間:2013 年 9 月 29 日)。當然,根據普通法傳統,終審法院不會超出當前案件的需要,去解決尚未成熟的爭議,更不會去代替港府尋求一般意義上的政策解決方案。"外傭居港權案"最終是依循其他論證路徑而得出結論的,本文範圍內不必贅述。

10. 參見秦前紅、黃明濤:〈普通法判決意見規則視閾下的人大釋法制度 —— 從香港"莊豐源案"談起〉,《法商研究》2012 年第 1 期。

11. "外傭居港權案"屬司法覆核案件,第一審為高等法院原訟法庭審理,第二審為高等法院上訴法庭,終審為終審法院。香港特區司法體系較為複雜,總體上並不能以三級法院一概而論。就"外傭居港權案"的司法覆核程序而言,總共經歷三審。

12. 基本法第 8、19、80-85 條確定了對香港原有法律制度 —— 尤其是普通法 —— 的總體保留,僅僅以明顯違反基本法的部分為例外。Ribeiro 大法官在 *Stock Exchange of Hong Kong Ltd v New World Development Co Ltd*([2006] 9 HKCFAR 234)一案中也指出,基本法的目的之一就是保證原有法律制度的延續性並保證司法獨立。

13. 秦前紅、黃明濤:〈普通法判決意見規則視閾下的人大釋法制度 —— 從香港"莊豐源案"談起〉。筆者同時指出,全國人大常委會對"莊豐源案規則"的合理回應應該是:在後續的釋法操作中,加強基於個案的法律分析與法律論證,避免寬泛的、非必需的政策宣示或規則創設,從而反向限定香港法院對解釋案的適用方式,達成基本法第 158 條所期望的兩制良性互動。

14. 參見姚國建:〈論 1999 年《人大解釋》對香港法院的拘束力 —— 以"入境事務處處長訴莊豐源案"為例的考察〉,《法商研究》2013 年第 4 期。以下簡稱〈論 1999 年《人大解釋》對香港法院的拘束力〉一文。姚教授認為,源於普通法傳統的判決意見規則具有較大的不確定性,將這種方法適用於人大釋法,形成"莊豐源案規則",導致 1999 年人大釋法案的確定性、權威性大為降低,從而損害了全國人大常委會的權威。

15. 在"莊豐源案"判決之後,時任全國人大法工委副主任的喬曉陽曾公開表示,該判決與全國人大常委會的釋法有不盡一致之處。但全國人大常委會並沒有採取其他正式行動,"莊豐源案"判決的規則得以確立。有關報道參見〈港不會就"莊豐源案"判決提請全國人大常委釋法〉,中華網新聞,http://news.china.com/zh_cn/hmt/1004/20010722/10064263.html(最後訪問時間:2013 年 9 月 29 日);〈港澳辦副主任:"莊豐源案"判決與基本法精神不一致〉,鳳凰網,http://wap139.phoenixtv.com.cn/news/zhuanti/2013lh/zx/news?ch=0&aid=56051192&&mid=1mcPKg&p=1(最後訪問時間:2013 年 9 月 29 日);〈立法原意:父母至少一方需是港人〉,文匯報網站,http://paper.wenweipo.

com/2012/01/30/HK1201300003.htm（最後訪問時間：2013 年 9 月 29 日）。

16. *Master Chong Fung Yuen v Director of Immigration*, [2000] 1 HKC 359, p. 383.

17. *Vallejos Evangeline B. v Commissioner of Registration and another*, HCAL 124/2010, para. 14.

18. *R v Barnet London Borough Council, ex parte Shah*, [1983] 2 AC 309. 本案在 "外傭居港權案" 庭審中被援引為 "沙阿案"，是英國上議院於 1983 年判決的案件，其中涉及留英國際學生的法律身份及其申請獎學金資格問題，間接論及 "通常居住" 的法律含義，因此為香港法院所重視。"外傭居港權案" 第一審在解釋 "通常居住" 時，非常倚重 "沙阿案" 所提供的標準。終審法院關於 "沙阿案" 的重新評估，具體可參見 *Vallejos Evangeline B. v Commissioner of Registration and another*, FACV 19/2012，第 36 段以下。

19. *Vallejos Evangeline B. v Commissioner of Registration and another*, FACV 19/2012, para. 98.

20. 港府的邏輯是，如果終審法院向全國人大常委會提出釋法請求，請其闡明 "何為基本法第 158 條所稱的 '解釋'"，那就相當於要求其明確認定 "援引文字" 是否屬有效的解釋文，從而對 "莊豐源案規則" 進行正式表態。如果全國人大常委會以釋法解決這個問題，法庭將予以遵循，那麼 "莊豐源案規則" 就可能不再起作用了。

21. 終審法院作為香港特區的最高上訴法院，有權推翻自己的先例，而不會違反遵循先例傳統。參見 Johannes Chan, C L Lim (eds.), *Law of The Hong Kong Constitution* (Sweet & Maxwell, 2011), p. 303。

22. 當然，是否依據基本法第 158 條第 3 款之規定提請人大釋法，已有比較穩固的規則在指引和約束著終審法院，這就是 "吳嘉玲案" 所創設的類別標準（classification test）與必要性標準（necessity test）。所謂類別標準，是指提請人大解釋的基本法條款必須是有關中央政府職權範圍的條款或有關中央與特區關係的條款；所謂必要性標準，是指有關條款的解釋將影響到判決的作出。參見 Johannes Chan, C L Lim, *Law of The Hong Kong Constitution,* pp. 61-64。由於未能滿足 "必要性標準"——不必求助於釐清 "援引文字" 的性質即可做出判決，且不會影響判決結果——"外傭居港權案" 中終審法院最終決定不提出釋法請求。

23. *Lau Kong Yung v Director of Immigration*, [1999] 2 HKCFAR 300.

24. 參見媒體相關報道：http://www.chinanews.com/ga/2013/03-04/4612501. shtml（最後訪問時間：2013 年 11 月 30 日）；http://www.singpao.com/xw/yl/

135

czjt/201212/t20121214_407722.html（最後訪問時間：2013 年 11 月 30 日）。

25. 姚國建：〈論 1999 年《人大解釋》對香港法院的拘束力 —— 以 "入境事務處處長訴莊豐源案" 為例的考察〉，摘要部分。

26. *The Director of Immigration v Chong Fung Yuen,* FACV 26/2000, sec. 6.3.

27. Ibid.

28. 參見曹旭東：〈博弈、掙脫與民意 —— 從 "雙非" 風波回望 "莊豐源案"〉，《政治與法律》2012 年第 6 期。

29. 李國能大法官指出，所謂目的，既可以指基本法作為一個整體的目的 —— 即被期待去達成怎樣的任務，也可以指特定條款的目的 —— 此處的目的可通過條款的性質、與其他條款的上下文關係以及有關外部材料來判斷。參見秦前紅、黃明濤：〈文本、目的和語境 —— 香港終審法院解釋方法的連貫性與靈活性〉，《現代法學》2011 年第 1 期。

30. *The Director of Immigration v Chong Fung Yuen,* FACV 26/2000, sec. 6.3.

31. 參見強世功：〈文本、結果與立法原意 —— "人大釋法" 的法律技藝〉，《中國社會科學》2007 年第 5 期。

32. 前美國聯邦上訴法院法官斯塔爾（Kenneth Starr）指出，某種意義上講，"立法意圖" 是一個虛構的概念，絕大多數的案件中法官們並未就立法歷史材料所體現的實質內容或主旨達成一致，因為作為一種輔助性的解釋方法，立法歷史材料的使用從來都不是完備的（non-inclusive）。另外，從立法程序來看，立法意圖往往是個別委員會或個別議員的意圖，而立法機關在整體上對議案進行投票的時候，並非所有人都真正審查過之前程序中的各種意見、材料或草案，因此立法意圖作為法律解釋的方法的可靠性不應該被過度拔高。參見 Kenneth W. Starr, "Observations About the Use of Legislative History", (1987) *Duke Law Journal* 3；支持斯塔爾觀點的文章可參見 Patricia M. Wald, "Some Observations on the Use of Legislative History in the 1981 Supreme Court's Term", (1982) *Iowa Law Review* 68；對斯塔爾觀點的回應，可參見 Abner J. Mikva, "A Reply to Judge Starr's Observations", (1987) *Duke Law Journal* 3.

33. 參見本文第二部分第（一）節。

34. "中央主權" 不是指中央政府（國務院）所擁有的主權，而是指中央與特區之關係意義上，"中央" 作為一個整體 —— 也就是 "國家" —— 所擁有的主權，國家主權已經通過基本法的具體規定得以體現，因此 "主權" 概念的政治屬性已經隱退，剩下的主要是法律問題。

35. *Immigration and Naturalization Service v Chadha*, [1983] 462 U.S. 919.

36. 兩院通過原則和總統簽署條款，是指美國憲法中有關一部法律議案必須經由國會參眾兩院通過，再交由總統簽署同意的程序方可成為有效法律的相關規定和法律原則。

37. 參見趙鋼、王杏飛：〈論民事司法權中的司法規則創制權〉，《中國法學》2011 年第 3 期。

38. 參見朱芒：〈行政訴訟中判例的客觀作用 —— 以兩個案件的判決為例的分析〉，《華東政法大學學報》2009 年第 1 期。

39. 香港特區法律體系繼續發展的途徑有很多，如基本法第 18 條規定，全國人大常委會可增減基本法附件三的全國性法律，而此類法律經由特區本地的立法程序或公佈程序即成為香港法律體系的一部分；又如第 8 條規定保留普通法，而第 84 條允許法院參考其他普通法地區的司法判例，意味著普通法地區的判例法的發展可以被持續性地引入香港本地的法律體系；又如第 160 條規定，回歸後有發現本地法律與基本法相抵觸，可依照基本法規定的程序予以修改或停止生效，這意味著本地原有法律與基本法之間的彼此調適將長期進行。

40. 香港地區的學者關於本案所引發的一系列問題的討論可以參見：Simon N. M. Young, "Focus The Congo Case, Immunity in Hong Kong for Kleptocrats and Human Rights Violators", (2011) *Hong Kong Law Journal* 41; Eric T. M. Cheung, "Focus The Congo Case, Undermining Our Judicial Independence and Autonomy", (2011) *Hong Kong Law Journal* 41; Po Jen Yep, "Focus The Congo Case, Democratic Republic of Congo v. FG Hemisphere: Why Absolute Immunity Should Apply but a Reference was Unnecessary", (2011) *Hong Kong Law Journal* 41; P Y Lo, "Focus The Congo Case, The Gateway Opens Wide", (2011) *Hong Kong Law Journal* 41; Tony Carty, "Focus The Congo Case, Why Are Hong Kong Judges Keeping a Distance from International Law, and with What Consequences? Reflections on the CFA Decision in DRC v FG Hemisphere", (2011) *Hong Kong Law Journal* 41.

41. Johannes Chan, "Basic Law and Constitutional Review: The First Decade", (2007) *Hong Kong Law Journal* 37. 作者指出，1999 年人大釋法案的形式更像一份判決，而不像一個法律條款。

42. 參見強世功：〈文本、結果與立法原意 ——"人大釋法"的法律技藝〉。

43. 全國人大常委會在解釋文中是這麼說的，"二〇〇七年以後，如對上述行政長官產生辦法作出修改，屆時出現行政長官缺位的情況，新的行政長官的任期應根據修改後的行政長官具體產生辦法確定。" 參見《全國人民代表大會常務委員會關於〈中華人民共和國香港特別行政區基本法〉第五十三條第二款的解釋》。

44. 這裏之所以說 "預想中的立法解釋"，是因為關於立法解釋制度本身的合理性，以及 "立法解釋" 這個概念在邏輯上的非自洽性，早已有人提出過質疑，並且始終在理論層面和制度層面未得到較好地回應。參見袁吉亮：〈論立法解釋制度之非〉，《中國法學》1994 年第 4 期；袁吉亮：〈再論立法解釋制度之非〉，《中國法學》1995 年第 3 期。因此，從理論上講，對於什麼是典型的立法解釋，其形式、結構、文風等是否具有統一而穩定的特徵，尚不得而知。在人大釋法的背景內，立法解釋呈現出某些趨近司法解釋的特徵，這既與人大釋法事實上參與到基本法個案爭議之解決過程有關，也和香港普通法傳統對中央與香港關係的潛移默化的影響有關。但是，人大釋法當前的特徵究竟是因為受到香港普通法傳統之影響而背離了 "典型的立法解釋"，還是說恰恰反映了立法解釋在實際運行中唯一可能的存在模式，是一個值得持續觀察和研究的議題，這雖與本文主題有關，但顯然非本文的容量可以一次性解決。

45. 參見 Johannes M M Chan, H L Fu, Yash Ghai (eds.), *Hong Kong's Constitutional Debate: Conflict over Interpretation* (Hong Kong University Press, 2000), pp. 44-46；也可參見 Yash Ghai, *Hong Kong's New Constitutional Order: the Resumption of Chinese Sovereignty and the Basic Law* (Hong Kong University Press, 1999), 2nd edition, Chap. 4。

46. 喬曉陽：〈就法論法，以法會友 —— 在與香港法律界人士座談會上的講話〉，《文匯報》2005 年 4 月 13 日。

47. 一般而言，在普通法適用國家或地區，"普通法" 一詞可以有兩重意義，其一是指那種由法官在司法適用中所發展起來的法律規範及其集合體，這與 "制定法" 相對照，其二是指包含了狹義上的法律規範與更廣泛的法律原則、價值在內的法律制度之整體，可稱之為普通法傳統或普通法體制，與 "大陸法傳統" 或其他法律傳統相對照。參見陳弘毅：〈香港的 "憲法" 及法律制度〉，載鄭宇碩編：《香港政制及政治》，天地圖書有限公司 1987 年版，第 44 頁。

48. 在當代英國，公法學者一般傾向於區分 "議會主權" 和 "議會至上" 這兩種表述，並且在純粹討論法律規則的語境下，使用後一種表述，以避免含義上的混亂。參見〔英〕A. W. 布拉德利、K. D. 尤因著，程潔譯：《憲法與行政法》，商務印書館 2008 年版，第 105 頁。

49. 參見前註 22。

50. 強世功：〈文本、結果與立法原意 ——"人大釋法"的法律技藝〉。

51. 《全國人民代表大會常務委員會關於〈中華人民共和國香港特別行政區基本法〉第十三條第一款和第十九條的解釋》，2011 年 8 月 26 日第十一屆全國人民代表大會常務委員會第二十二次會議通過。

52. 《全國人民代表大會常務委員會關於根據〈香港特別行政區基本法〉第一百六十條處理香港原有法律的決定》，第八屆全國人民代表大會常務委員會第二十四次會議通過。

53. 審查標準肯定包含必要性標準與類別標準，至於"吳嘉玲案"提出的"主要條款標準"是否構成審查標準的一部分，尚存在疑慮。由於該標準並未被人大釋法推翻，而終審法院又一直表示會在一個合適的新案件中重新考查此標準的合理性，因此該標準的命運尚不得而知。參見 Johannes Chan, C L Lim (eds.), *Law of the Hong Kong Constitution*, p. 65。

54. 王磊：〈論人大釋法與香港司法釋法的關係 —— 紀念香港基本法實施十周年〉，《法學家》2007 年第 3 期。

55. 實際上，在特區政府向國務院提出代為向全國人大常委會提出釋法請求的報告之時，已經有司法覆核申請被提交至香港的法院。如果這一次釋法未能在較短時間內作出，那麼關於"剩餘任期"的爭議有可能依照司法程序來解決。參見時任全國人大常委會法工委副主任李飛在 2005 年 4 月 24 日的第十屆全國人大常委會第十五次會議上所作的〈關於《全國人民代表大會常務委員會關於〈中華人民共和國香港特別行政區基本法〉第五十三條第二款的解釋（草案）》的說明〉。

56. 參見程潔：〈論雙軌政治下的香港司法權 —— 憲政維度下的再思考〉，《中國法學》2006 年第 5 期；朱國斌：〈香港基本法第 158 條與立法解釋〉，《法學研究》2008 年第 2 期；李昌道：〈香港基本法解釋機制探析〉，《復旦學報》（社會科學版）2008 年第 3 期。鄒平學教授認為二元體制或雙軌制的提法未能表明香港法院的解釋權來自全國人大常委會之授權這一事實，因此認為宜稱之為"一元雙重解釋制"或"一元兩極主從解釋制"，參見鄒平學：〈香港基本法解釋機制是"雙軌制"或"二元制"嗎？〉，《港澳研究》2009 年夏季號。

57. 在涉及除外條款的案件中 —— 比如"剛果（金）案"—— 當事人一方可以在陳詞中請求法庭考慮是否應當提起釋法申請，這是當事人的應有權利。在不涉及除外條款的案件中，法庭事實上不可能提出釋法申請，因此當事人若非正式地（包括在庭外或面對媒體時）提出人大釋法，實際上隱含了不尊重法庭最終判決的意思，違背法治原則且有可能涉嫌藐視法庭。

58. 這實際上也是香港特區政府的觀點，參見《基本法簡訊》2001 年 9 月第 2 期，第 28 頁。

59. 成熟原則是指當法律爭議尚未發展至足夠成熟，以至於不能被認為構成一宗 "案件" 時，法院不會予以受理。這項原則既是法院管轄權理論的一部分，也被認為是分權制衡框架內司法權所接受的憲法約束，在美國憲法上直接呼應 "case and controversy" 條款。

60. 參見〈關於《全國人民代表大會常務委員會關於〈中華人民共和國香港特別行政區基本法〉附件一第七條和附件二第三條的解釋（草案）》的說明〉中針對解釋案第四點的說明文字。

61. 提請釋法制度顯然是用於解決具體法律爭議。至於全國人大常委會的主動釋法，雖表面上可以脫離司法個案，但事實上從來都是由具體爭議所引發，再由具體機關關遵循某種法律機制所提請，所以到目前為止仍然是一個解決具體爭議的制度。

62. 關於全國人大常委會的不同身份，參見前文第四部分的論述。

63. 同上。

64. Albert H Y Chen, "The Interpretation of the Basic Law — Common Law and Mainland Chinese Perspectives", (2000) *Hong Kong Law Journal* 30.

"外傭居港權案" 終審判決評述

本文是一篇短評。2013 年 3 月,香港特區終審法院就 "外傭居港權案" 達成終審判決,筆者隨即寫就這篇評論文字,於 3 月 30 日發表於 "中國憲政網"(現已更名為 "中國憲治網",http://www.calaw.cn/article/default.asp?id=8387)。中國憲治網是中國人民大學憲法學與行政法學學科主辦的一個學術資源類網站。本文此後未在其他紙媒上發表過

——————— • ———————

　　香港特區終審法院在 3 月 25 日宣佈了 "Vallejos Evangeline B. 訴人事登記處及人事登記審裁處" 一案 —— 也就是眾所周知的 "外傭居港權案"——的判決結果,外傭一方敗訴,因此不能獲准登記為香港永久性居民。本案的核心爭議是,外傭作為港府經由專項政策而輸入香港的勞務人口,其在港期間能不能算作基本法第 24 條第 2 款第 4 項所規定的 "通常居住"?進而,香港本地的《入境條例》中把外傭的居留期間排除在 "通常居住" 含義之外的規定是否違反了基本法?

　　外傭一方曾經贏得初審。高等法院原訟庭在初審判詞中援引英國上議院於 1983 年裁定的沙阿案(*R v Barnet London Borough Council, ex parte Shah*, [1983] 2 AC 309),認為所謂

第二章　司法篇

"通常居住" 是指某人合法地、自願地、有目的的居住於某地，而此期間之居住亦屬其正常生活的一方面 —— 這個定義被稱為 "沙阿標準"（Shah test）。基於此，該案林文瀚法官指出，外傭在香港的居留期間顯然符合 "沙阿標準"，滿足了 "通常居住" 這一概念的 "自然及通常的含義"（natural and ordinary meaning），屬基本法條文所認可的含義。因此，《入境條例》有關條款構成違憲。

在上訴審當中，"沙阿標準" 受到高等法院上訴庭法官的質疑。張舉能法官認為，"沙阿標準" 並不是確定 "通常居住" 之含義的唯一標準，並且指出，當初在審理 "沙阿案" 時，主筆判詞的 Scarman 勳爵（Lord Scarman）已經埋下了一個伏筆。其原文是："*Unless, therefore, it can be shown that the statutory framework or the legal context in which the words are used requires a different meaning,* I unhesitatingly subscribe to the view that 'ordinarily resident' refers to a man's abode in a particular place or country which he has adopted voluntarily and for settled purposes as part of the regular order of his life for the time being, whether of short or of long duration." 後半句就是初審判詞所遵循的 "沙阿標準"；但前半句則暗示，如果 "通常居住" 這個概念所處的制定法環境或法律背景要求法官得出一個不一樣的含義，那麼他就不會提出 "沙阿標準" 這樣的解釋標準了。根據普通法的傳統，假如制定法對某個法律概念作出了清楚定義，那麼該法律概念在原有的普通法中的含義也應當隨之變化。即，制定法有權對普通法進行一定的改變或修正。這一點得到了張舉能法官的肯定。因此，本案中 "通常居住"這個概念所處的法律背景就是值得重點考量的要素了。實際上，港府在初審當中就提出外傭引進政策在香港已持續多年，基本法的制定以及涉訴的《入境條例》的制定過程都是處於這樣一個背景中 —— 即，外傭不是以定居為目的來港，也不應期望以此換取永久性居留權，不過這個論點未能打動林文瀚法官。在上訴審當中，既然"沙阿案"被認為並不能成為本案的先例，那麼要得出"通常居住"的含義，就必須求助於其他途徑了。上訴審的判詞中提到，立法機關有權對基本法中提到的"通常居住"的含義進行定義、細化、闡發和調整，只不過不能改變這個概念的核心意思（the essential elements or central characteristics）。也就是說，只要立法機關對"通常居住"的定義不是太離譜，法院都會尊重立法機關的判斷。當然，上訴庭其實依然沒有對"通常居住"給出一個明確的定義，甚至也沒有指出所謂的"核心意思"是什麼，只是不斷地強調，立法機關排除外傭居港期間的做法從未受到挑戰，而基本法應當被理解為尊重這種政策延續性。不論如何，港府在上訴審中扭轉乾坤，贏得了訴訟。

終審法院比高等法院上訴庭更進一步地排除了"沙阿案"作為本案先例的地位。作為一項與英國 1971 年教育法案有關的案件，"沙阿案"與"外傭居港權案"之間的相似度是有限的。儘管 Scarman 勳爵在對"通常居住"下定義時沒有給出限定條件，而是使用了一般性的語言，可是終審法院首席大法官馬道立恰恰認為，Scarman 勳爵不應該把這個案件中的特殊情形抽象成一個寬鬆的定義（generalising from their specifics to the broad proposition, 參見 *Vallejos Evangeline B. v Commissioner of*

Registration and another, FACV 19/2012, para. 47）。馬道立甚至推測說，"沙阿案" 本身所援引的兩宗 1920 年代的稅收案件，因為是出於徵稅的需要才把 "通常居住" 解釋地寬泛一些 —— 即法官傾向於將當事人的地位解釋為構成通常居住從而納入到徵稅對象範圍內 —— 所以 Scarman 不假思索地把這種寬泛的解釋方法應用到 "沙阿案" 這個有關留英學生獎學金的案件中就不太合適。當然，這一段論述不構成具有約束力的判決意見，但也算是一種論證，即，終審法院非常強調個案的事實特徵對於 "通常居住" 的定義所造成的限定。至此，"外傭居港權案" 實際上已經沒有具備決定性意義的先例可供遵循了。按照終審法院所強調的對 "個案事實" 的重視，除非有一個專門處理外傭居港期間的案件，否則很難得出既符合 "核心意思"、又不會背離相關法律背景的 "通常居住" 的含義。因此，終審法院最後的判決理由其實是，外傭在香港居留的性質極具限制性，包括必須根據僱傭合同才能來港，必須居住於僱主家中，合同期滿必須返回原籍地，一開始即獲告知來港目的並非定居，不能攜帶受養人來港居住等等，因此已經遠離傳統上承認為 "通常居住" 的範圍，所以不屬 "通常居住"。這大致就是港府一方所提出的兩大論點中的第一點。

和初審、上訴審一樣，港府在終審中也提出，立法機關擁有定義基本法條文中的 "通常居住" 之含義的裁量權，但是終審法院並沒有直接回應港府的這個論點。法官們認為，既然外傭的居港期間已經被認定不屬 "通常居住" 了，此次也就沒有必要去考慮立法機關的創制例外的權限了（it is unnecessary to address Lord Pannick's second argument which invites the Court to acknowledge a margin of discretion in the legislature to enact exclusionary categories）。也就是說，我們尚不能認為，立法會有權對基本法第 24 條的 "通常居住" 概念進行限定已經成為一項基本法層面的規則。這一點頂多是可以在法庭上進行爭辯的，但是還沒有成為有約束力的、明白無誤的判例法。

從程序角度看人大釋法的合法律性與正當性

2016 年，香港發生 "議員宣誓事件"，後引發全國人大常委會釋
法，也被稱為 "第五次人大釋法"。應香港城市大學法律學院朱國
斌教授邀請，寫就此篇論文，收錄於其主編的《第五次人大釋法：
憲法與學理論爭》，由香港城市大學出版社於 2017 年出版

———————— • ————————

一、"第五次人大釋法"

2016 年 11 月 7 日，全國人大常委會就香港基本法作出了最
新一次解釋，這是自特區創建以來的第五次釋法，也是第四次
並非基於香港終審法院之提請而作出的 "主動釋法"。本次解釋
針對基本法第 104 條 —— 即 "宣誓條款"[1] —— 而作出，社會
普遍認為，這是對香港特區第六屆立法會中兩位新當選議員所
作出的爭議性宣誓行為的回應。[2] 如過往一樣，外在於普通法傳
統的人大釋法依然在香港社會引發質疑 —— 法律界再度以 "黑
衣靜默遊行" 表達無聲抗議；不僅如此，本次釋法是在宣誓事
件已進入司法覆核程序之後作出，時間節點上極不尋常，更引

發熱議。二十年來，人大釋法制度作為典型呈現內地與香港法律傳統之差異與衝突的“風暴眼”，屢次引發專業界與社會公眾的辯論，第五次釋法則將辯論再次推向高潮。

簡要交代一下事件背景是必要的。2016 年 9 月，香港特區立法會完成換屆選舉；10 月 12 日，第六屆立法會於首次會議上安排議員作宣誓時，來自“青年新政”的梁頌恆（Sixtus Leung Chung Hang）、游蕙禎（Yau Wai Ching）兩位當選議員以超乎常規和具侮辱性的方式進行宣誓，導致該二人的宣誓未能如期完成；當立法會主席隨後以“主席裁決”（president's ruling）決定擇日安排兩議員重新宣誓時，特區政府迅速入稟高等法院，以司法覆核程序挑戰該裁決之合法性，並同時請求法庭判定兩人已因無效宣誓而喪失議席；特區高等法院原訟庭快速反應，於 10 月 18 日決定容許該司法覆核程序，[3] 並於 11 月 3 日完成開庭聆訊，法官並表示將盡快做出判決，[4] 以決定梁、游二人宣誓是否有效及相關法律問題；與此同時，全國人大常委會正在北京舉行其本屆第二十四次會議，儘管會前預告的會議議程並不包括就宣誓事件（或案件）進行釋法，[5] 但是，經由“委員長會議”之提請，常委會全體會議於 11 月 7 日表決通過了《全國人民代表大會常務委員會關於〈中華人民共和國香港特別行政區基本法〉第一百零四條的解釋》（以下簡稱 104 條釋法、第五次釋法），其中特別闡明，“宣誓人故意宣讀與法定誓言不一致的誓言或者以任何不真誠、不莊重的方式宣誓……屬拒絕宣誓，所作宣誓無效，宣誓人即喪失就任該條所列相應公職的資格”，而此時香港高等法院尚未就案件作出判決；到 11 月 15 日，即釋法後一週左右，原訟庭區慶祥法官（區法官現為高等法院上訴庭法官）發佈判決書，判定梁頌恆、游蕙禎當日所作宣誓為無效，並因此喪失就任議員之資格；兩議員隨即上訴至高等法院上訴庭，於 11 月 30 日被判敗訴；[6] 之後，二人再向上訴庭申請上訴至終審法院之許可（leave），於 2017 年 1 月 16 日遭駁回。[7] 至本文截稿之時，梁、游已直接赴終審法院申請上訴許可，[8] 但相關程序尚無進一步發展（註：本文最初發表於 2017 年，該案最終未獲得終審法院的上訴許可）。整個事件的弔詭之處在於，人大釋法的解釋文雖明白指出對宣誓形式與過程的若干要求，亦表明宣誓無效的法律後果，但案件處理所依賴的法律基礎卻不在於釋法。原訟庭認定，根據基本法第 104 條、《宣誓及聲明條例》第 16(d)、19(a) 及附件 2，相關宣誓為無效，且特別指出，**無論有沒有釋法，案件判決結果將是一樣的。**[9] 上訴庭的判決同意這一結論。人大釋法並沒有在解決此次宣誓爭議中扮演主要角色，這無疑加深了關於 "此次釋法是否確有必要" 的質疑。

二、釋法的合法律性與正當性

面對質疑，中央的立場同樣清晰，即，對基本法條文作出解釋，是基本法賦予全國人大常委會的權力，人大釋法作為一項法律制度，已構成 "一國兩制" 的組成部分。[10] 的確，在 1999 年 "劉港榕案" 之後，全國人大常委會以抽象方式（非依終審法院之提請）解釋基本法條文的權力已經在香港司法實踐中被完全地承認，前者可以對香港基本法的任何條文作出解釋，而該等解釋對特區司法機關具有法律上的約束力。簡而言之，全國人大常委會有權釋法，這一權力是法定的，其行使亦滿足"合法律性"的要求。

不過，問題還有另外一面。儘管從法律上講，人大釋法在制度上是無可置疑的存在，解釋權也完整且全面，但在事實上，**釋法權的運用是一個基於審慎原則的判斷，並不能、亦未曾被"用到盡"**。也即，法律上是否享有某一權力是一回事，而該等權力應當如何行使才能不止是合法，且更符合合理或正當之標準，是至為關鍵的問題。包括本次宣誓條文釋法在內，對人大釋法的爭議，焦點主要不在於其是否"合法"，而在於其是否適當，是否必要，是否達成其本身的政策目標。對於這些更為寬泛的議題，遠非一句"依法享有釋法權"就可以回答的。

我們需要從兩個角度觀察及評價人大釋法，其一，是合法律性（legality）的角度，其二，是正當性（legitimacy）的角度。內地官方媒體與諸多學者對人大釋法的評論，主要聚焦於"合法律性"；[11] 釋法在香港本地所引發的討論，尤其法律界所表達的憂慮與質疑，則主要圍繞歷次釋法行動的"正當性"。兩套話語迄今並未正面相遇，有如在平行空間裏各說各話。**所謂合法律性，是一種基於既定的嚴格意義的法律規則的、相對形式化的判斷 —— 或為合法，或為不合法（違法），主要考慮相關行為是否有授權依據，是否遵循既定程序，是否納入了必要的考量因素，是否體現於明確可見的形式，是否違反了強制性的規範等**。就人大釋法而言，相關規則是比較簡要、概括式的，至今仍缺乏專門適用於釋法程序的實定化的細緻規則，但只要全國人大常委會通過其常規的全體會議表決通過解釋文，且此前完成了徵詢基本法委員會意見的程序，那麼，所通過的正式解釋文就會被認為符合法定要件，是合法的解釋，也是香港司法機關所承認的 "釋法"。**所謂正當性，是基於實際效果（不同於法律效力）、社會評價而對某一項權力的行使所作的寬泛的判斷 —— 體現為程度上的高低，而不是非此即彼的定性評價，主要考慮有關權力之行使是否增進了體制的權威，是否鞏固了對政府的信心，是否推進了施政目標，是否緩和了社會爭議，等等。**因此，對合法權力的行使，一般很難說其 "全無正當性" 或 "完全正當"，而更可能被認為 "稍欠正當性" 或 "頗有正當性"。就人大釋法而言，其一方面須保證香港基本法的準確適用，尤其在涉及超越特區自治範圍之事項或利益時，須澄清相關規範的含義，但另一方面，又應助力於維繫特區司法過程的完整性（integrity）。此乃 "一國兩制" 政策生命力之所在，所以，社會公眾對於單次特定釋法的觀感，必然取決於其補充抑或改寫了本地法律規則，保護抑或干擾了本地司法程序，增進抑或削弱了司法權威，以及化解抑或加劇了政治爭議，等等。[12] 根本上講，正當性是在合法律性的前提下，對人大釋法的更高要求，其立足於這樣一種期待，即，人大釋法是可以開放給社會公眾討論其得失的，且人大釋法制度亦能夠因此而不斷獲得改進。

三、第五次釋法的正當性瑕疵

關於第五次人大釋法的正當性瑕疵，可以從以下兩個角度作進一步觀察：

（一）釋法時間點的敏感性

在特區法院已完成案件口頭聆訊，法官已表明將儘速下判的情況下，全國人大常委會仍選擇在法院判決作出之前發佈釋法。如我們僅就合法律性的層面觀察，那麼釋法的時間點並不存在任何"不合法"之處，因為，基本法第158條當中並無任何有關"釋法時間"的要求。但是，根據對法治概念的普遍理解，當司法程序開始之後，所有相關人士、機構、乃至其他公權力部門都應該等候法官依法作出判決，以保持審理過程的完整性，進而確保審判的獨立性與公正性。如當事人對初審判決作上訴，則在終審判決生效之前，同樣不宜發表任何對審判過程有干擾的評論。就此而言，人大釋法的時間點及其與在審案件的關係，一定會成為各方很在意的問題。

人大釋法在實質上皆因具體爭議或情勢而作出，[13] 但在嚴格法律意義上講、或者從形式上講，其文字表述採用了典型的立法語言，而具有普遍的約束力。人大釋法對香港法院有拘束力，根據基本法第158條第3款最後一句，釋法"以前作出的判決不受影響"，因此，尚未判決的案件（這裏不區分已經受理而尚未審結的案件和根本未正式進入司法程序的案件的潛在爭議）不能免於受其約束。這裏的問題在於，司法覆核申請的提出、答辯人的答辯狀、以及當事各方在口頭聆訊中的陳述與相關理據，均在"不存在釋法的背景中"作出，即，當事人完全是以釋法發佈之前的既有法律為基礎來提出其法律訴求或進行抗辯。釋法在聆訊之後發佈將造成這樣的效果，即，沒有給予當事人以公平提示（fair notice），並且當事人也無機會結合釋法文的內容向法官提出意見，但法官卻必須受此"解釋"的約束而作出判決。這既是對當事人 "依法獲得審判" 之權利的侵犯，也阻礙了法官作出公正判決之努力。

作為一種補救，釋法正式發佈後，特區高等法院很快通知案件各方提交書面補充意見（supplemental written submissions），以便闡述他們所主張的釋法文對本案的具體效力或對他們已提交的意見有何影響。法庭在 11 月 10 日收到了各方的補充意見。有趣的是，政府認為，人大釋法不影響他們此前向法庭提出的主張，不論是否援引釋法文，本案的結果應無二致 —— 這一點得到原訟庭的認可。至於梁、游二人，其從未質疑根據基本法及《宣誓條例》對其宣誓行為的認定，其核心主張在於，依照 "不干預原則"，法院不應對此項議會事務行使司法管轄權。在他們看來，釋法文之表述毋寧承認了 "不干預原則" —— 儘管法庭對這一點不予認可 —— 因此不打算修改其已經提交的法律意見。總之，原訟庭最後認定，不論有無釋法，本案判決結果將沒有區別。

在上訴審中，法庭顯然是在充分了解人大釋法的前提下考慮雙方的主張與理據的。法庭多次提到，釋法清晰闡述了基本法第 104 條的含義，其中包括拒絕宣誓的後果；同時，上訴庭也特別指出，《宣誓條例》上關於 "拒絕或忽略" 宣誓所引致的法律後果與釋法文的要求是完全一致的（perfectly consistent with article 104）。與原訟庭不同，上訴庭在本案中能夠更全面、更從容地考量人大釋法的含義與效力，因此，相比而言，上訴審的完整性所受的影響要小得多。

然而，人大釋法的溯及力問題終歸是與司法過程之完整性密切相關的問題，且一再被當事人提出。"劉港榕案" 早已確認，凡人大常委會就基本法條文作出解釋，則該解釋之效力始於基本法生效之時，這符合普通法傳統中對於法律解釋的認識。然而，代表梁頌恆的潘熙大律師在其法律意見中提出了一個嚴肅的問題，即，考慮到內地法律制度中容許全國人大常委會通過“解釋”來澄清或補充既有法律，那麼，是否一份形式上的“解釋文”之內的任何內容都可構成普通法一貫承認的“解釋”，就不無疑問；換句話說，假如相關“解釋文”乃是補充了既有法律之規定 —— 也即填補法律空白或新增若干規定 —— 則其效力能否同樣始於原法律條文生效之時？這裏不妨作一個大膽假設：此次人大釋法如果不止是規定了喪失議席這一法律後果，更補充規定了某種刑事責任，那麼，這一“解釋”的生效時間為何時？能否適用於本案當事人？上訴庭張舉能法官（Hon Cheung CJHC）在拒絕潘熙大律師的主張時指出，不存在“澄清法律規定”或“補充法律規定”之間的區別。[14] 但是，他沒有給出足夠的理由，而且他所援引的“莊豐源案”終審判詞中的表述 ——“在內地法律制度中，全國人大常委會的立法解釋可澄清或補充法律”—— 既不是針對本案特定問題而作，也沒有提出關於溯及力的明確見解。此次釋法剛剛好與《宣誓條例》之規定保持了一致，使得案件實際上無需依賴釋法亦可下判，免去了深入探究人大釋法之各方面問題 —— 尤其是關於溯及力的問題 —— 的緊迫性，未嘗不是法庭的一種幸運。

（二）人大常委會所採行的釋法程序

人大常委會獲憲法與香港基本法授權，可對基本法條文作出權威解釋。至於如何完成釋法程序，基本法未作規定，人大常委會很可能轉向立法法、全國人大組織法、全國人大常委會議事規則等法律文件去尋找可能的法律依據。此外，人大常委會一貫的行事方式與慣例也是重要參考。

　　本次釋法進程給外界的一個重要觀感，是比較突然和匆忙。其第一個表現，就是會議議程的突然調整。根據全國人大常委會議事規則第 5 條第 1 款，全國人大常委會**委員長會議**負責擬定每一次常委會會議的議程草案（議程之建議），並由常委會全體會議決定（議程之決定）；根據第 6 條，除臨時召集的常委會會議之外，會期與議程主要內容都應在會議舉行七天以前確定，並通知相關與會人員。2016 年 10 月 18 日，第十二屆全國人大常委會委員長會議舉行了其本屆第七十九次會議，決定常委會第二十四次會議（即表決通過第五次人大釋法的那次會議）於 10 月 31 日至 11 月 7 日召開，並形成了有關該次會議議程的建議。根據全國人大官網發佈的消息，該次委員長會議並未提及對香港基本法作解釋的任何程序性安排。[15] 然而，出人意料的是，在常委會會議開幕當天 —— 即 2016 年 10 月 31 日 —— 全國人大官網所登載的 "第十二屆全國人民代表大會常務委員會第二十四次會議日程" 中，列出了聽取有關釋法草案之說明以及分組審議釋法草案等安排，[16] 但究竟何時、以何種程序提出並討論了該新增議程，則不得而知。根據全國人大常委會議事規則第 6 條第 2 款，常委會舉行會議期間如需對已決定的議程作出調整，須由委員長會議提出，由常委會全體會議同意。但筆者未能在全國人大官網上查詢到有關第八十次委員長會議的任何公開資料，只能推測，改變原定議程以便加入釋法案的建議**或許**是在第八十次會議上提出的。但常委會會議開幕當天是否在全體會議上通過了有關議程的修改，並無公開資料佐證。

其次，在草案審議方面，時間配備不足，同樣給人以"匆忙釋法"的印象。在常委會第二十四次會議進程中，全體會議遲至 11 月 5 日上午才聽取委員長會議關於提請審議《全國人民代表大會常務委員會關於〈中華人民共和國香港特別行政區基本法〉第一百零四條的解釋（草案）》議案的說明，此時，該次會議進程已過半。當天下午，常委會分組審議了解釋草案；11月 6 日，第八十二次委員長會議聽取了法律委員會關於解釋草案的審議報告；7 日上午，第八十三次委員長會議聽取了法律委員會關於解釋草案的建議表決稿審議情況的彙報，隨後，全體會議表決通過了草案，第五次人大釋法正式產生。從程序角度看，釋法草案從前期準備、列入議程、向大會作草案說明，再到分組審議、法律委員會統一審議，直至最後表決，過程十分緊湊、匆忙，有個別環節甚至不可能保證充分的審議時間——例如從 11 月 5 日下午的分組審議到 6 日上午法律委員會向委員長會議提出其審議報告，其間並無常規工作時間，不免令人懷疑法律委員會如何完成審議，以及是否有全面了解、評估和討論相關草案的法律依據、目的、措辭及其效果。當然，無獨有偶，2005 年人大釋法 [17] 過程中，從委員長會議向常委會全體會議提交解釋草案的說明到最後草案表決通過，也不過三天時間。

最後，如果我們聚焦於委員長會議本身，則程序方面值得檢討的地方就更多了。全國人大組織法第 25 條明確了委員長會議的法律地位，並列舉了其職權，主要是維持常委會日常運轉的一些程序性權力。很顯然，委員長會議是不同於常委會的法律主體。儘管目前內地理論界尚無關於委員長會議之性質與地位的特別論述，但毫無疑問，其自有權力邊界，不可超越於制定法（statute）的授權。[18] 根據立法法的規定，委員長會議並不在有權向常委會"提出法律解釋要求"的主體之列。該法第46條規定，國務院、中央軍委、最高人民法院、最高人民檢察院、全國人大各專門委員會、以及省級人大常委會可以向全國人大常委會提出解釋法律的要求，也即"提出釋法案"。條文未寫明委員長會議，根據字面解釋的一般規則，應理解為委員長會議無權提出釋法案。如果對照全國人大組織法和全國人大常委會議事規則的規定，可以更加確定，**委員長會議的權力不包括諸如提出釋法案這樣的實質權力**。不過，人大制度的現實是，委員長會議是運作最為日常化、也具有極高權威的機構之一。不僅如此，委員長會議提出香港基本法解釋草案亦不是首次 —— 全國人大常委會於 2004 年 4 月作出的有關政改程序的釋法 [19]（第二次釋法），正是由委員長會議作為草案的提出者。

從法律上講，基本法對於全國人大常委會主動行使釋法權的程序未作規定，但這不能被解讀為常委會可以任意釋法，至少內地法律體系中的明文規定可以提供一定程度的程序框限，可令釋法過程更透明、更具可預期性，[20] 遺憾的是，本次釋法過程讓人懷疑，相關程序是否僅僅給予有權者以便利，卻不能提供必要的約束。鑒於港人對內地法律制度、人大制度普遍缺乏了解，法律界人士也缺少相關專業知識與訓練，全國人大常委會更需要藉助一種符合程序正義的外觀來說服他們。過於便宜行事，會讓人質疑，釋法權並非奉行法治原則而被行使，或易於屈從於臨時的政治需要。

四、程序建構與人大釋法的正當性

如前所述，第五次人大釋法所引發的爭議，主要源於釋法的方式。不論是釋法出台的時間點，還是全國人大常委會的釋法程序，其共同之處在於，兩者都是一種程序性的要素。基本法上有關釋法制度的條款比較簡略，尤其難以為主動釋法提供程序框架。從一方面看，這或可理解為基本法未對釋法程序作具體規限；但從程序正義的角度，全國人大常委會仍然應當以一種更加完備、透明的程序來進行自我規限與建構，從而有助於增強釋法的正當性。

何以如此？在根本上，我們須認識到，人大釋法作為一項"法定制度"，是普通法傳統所不熟悉的，但終歸需要與香港本地法律制度作充分協調與融合，才能達成良好效果。第一，人大釋法因其對特區司法機關有約束力，所以實質上是一種 —— 憲制性的 —— 法源，能夠改寫特區原有法律規則。典型例證就是 2011 年 "剛果（金）案" 中的釋法，該次釋法將香港地區原來奉行的 "有限豁免規則" 改變為 "絕對豁免規則"。法律規則的改變可以是大幅的、急劇的，也可以小步的、漸進的，既可以達成正面效果，也有可能造成負面影響，因此需要審慎評估和判斷，而必要的程序框架無疑有助於避免草率的釋法。第二，人大釋法在技術層面上難以與特區本地司法程序相協調，始終存在干擾司法過程的風險，這一點已經一再被證實。司法覆核程序是普通法的重要組成部分，在香港行之多年，是監察公權力行為、促進良好管治，和為個人權利提供救濟所不可或缺的制度，涉嫌違反基本法的行為亦可通過該程序獲得糾正。

當申請人符合相關法定要件，或案件具有涉及公共利益的重要性時，法院有權批予許可。與此同時，全國人大常委會也有憲制責任去關注任何與基本法有關的爭議，尤其是那些超出了特區自治範圍的法律問題。這就在客觀上造成一種局面，即，一項法律爭議可同時進入香港法院的司法程序和全國人大常委會的視野（議程）。從法院角度講，在缺少正式的制度安排的情況下，無法預測相關議題在全國人大常委會的議事程序中所處的狀態，並且，獨立行使司法權的要求也令其不能迴避作為司法機關的職責。因此，法院事實上無法判斷其手頭案件是否、或何時會引發"主動釋法"。如本次宣誓事件所展現的，高等法院的聆訊與全國人大常委會的會議構成了針對同一法律問題的兩套"平行機制"，這當然會損害司法獨立與法安定性——這一點正是"主動釋法"的痼疾。如果要盡力避免兩套平行程序所得出的結論不一致，恐怕只能在相關程序設計上作一定的補救。第三，人大釋法有相當機會涉及重大爭議問題，令中央介入特區本地層面的爭議，因此需要一套合適的程序來為釋法的實質內容作"正當化"（legitimization）。如與司法機關作類比，事實上，世界上很多司法管轄區的最高審級法院都曾就包含巨大爭議的案件作過判決，而司法判決保持其正當性的關鍵就在於一套獨立、中立、公開的爭議解決程序。全國人大常委會如介入香港本地有巨大社會爭議的議題——如外傭居港權問題等——則幾乎不可能令各方都滿意，那麼，如無一套清晰、透明、完備的程序來達成釋法，就容易遭遇"暗箱操作"、"偏幫一方"等指摘之辭。

　　筆者認為，從截至目前的人大釋法所採行的慣常程序來看，並結合內地法律體系中有關全國人大常委會的職權與程序的規定，可以從以下幾個方面做出程序性的改進，以增進人大（主動）釋法的正當性。

（一）解釋草案的提案主體

從過往四次主動釋法的提案主體來看，國務院與委員長會議各佔據兩次。根據立法法和全國人大常委會議事規則，國務院是享有提案權的國家機關。儘管 1999 年釋法中，國務院作為提案主體曾引發爭議，但自從主動釋法被香港終審法院正式接納之後，這一點已經不再是問題。反觀全國人大常委會委員長會議，其並無提出法律解釋案的明確授權 —— 不止是香港基本法，其同樣不能提出關於內地法律的解釋案。實踐當中，委員長會議承擔了人大常委會日常運作中的大量職能，尤其是程序性的職能。但隨著時間推移，這一機構也慢慢地獲得了一些具有實體性質的權力，或者說擁有了對人大常委會職權內事項的實質性影響力。從本次釋法可以看出，在常委會的每一次全體會議之前，委員長會議都舉行了會議，並提前聽取了相關報告。如，李飛副秘書長先行向委員長會議作釋法有關情況的彙報，再向常委會全體會議作有關解釋草案的說明；[21] 又如，法律委員會對解釋草案進行審議之後，先行向委員長會議作報告，再向常委會全體會議作報告。[22] 由此可知，委員長會議已經成為人大釋法制度中的重要機構，發揮了實質性的作用。

現在的問題是，應如何定位委員長會議？如何評價其行使釋法提案權這一“制度實踐”？是否需要對其在釋法程序中的角色與權力作具體設計？應當以立法、修改議事規則或其他方式來處理嗎？

　　我認為，香港基本法授予全國人大常委會作法律解釋的權力，並未限定在常委會內部程序中哪些機構可作為提案主體，只要解釋案由常委會全體會議通過，即符合基本法的要求。就此而言，委員長會議充當解釋草案的提案主體，不違反基本法。至於說，立法法、全國人大組織法等"全國性法律"並未賦予委員長會議以法律解釋提案權，應該說，根據"一國兩制"政策，內地法律體制與香港特區法律體制之間應保持清晰界限，所以，在行使基本法所授予的釋法權時，不宜以內地法律體系中的相關規定為依據。同時，根據基本法第 11 條、第 18 條的規定，上述法律也應被排除在基本法解釋制度之外。[23] 儘管全國人大常委會不依賴於特區而存在，儘管委員長會議的地位也是由全國人大組織法所確立，但問題的關鍵在於，基本法解釋制度是一項由基本法自身所創設的全新的、不同於內地法律制度的制度，因此，其相關程序不應受制於基本法秩序以外的其他內地法律。

　　基於此，可以認為，關於委員長會議的地位、角色與職權，基本法為全國人大常委會留出了一定的空間去作設計。從主動釋法的操作層面看，也必須有一個主體來推動整個程序的啟動，因為：首先，不可能由常委會全體會議向自己提出草案，這在邏輯上不成立；其次，法律委員會作為全國人大專門委員會，是常設機構，但由於其本身承擔了對任何法律草案作統一審議的職能，也不適合作為解釋草案的提案主體，否則同樣會出現"審議自己提出的草案"的局面。所以，從理論上講，委員長會議是可以被設計為解釋案的提案主體的，那麼最好的辦法，就是以明確的程序規則賦予其提出解釋草案的權力，並且，這一規則應專門為香港基本法解釋程序而設計，獨立於人大常委會的現行議事規則，從而可以避免與常委會在內地法律體制中的角色相混淆。

（二）釋法程序的時間跨度

要確保釋法乃妥為作出，就需要讓釋法程序經歷必要的時間跨度，否則，相關審議機關、受諮詢機構、以及常委會組成人員不可能有機會深入了解釋法的緣起與目的、解釋文的措辭與含義、以及法律效果，也無空間令與釋法利害相關的各方提出其見解或理據 —— 不管這些聲音是否有正式渠道被常委會接收到。

如果以全國人大常委會議事規則為參照，其第 15 條第 1 款就明確規定，議案由常委會全體會議交付法律委員會作統一審議之後，只能由後者向下一次（即兩個月後）或以後的常委會會議提出，這是典型的"冷卻"條款，以便讓任何議案都不至於在常委會的同一次會議上匆忙走過太多環節，從而保證審議質量。以此觀之，第五次釋法的法律委員會審議與全體會議的表決在同一次常委會會議中完成，明顯太過匆忙，值得反思。

根據全國人大常委會當前的行事方式與慣例，並參考立法草案的處理程序，筆者認為，（主動）釋法程序至少應分解為如下幾個環節：（1）**啟動**。委員長會議有權就常委會會議議程提出建議，如其決定提出基本法解釋案以啟動釋法程序，則須一併納入該議程建議；如常委會接受其他主體 —— 如國務院 —— 的釋法提請，則同樣應列入有關議程建議之中。（2）**草**

案一讀及審議。在預定的常委會全體會議上聽取關於解釋草案的說明（類似於"立法說明"），相當於"草案一讀"，其後，可按慣例安排分組審議。由於基本法第158條要求釋法之前必須徵詢香港基本法委員會的意見，所以在草案一讀之後，也必須正式向基本法委員會徵求意見。分組審議的意見與來自基本法委員會的意見應交付法律委員會作處理。（3）**法律委員會的審議及修改**。法律委員會的職責在於對議案作法律層面的統一審議，因此，其審議環節應置於常委會委員分組審議與基本法委的徵詢意見程序之後，以確保任何實質上的修改都能夠被納入草案文本，當法律委員會完成其工作之後，相關報告應當向不早於下一次的常委會會議提出。（4）**草案表決稿的形成及表決**。不早於草案一讀之後的下一次常委會會議上，解釋草案表決稿可以提交至全體會議審議，如順利，可於該次會期中安排表決。

上述安排的好處包括：儘早令公眾獲知啟動人大釋法的情況，預留充裕時間完成徵求意見程序或其他諮詢程序，給予常委會全體會議以必要期間對草案作充分考慮與審議。依循此等程序，可很直觀地避免釋法的突兀感與草率感，同時增加釋法透明度，保護公眾知情權，從而有利於提升人大釋法的正當性。

（三）基本法委員會的諮詢功能

香港基本法委員會作為附設於全國人大常委會內的工作機構，其主要功能在於研究、諮詢與提供其他輔助。根據基本法第158條的規定，人大釋法作出之前，徵詢基本法委員會的意見是必經程序。從增強釋法透明以及吸納與整合利益相關方之意見的角度來看，基本法委應該更好地發揮其諮詢機構的功能：一方面，其人員組成兼顧了內地與香港的意見，也同時包含了官方與專業界的意見；另一方面，其作為常委會的工作機構，又具有一定的靈活性，可以在諮詢方式上不拘一格，以進一步展現包容性與開放性。但從第五次釋法來看，基本法委員會的諮詢機構角色沒有取得任何突破。大概囿於此次釋法罕有的緊迫性，其對草案的研討程度甚至還不如往次釋法，不免讓人失望。在較為正常的釋法節奏下，基本法委應該發揮更為積極的作用。

從目前基本法委員會提供諮詢意見的時間節點來看，其主要工作在草案正式提出之前展開，即，徵詢基本法委員會的意見是形成解釋草案的過程中的一個步驟，這從歷次釋法的相關官方文件中均可體現出來。具體來講，委員長會議會向基本法委員會發送解釋草案之“徵詢意見稿”，而後者以此文件為基礎舉行會議，並提出相關意見。當草案正式向常委會全體會議提出之後，基本法委基本不再作進一步研議，只會在全體會議上報告其研究意見。如果按照傳統理解，將基本法委員會僅僅定位為人大常委會的工作機構，由此與法工委一樣，主要職能在於為草案的起草提供技術支持，那麼其不能獲得一般委員或法律委員會那樣的審議權，似乎可以說得通。但是，作為基本法明文創設並賦權的機構，不應被限定於此種太過狹隘的、技術性的、且地位偏低的狀態。我認為，基本法授予基本法委員會的“接受徵詢意見”的權力，與審議草案的權力有實質上的可比性，其應該對正式提交至常委會的解釋草案發表具有獨立性的意見，而不只是充當輔助委員長會議的技術性部門。也就是說，應當改變目前的做法，賦予基本法委員會審議草案的權力，以此實現基本法所要求的"徵詢意見"，並且，其審議意見應當與常委會委員在分組審議中形成的意見享有一樣的地位，提交至法律委員會作統一處理，以進入釋法程序的下一階段。

經由這樣的程序改造，基本法委員會可以獲得更充分的研討時間、更大的話語權，也更有機會發展出其他增強釋法透明度與公眾參與度的工作方式，從而幫助提升人大釋法的正當性。

| 註釋 |

1. 香港基本法第 104 條規定："香港特別行政區行政長官、主要官員、行政會議成員、立法會議員、各級法院法官和其他司法人員在就職時必須依法宣誓擁護中華人民共和國香港特別行政區基本法，效忠中華人民共和國香港特別行政區。"

2. 參見〈中國人大將釋法《基本法》第 104 條〉，金融時報中文網，http://www.ftchinese.com/story/001070007?print=y（最後訪問日期：2017 年 2 月 28 日）。

3. See *Chief Executive of the Hong Kong Special Administrative Region and Another v the President of the Legislative Council*, HCAL 185/2016; *the Chief Executive of the HKSAR and Another v Yau Wai Ching and Others*, HCMP 2819/2016.

4. 參見〈梁游宣誓覆核案審結 法官押後裁決〉，聯合早報網，http://www.zaobao.com/realtime/china/story20161103-685791（最後訪問日期：2017 年 2 月 28 日）。

5. 參見中國人大網，http://www.npc.gov.cn/npc/xinwen/syxw/2016-10/18/content_1999365.htm（最後訪問日期：2017 年 2 月 28 日）。

6. See *Chief Executive of the Hong Kong Special Administrative Region and Another v the President of the Legislative Council*, CACV 224,225,226,227/2016.

7. Ibid.

8. 參見〈梁游宣誓案 終院提終極上訴許可〉，MSN 新聞網，http://www.msn.com/zh-hk/news/newsinstant/%E6%A2%81%E6%B8%B8%E5%AE%A3%E8%AA%93%E6%A1%88-%E7%B5%82%E9%99%A2%E6%8F%90%E7%B5%82%E6%A5%B5%E4%B8%8A%E8%A8%B4%E8%A8%B1%E5%8F%AF/ar-AAmSFmc?li=BBqiJuS&pfr=1（最後訪問日期：2017 年 2 月 28 日）。

9. "I agree with Mr Yu's submission that the outcome of this case as regards Mr Leung and Ms Yau is the same with or without referring to the terms of the Interpretation." See *Chief Executive of the Hong Kong Special Administrative Region and Another v the President of the Legislative Council*, HCAL 185/2016; *the Chief Executive of the HKSAR and Another v Yau Wai Ching and Others*, HCMP 2819/2016, para. 120.

10. 全國人大常委會副秘書長、香港基本法委員會主任李飛在常委會通過釋法之後召開的記者會上表示，"憲法和香港基本法明確規定，全國人大常委會對基本法行使全面和最終的解釋權。"

11. 如人民日報發表評論員文章：〈人大釋法是權力也是憲制責任〉，《人民日報》2016 年 11 月 5 日；新華社也播發了對數位學者的採訪，參見〈人大釋法具有充分法理和法律依據 —— 專家解讀全國人大釋法之二〉，新華網，http://news.xinhuanet.com/legal/2016-11/09/c_1119882298.htm（最後訪問日期：2017 年 2 月 28 日）。

12. 有新加坡學者評論指，"釋法⋯⋯確實也形成了干預香港、對香港加大管制的形象，這不是件非常光榮和體面的事⋯⋯" 參見〈人大釋法 中國官媒造勢 學者：各方全輸〉，聯合早報網，http://www.zaobao.com/realtime/china/story20161105-686574（最後訪問日期：2017 年 2 月 28 日）。

13. 儘管人大釋法並非只能基於香港終審法院在個案審理中之提請而作出，但香港回歸後歷次釋法實際上都是因具體爭議而啟動，也有很強的針對性。參見黃明濤：〈論全國人大常委會在與香港普通法傳統互動中的釋法模式 —— 以香港特區 "莊豐源案規則" 為對象〉，《政治與法律》2014 年第 12 期。

14. See *Chief Executive of the Hong Kong Special Administrative Region and Another v the President of the Legislative Council*, CACV 224,225,226,227/2016, para. 55.

15. 參見中國人大網，http://www.npc.gov.cn/npc/xinwen/syxw/2016-10/18/content_1999365.htm（最後訪問日期：2017 年 2 月 28 日）。

16. 參見中國人大網，http://www.npc.gov.cn/npc/cwhhy/12jcwh/2016-10/31/content_2000146.htm（最後訪問日期：2017 年 2 月 28 日）。

17. 《全國人民代表大會常務委員會關於〈中華人民共和國香港特別行政區基本法〉第五十三條第二款的解釋》，即有關繼任行政長官剩餘任期問題的釋法。

18. 內地憲法學者對於委員長會議之權力的論述，基本上嚴格遵循制定法上的授權條文，未作更多理論上的引申。參見胡錦光、韓大元：《中國憲法》，法律出版社 2007 年第 2 版，第 391 頁。秦前紅教授特別指出，"委員長會議不能代替全國人民代表大會常務委員會行使職權"，參見秦前紅：《憲法》，武漢大學出版社 2010 年版，第 259 頁。

19. 《全國人民代表大會常務委員會關於〈中華人民共和國香港特別行政區基本法〉附件一第七條和附件二第三條的解釋》。

20. 這裏有一個重大的理論問題，即除香港基本法之外，其他全國性法律（也即適用於內地的法律）是否適用於全國人大常委會行使釋法權的過程，這取決於我們如何認識全國人大常委會的權力來源以及特區法律制度的封閉性。限於本文主旨與篇幅，恕不能展開討論。可參見黃明濤：〈論全國人大常委會在與香港普通法傳統互動中的釋法模式 —— 以香港特區 "莊豐源案規則" 為對象〉。

21. 參見中國人大網，http://www.npc.gov.cn/npc/xinwen/syxw/2016-11/05/content_2000986.htm（最後訪問日期：2017 年 2 月 28 日）。

22. 參見中國人大網，http://www.npc.gov.cn/npc/xinwen/syxw/2016-11/06/content_2001375.htm（最後訪問日期：2017 年 2 月 28 日）。

23. 關於香港特區法律體制的獨立性與封閉性，可參見黃明濤：〈論《香港特別行政區基本法》的自足性 —— 對基本法第 11 條第 1 款的一種解讀〉，《學習與探索》2015 年第 1 期。

05

合法預期原則與審慎司法審查

—— 從香港特區 "免費電視牌照爭議" 談起

本文原發表於《當代港澳研究》2015 年第 2 輯。《當代港澳研究》

是中山大學主辦的一份專注於港澳研究的、定期出版的學術輯刊。

中國人民大學複印報刊資料《訴訟法學、司法制度》2016 年第 7

期全文轉載了本文。本文基於 "免費電視牌照案" 司法覆核第一審

判決而作，定稿於 2015 年 8 月；2016 年 4 月，香港特區高等法院

上訴庭推翻了原審判決，"香港電視網絡" 最終敗訴。本文在內容

上未作改動，請讀者留意。現已獲得《當代港澳研究》許可收錄於

本書

•

多年以來，香港地區的免費電視市場由兩家老牌廣播電視
運營商所獨佔，即 TVB（無綫）與 ATV（亞視）。儘管我們將
兩家公司譽為過去半個世紀粵語流行文化的締造者亦不為過，
但如今其節目質量與影響力卻呈持續下滑之趨勢。正因如此，
當香港特區政府於 1990 年代末期開始重新檢討本地免費電視
市場政策，[1] 並於 2009 年啟動新一輪免費電視牌照申請與審核
程序之後，市場與社會公眾的關注與期待之情便不難想象。有
此伏筆在前，當香港電視網絡有限公司（Hong Kong Television

Network Limited）（以下簡稱香港電視網絡）作為頗具競爭力的牌照申請者在 2013 年底最終被特區政府拒絕發牌時，旋即在全港引發爭議。該公司遂提出司法覆核，挑戰行政長官會同行政會議（Chief Executive in Council, CEIC）[2] 所作出的拒絕發牌之決定，並於 2014 年 4 月在香港特區高等法院獲判勝訴。[3]

就本案而言，香港電視網絡勝訴的關鍵點之一是，法庭認同，當局拒發牌照決定之作出違背了香港電視網絡於申請程序中已然形成的**合法預期**（legitimate expectation），因而構成行政法上的濫用權力（abuse of power），可以被法院審查。最終的司法救濟即是命令行政長官會同行政會議根據判決要點重新作出是否批予牌照的決定。"合法預期"原則源於英國 20 世紀 70 年代以來行政法上的新近發展，代表了對政府課以更多公平行政、理性行政之要求，並加強行政決定之司法審查力度的趨勢。香港特區繼受了該法律原則，並將其納入到本地司法覆核制度中。本文將以香港"免費電視牌照案"為切入點，對合法預期原則在香港特區的繼受與適用的現狀、其發展演變的趨勢、以及可能遭遇的理論挑戰作一定的梳理與分析，以期為更寬泛層面上香港特區行政法的有關討論拋磚引玉。

一、免費電視牌照爭議與合法預期原則

如上文所述，香港特區政府為了"增加電視節目選擇、鼓勵創新、保持香港的競爭力及其作為區域廣播電視中心的地位"[4]，決定啟用一套新的電視牌照規管體系，由此於 2000 年在立法會通過了《廣播條例》（以下簡稱條例）。[5] 條例授權行政長官會

同行政會議決定是否向電視牌照申請者批予牌照，這當中就包括香港電視網絡意圖申請的"免費電視牌照"。根據條例第 9 條第 1、2 款的規定，免費電視牌照申請者應當將其申請書交予香港特區通訊事務管理局，[6]而管理局有權對申請予以"考慮"，並向行政長官會同行政會議提出建議（recommendation）—— 例如申請者的投資計劃、財務狀況、市場競爭力等等。[7]但不論如何，行政長官會同行政會議最終有權獨立行使決定權，不受管理局的建議的約束，並且也在法律上對其決定負責。截至 2010 年 3 月，終於有一共三家公司正式向通訊事務管理局提交了申請，其中就包括後來提出司法覆核的香港電視網絡有限公司。

從特區政府啟動這一輪免費電視市場擴容以來，包括政府、通訊事務管理局、商務及經濟發展局及其官員在內曾多次公開表示，除非由於通訊技術上的原因，否則不會人為地為本次牌照發放設定數量上限。當最終確定有三個申請者時，政府從未表示過會根據相對競爭力或其他指標對申請者進行排名，或以此排名為基礎決定是否批予牌照。事實上，通訊事務管理局曾邀請專業機構對市場擴容將帶來的影響作評估，而相關評估報告則認為，目前香港市場可能無法容納五家免費電視節目運營商（即現有兩家加上可能新增的三家）。不過，香港電視網絡在評估報告中的排名並非墊底，而是總體排名第二。[8]最終，行政長官會同行政會議僅僅向其中一家作出了拒絕批予牌照的決定，另兩家公司都順利獲批，這就讓作為唯一落選者的香港電視網絡很難接受。因此，其向特區高等法院原訟庭提出了司法覆核申請，要求法庭審查相關行政決定。

在庭審中，香港電視網絡提出，特區政府一直公開表示其

牌照審核程序中不會人為設定數量上限，並且在該公司於 2009
年 12 月提交申請書之日起，至 2013 年 10 月政府突然改變政
策之前，一直都被告知、被默認或從公開渠道獲知，政府不會
基於控制市場牌照數量方面的考量而拒絕任何一個申請者（the
Government would not refuse any license application on the basis
or by reason of pre-fixing or pre-limiting the number of licenses
that she would be prepared to grant），[9] 由此，該公司已然形
成了某種 "合法預期"（legitimate expectation），即政府會信
守承諾，按照既定方針作出決定，而不會作出令人措手不及的
操作或變更。當特區政府在 2013 年 10 月 15 日突然宣佈將根
據 "循序漸進" 原則（gradual and orderly approach）[10] 決定是
否向申請者批予牌照，並同時拒絕香港電視網絡的申請時，後
者認為，其合法預期被損害了（its legitimate expectation was
frustrated by the Decision）。[11]

　　合法預期是來源於英國行政法上的概念，其首次在司法過
程中被表述出來是丹寧勳爵（Lord Denning）在 *Schmidt and
Another v Secretary of State for Home Affairs*[12] 一案中所撰寫
的判詞。一般認為，合法預期是指因行政機關的先前行為，比
如，曾制定過政策、發過通知（通告）、作出決定、作出指導
或承諾等，而使相對人產生對行政機關將來活動的某種預期。[13]
結合香港電視網絡案的案情，這裏的合法預期就是指，因為香
港特區政府一直透過行政指引、立法會備詢（LegCo Brief）、
官員公開表態、對申請者的回函 [14] 等方式，傳遞了一個清晰的
政策取向，即，不會人為設定牌照數量上限，且行政長官會同
行政會議在作決定時，不會因為可批予的牌照數量有限且香港

電視網絡競爭力相對較弱而拒絕批予其牌照。[15] 事實上，作為一項法律原則，合法預期於 1980 年代已被香港本地法律所繼受。[16] 特區成立以後，在 2001 年的 "吳小彤訴入境處處長案"[17] 中，終審法院即按照該原則處理了有關爭議。根據當時李國能大法官領銜的多數意見，合法預期原則的要點包括：（1）在法律上，合法預期必須在行政決定過程中被適當地考量到，除非行政機關依法無權作此考量。（2）除非有法律上所認可的理由，使得行政決定可以不顧及相關合法預期，否則，行政決定的作出必須尊重合法預期；並且如果行政決定排除合法預期，也必須給出理由，以備可能的司法審查程序。（3）即便基於政策考量，行政機關有權不受合法預期約束，但在作出此等政策考量時，也應當將合法預期納入考量範圍。（4）如果行政機關沒有遵循上述要求，則在行政法上屬 "不考慮相關因素"，由此可構成 "濫用權力"，而法庭可要求行政機關重新作出決定。[18] 在 "免費電視牌照案" 中，高等法院原訟庭區慶祥法官對上述原則作了進一步梳理，並補充了兩點：第一，政府作出、採納或聲明的承諾、意思表示（representation）、實踐或政策可以令當事人產生合法預期；第二，儘管政府仍有權改變政策，但其必須將有關合法預期納入考量。其他規則與李國能在 "吳小彤案" 中所列出四個要點基本一致。由此可知，根據現時的香港特區行政法，行政長官會同行政會議作出決定時，必須對香港電視網絡已然產生的合法預期予以考量——必須考慮到，如果將牌照發放政策從 "數量無上限" 改變為 "數量有上限且具競爭性"，則有違於申請人的預期。行政長官會同行政會議經過考慮之後，雖依然有權以其他方面的因素壓倒照顧合法預期之需要，從而令合法預期落空，但這一決定的作出必須伴之以理由。

在本案中，行政決定的違法性是很明顯的。值得注意的是，當行政長官會同行政會議在 2013 年 10 月 15 日發佈聲明，稱將根據"循序漸進"原則決定是否批予牌照時，其仍認為自己並未偏離原有政策。也就是說，港府認為，"循序漸進地批予牌照"與"不設數量上限地一次性批予牌照"是同一個意思，不會引起申請者在理解上的混亂。這一點令香港電視網絡不能接受，法庭也無法認同此說法。[19] 恰恰因為政府一直堅稱其政策沒有改變，當然也導致其不可能考慮到當事人的合法預期，或根本沒有意識到其違背了合法預期。既然如此，根據合法預期原則，法庭有權要求行政機關重作決定，且必須在考量到合法預期的情境下作此決定。區慶祥法官最後即照此作出判決。

必須指出，合法預期原則在該案件中僅用於提供了**程序意義上的保護**，即，行政機關的違法之處僅在於其未能考慮應當考慮的因素，以及未能對為何不予理會相關因素給出理由。法庭給出的救濟措施是"重作決定"，行政長官會同行政會議根據《廣播條例》所享有的裁量權仍被法庭充分尊重。在重作決定時，如果"循序漸進"政策確實已經取代了之前的政策，成為免費電視牌照審核的首要政策，則只要給出足夠的理由（overriding justifications），闡明政府作此政策改變的深層背景，那麼行政長官會同行政會議仍然有權在權衡之後拒絕向香港電視網絡批予牌照。[20] 其實，如果對比早前的"吳小彤案"，我們會發現，香港法律中已經接受合法預期原則可以被用於提供實體保護，[21] 那麼為何"免費電視牌照案"中的司法取態反而趨於謹慎？考慮到合法預期原則是行政法上的新近發展，牽涉到行政決定之司法審查（司法覆核）的範圍與強度的改變，因此不免讓人感到好奇，該原則在香港行政法當中是否已經真正定型？

二、合法預期原則的最新發展及主要爭議

一般認為，因相對人的合法預期落空而啟動的司法審查，法庭給予程序上的救濟是無需感到意外的，因為無論根據英國傳統上的自然正義原則或公平原則，行政機關在作決定之時都應當考慮到"與該行政權力相關的因素"[22]。也就是說，基於合法預期原則而實施司法審查，並提供程序正義方面的救濟，並未超出既有的司法審查框架，沒有太多爭議。香港"免費電視牌照案"中，法院提供的就是程序性的救濟。英格蘭及威爾士上訴法院（the Court of Appeal of England and Wales）於1999年審結的"考夫蘭案"[23]**第一次**將合法預期原則運用於向行政相對人提供實體救濟，使得法院有權對行政機關的裁量權（administrative discretion, 或稱"酌情權"）作實質審查，從而保護任何已然具備實體利益（substantive benefit）屬性的、具體特定的合法預期，令行政法獲得顯著進步。[24] 在這一指標性判例的影響之下，[25] 僅僅兩年之後，香港特區終審法院即在"吳小彤案"中宣佈，合法預期原則已經是香港法律的一部分。[26]

但其實，從合法預期原則在英國首次被提出，到1999年在"考夫蘭案"中完成從程序性救濟到實體性救濟的跨越，其間經過了近三十年。之所以如此，一個重要的背景就是，基於分權原則，司法機關對行政決定的審查須遵循一定界限。尤其是當

行政機關所行使的是制定法（地位類似於香港的法例）所授予的裁量權（statutory-based discretion）時，除非法庭能夠認定該決定構成明顯的不合理（irrationality），否則，依據行之多年的"溫斯伯里不合理原則"（Wednesbury Unreasonableness）[27]，法庭將尊重行政機關的決定。實際上，要認定行政決定構成不合理是很難的。按照迪普洛克勳爵（Lord Diplock）的說法，"行政裁量這個概念包含著這樣一種權力，即當局可以從不止一個行事方案中進行選擇，而對於何種方案更優的判斷是存在空間的 —— 凡是有理性的人之間都可能抱持不同意見。"[28]可見，如果行政決定是不合理的，相當於要證明任何一個有理性的人都不會同意其決定，這是很高的證明標準。所以"考夫蘭案"的法官們也承認，若按照溫斯伯里標準，該案中的行政決定基本上沒有問題。[29]

然而，如果行政決定在個案的具體情形中顯得非常不公平 —— 從合法預期的角度來看，就是政府針對特定的個人所作的某一個清晰無誤的承諾以令人非常難以接受的方式被拋棄、被反口，以至於讓公民與政府之間的信任關係蒙受極大損害 —— 那麼司法審查是否仍不應突破"溫斯伯里不合理原則"，就值得商榷了。這正是"考夫蘭案"取得突破的關鍵點。正如伍爾夫勳爵（Lord Woolf）在判決書中所說，當法庭認可當事人存在合法預期時，就需要進一步評估，此種合法預期究竟能夠引致何種法律上的權利或利益，值得司法權去保護。他認為，當合法預期的內容是某種"實體性質的利益"—— 而不僅僅是程序正義方面的期待 —— 時，[30]法庭（包括行政機關在作決定時）就應當根據個案情形評估一下，令這一預期落空是否造成了如此的不公平以至於構成了行政法上的"濫用權力"（whether to frustrate the expectation is so unfair that to take a new and different course will amount to an abuse of power）。[31] 一旦構成濫用權力，則法庭可以不受"溫斯伯里原則"之束縛，從實體上審查行政決定，乃至予以撤銷[32]——此時的審查要點就轉移到，行政機關是否能夠提出充分的公共利益方面的理由來平衡掉當事人非常具體且特定的預期利益，或者說"只有重大的公共利益要求，才可以背棄先前的政策或意思表示"[33]，如不能滿足這一點，則司法審查不能通過。

"考夫蘭案"和"吳小彤案"在預期利益的實質程度上有極高的相似度，即，兩宗案件中的當事人都接收到行政機關極為清晰的意思表示，其中所包含的承諾遠不止程序正義而已，而是直接指向一項非常具體的實體利益。在"考夫蘭案"中，考夫蘭女士的實體預期利益就是"能夠終身以馬爾頓康復公寓為家"（不必搬遷）；[34] 在"吳小彤案"中，吳小彤等人的實體預期利益就是，能夠被香港入境處按照與"吳嘉玲案"當事人一樣的標準來處理其永久性居民身份問題。[35] 終審法院在"吳小彤案"中明確指出，與該案相關的眾多尋求香港永久性居民地位的人士中，接獲入境處意思表示的情況彼此差異很大，但並非每一個人都可以主張實體性的合法預期。李國能法官將這些人分為三類，並指出只有其中第二類人所獲得的政府意思表示是清晰、不含糊的（clear and unambiguous）。[36] 他再三強調，對該案而言，引發合法預期的政府意思表示的明確程度是非常關鍵的（the distinction between the general representation and the specific representation is of critical importance）。[37] 結合該案件的最終判決可知，終審法院的標準其實很簡單：政府所作的承諾（或意思表示）越清楚明確，接獲該承諾的對象越具體且特定化（如某一個人或數個人），則越有可能在法律上構成“實體利益”。如果對照一下“考夫蘭案”中英國法官的表述，這一點就更明顯了 —— 伍爾夫勳爵說，“絕大多數具有實體利益的可執行的預期都有這樣一種性質，即那些預期都能夠限定於一個人或少數幾個人，以至於政府的承諾或意思表示具有類似於合同的性質”。質言之，之所以“考夫蘭案”和“吳小彤案”可以勇敢地跨出實體性保護這一步，就是因為相對人的預期是如此的明確、清晰、且個人化，與過往的合法預期案件中的那種寬泛的、程序性的預期不同。既然不同案件應當不同處理，那麼法官在這一“發展中的法律領域”（a developing field of law）有所探索也未嘗不可。[38]

合法預期原則被擴展至實體性保護當然引發了一定的質疑與爭議，這對於英國和香港特區的行政法幾乎同樣適用。根據學者的總結，“考夫蘭案”所引起的質疑主要是：第一，不公平的程度如何確定。即，對合法預期的違背所造成的不公平究竟達至何種程度方可滿足濫用權力的標準？[39]“考夫蘭案”對此沒有給出一個清晰的、可操作的評價標準。第二，如何在行政法體系內平衡“溫斯伯里不合理原則”與濫用權力原則。即，合法預期上的主張引發了濫用權力這一嚴屬的司法審查標準，令“溫斯伯里原則”顯得無用、陳舊，那麼濫用權力標準是否已經侵佔了“溫斯伯里原則”的適用領域，從而打破了現有司法審查框架的內部和諧？[40]第三，從前面兩點推導而來的是，法院是否由此過度干預到了行政裁量權的行使過程？這是否符合（英國憲制框架內）分權原則的要求？在香港基本法框架內，我們同樣可以追問，法院評價行政酌情權的行使是否合理，其憲制上的界限何在？

就第一個問題而言，其實法院不應被苛求提供一套如自然科學般精確量化的標準，來認定公平或不公平的程度，因為這本來就是依賴於個案情形作判斷的。"考夫蘭案"的判決書強調了多次，指"本案是很不同尋常的"。也就是說，公平或不公平，是可以在仔細評估了當事人的具體狀況之後大致客觀地得出的。更何況，如果由行政當局自己來判斷其政策改變是否合理，無異於自己充當自己案件的法官，又何來公平？[41] 因此，公平與否本來就應該由法院來判斷，而約束法官裁量空間的方式在於個案分析與法律論證，這是分權原則的應有之義。對於第二個問題，"考夫蘭案"本身已經給出了交代，即"溫斯伯里不合理原則"並沒有被淘汰，而是有其一貫的適用領域，即，尚未形成具體明確的實體合法期待的情形下的一般性的政策改變。在這類案件中，鑒於行政機關政策改變或調整的考量主要在於一般的公共利益，因此法院不會介入行政裁量，幾乎都會尊重行政機關對於合理性的判斷。[42] 這其實又牽涉到個案分析的重要性了。如前所述，"考夫蘭案"之所以可以提供實體保護，恰因為該案不同於以往，難以被傳統司法審查標準所涵蓋；反之，如果有案件仍只是關聯到程序性合法預期，或一般性、普適性的政策改變，當然也就無所謂實體性保護的問題。至於第三個疑問，其實是前兩個問題在憲制層面的延伸，下文將結合香港基本法體制與管治狀況再作分析。

三、從“吳小彤案”到“免費電視牌照案”：合法預期原則在香港的發展與定型

　　從“吳小彤案”到“免費電視牌照案”，合法預期的概念已經很確定地被引入到香港特區的行政法之中，可以作為尋求司法覆核的理據。由於香港行政法的延續性和回歸之後對英格蘭行政法的持續依賴，因此合法預期這一新概念與業已成熟的司法覆核框架很融洽地銜接起來，正如“免費電視牌照案”的判詞所說，“如果行政機關的決定沒有考慮到當事人的合法預期，即屬未予考慮相關因素，進而屬濫用權力。一旦法庭認定構成濫用權力，則法庭有權命令行政機關將該合法預期納入考量並重做決定。”可以看出，合法預期在英國法上的適用路徑在香港特區基本上被全盤複製。但同樣顯而易見的是，前後兩宗案件的審查方式很不一樣：“吳小彤案”提供了實體性保護，並且是在行政機關**依法**已經無法滿足相對人的原始合法預期的情況下，由法庭要求行政機關行使其法定裁量權來實質性地滿足相對人的利益，展現出司法權相當程度的靈活性和對行政裁量的深度介入；[43] 距該案 14 年之後的“免費電視牌照案”則謹守程序性保護的界限，僅要求行政當局在考慮了當事人的合法預期之後重新作出決定，法院本身並未越俎代庖。那麼，香港特區行政法上的合法預期原則是不是“進兩步，又退一步”？我們如何判斷該原則是否已形成了穩定的司法規則？這可以從三個層次來回答：第一，是否有在司法程序中認定合法預期的標準；第二，是否已形成系統、明確的司法審查框架與標準；第三，是否有相關的救濟手段以保護當事人的利益。[44]

從第一個層次來看，"吳小彤案"已經解決了實體性合法預期的最關鍵認定標準，即清晰、具體、個人化的預期，且指向具有實體利益的內容。一旦個案事實能滿足這一標準，則法庭會認可實體性合法預期的存在。之所以"免費電視牌照案"停留於程序性保護，是因為香港電視網絡從未獲得實體性的利益承諾，而只是可合理地預期政府將遵照既有政策決定是否發牌，爭議雙方都承認行政長官會同行政會議仍有獨立的裁量權以判斷申請人是否符合發牌標準。這是一個典型的程序性合法預期。在庭審中，港府曾特別指出，香港電視網絡所擁有的預期是程序性的，而不是實體性的。區法官回應道，對於本案而言，這一區別無關緊要，因為關鍵問題在於，行政長官會同行政會議根本沒有將相關預期納入其決策之考量範圍。[45] 所以，"免費電視牌照案"並不是實體性合法預期的典型判例，因此也並不妨礙該原則在香港行政法中已然確立的地位。

在第二個層面，即司法審查的框架和標準方面，應該說"免費電視牌照案"的貢獻是明確但有限的。通過本案可以確定，未予考慮合法預期即作出行政決定屬"不考慮相關因素"，從而可以構成濫用權力，而這將導致行政決定被撤銷。形象一點的說法就是，從"不考慮相關因素"到"濫用權力"這一司法審查鏈條上的啟動要件又多了一個，即程序性合法預期之違背。但可惜的是，"考夫蘭案"與"吳小彤案"中採用的權衡審查——在相對人的實體預期利益與行政機關違背預期的重大政策考量之間的平衡及抉擇——並沒有派上用場，因為拒發牌照的決定並不包含對有關合法預期的考慮，自然也不會留下可供司法審查之理由了。假如本案有後續發展，令行政長官會同行政會議能夠闡明其"循序漸進"政策的理由，則法院或許有機會審視一下究竟相關政策理由能否公平地壓倒香港電視網絡的預期。就目前而言，僅終審法院在"吳小彤案"中所提出的"以有利於相對人之合法預期的方式行使行政裁量權不會在整體上損害立法政策"這一論斷或許可以提供些許指引，讓權衡操作有所依憑。但這一標準也不理想，因為何為"整體上損害"也不夠清晰——究竟是指相對人的數量、財政上的負擔、行政效率上的拖延，抑或向公眾傳遞誤導性的信息？恐怕最終還是需要回歸到基於個案的分析論證。當然，也不排除另一種可能性，即引入比例原則（proportionality test）來細化上述權衡操作。這種推測至少有兩點理由：其一，香港終審法院已經經由參考歐洲人權法院的判例而引入了比例原則，[46] 在涉及香港居民基本權利的合法預期案件中，可以適用該原則作審查。儘管合法預期尚未被認作是一項基本權利，但比例原則仍具有相當的參考價值。其二，英格蘭上訴法院在 2005 年的"Nadarajah案"[47] 中推薦了比例原則，而保羅·克雷格教授也認為，比例原則提供了一種結構化的分析，有助於司法審查的進行，[48] 或許這會對香港特區的法院有所啟發。

在第三個層面上，普通法傳統下的法院表現出了足夠的靈活性，即救濟手段的給予在根本上依從於實現個案正義的需要，而不必囿於實定法的機械適用。在"吳小彤案"中，由於1999 年全國人大常委會的釋法，"吳嘉玲案"的判決結果不能比照適用於吳小彤等當事人。根據前文所述，合法預期原則要求，除非法律上不允許行政當局考慮相對人的預期，否則應予考慮；因此反過來講，既然法律已發生改變，則合法預期亦可

以被 "合法地忽略"。不過該案件的特殊性在於，當事人所追求的是合法地居留於香港（這一結果或利益），而被上訴人入境處處長則具有本地法例上的授權，能夠酌情准許特定人士獲認可為香港永久性居民。儘管這一權限其實並非合法預期所直接指向的那個裁量權，但法庭最終卻命令入境處長如此作為，以便 "儘量緩解當事人所遭遇的不公平"。無獨有偶，在 "考夫蘭案"之後的另一宗英國案件 "拉希德案" [49] 中，法庭也在依法難以滿足相對人的合法預期的情況下要求行政當局運用其裁量權，給予相對人一定的救濟 —— 法官給出的理由是 "因喪失機會而導致的不公平，仍然必須得到救濟" [50]。這留給我們的印象是，在某些明顯不公平的情形中，如果既有法律規則在形式上無法提供救濟，一個普通法法庭會傾向於盡力尋求可以在實質上彌補相對人損失或減緩個案之不公的辦法，甚至有可能發揮一定的司法創造性，親自幫行政機關梳理其裁量權，指出可能的解決方案之所在。"免費電視牌照案" 並未照此辦理，一方面因為相對人所主張的預期確屬程序性，另一方面也因為《廣播條例》除授權行政長官會同行政會議在正式申請程序中作出發牌或不發牌的決定之外，並無其他管道可以實質性滿足香港電視網絡的需求（即獲發牌照）。但總體上講，由於合法預期 —— 無論程序性或實體性 —— 並不一定構成一項嚴格意義上的法律權利（a right *stricto sesu*），而更多指向某種利益，或是良好行政 [51]的原則性要求，所以在相對應的救濟方式上也更具靈活性。從香港終審法院的態度來看，當確實存在極大的不公平的時候，法庭應該會要求行政機關盡力運用其權限內的裁量空間，來紓緩此不公平。

四、在香港特區憲制框架內反思合法預期之司法審查

由此可知，合法預期原則作為香港特區行政法上的 "新貴"，其發展趨勢仍有待觀察，尤其對實體性合法預期而言，法院應該在多大程度上實質審查裁量性的行政決定，或者說，究竟如何在司法過程中權衡行政機關改變政策的需要（公共利益）與合法預期持有人所主張的公平（私人利益）。若把這個問題置於香港特區的獨特憲制框架中來看，更置於當前香港特區所遭遇的管治困局中來看，則此類案件中司法審查的邊界與強度均值得進一步推敲與省思。

（一）基於分權體制的視角

香港基本法設定了一系列體現分權制約原則的制度，這與 "行政主導" 並無衝突。[52] 對香港而言，無論歷史上抑或現實中，對行政決定予以司法審查都是行政法的核心部分，更是司法獨立與法治的固有內容。[53] 在這樣一套憲制架構中，司法機關有必要確保行政機關依法行事，更有必要為行政相對人提供足夠機會去挑戰行政決定的品質，去確保個案意義上的公平。現代行政法的基礎理論來自於這樣一種現實狀況，即，行政機關已經廣泛參與到社會日常生活中，行使著各式各樣的規制權力（regulatory power），作出各種實質性地影響到行政相對人的權利與利益的決定，香港也不例外。因此，當行政法上的司法審查標準從合法行政（legality or *ultra vires*）逐步擴展至包括合理行政（rationality）時，我們應當將其理解為司法權在 "積極行政" 時代的一種合理回應，而不是貿然打破權力平衡。當

"濫用權力原則"作為"溫斯伯里不合理原則"的替手，加強了對特定類型行政決定的審查強度時，我們在承認濫用權力這個概念所固有的抽象性、不確定性和個案依賴性的同時，也完全可以指出，這本身就是對於行政裁量過程所包含的同樣程度的不明確性、不一致性和不透明性的一種監督，是有其不可否認的價值的。

當行政機關在相對人的合法預期與改變既有政策的公共利益需要之間作權衡時，始終無法在根本上擺脫"自己充當自己案件的法官"之困境，因此司法審查的重要作用就在於，提供了一個公平的論辯過程，使得相對人的合法預期的明確性、合理性以及其所受損失的嚴重性可以被更公開、更恰當地評估。不僅如此，這一論辯過程的程序與方式決定了，法官並非以自己的法律判斷代替行政機關的"專業判斷"，而是要求後者的"專業判斷"的過程、信息、理據、以及某些難以精確度量的要素都儘可能呈現出來，以便有機會在法律上判斷其是否公平或不公平之程度。有香港學者指出，"以這種形式來進行司法覆核，不一定會造成法院把自己的看法替代了行政當局的決定，而只是要求行政當局能對其行政決定提出更充分的理據"[54]，說的就是這個道理。實際上，在很多情況下，如果行政決定的理由被充分地表述，其過程被充分地公開，那麼其中真正存在專業壁壘以至於完全不適合司法審查的部分也是有限的。

如果以英國和香港特區作對比，我們會發現合法預期原則在英國的發展首先即受制於議會至上（Legislative Supremacy）這一憲制原則的制約。制定法授權之下的行政裁量權因具有議會授權的屬性，所以司法權在傳統上不願意輕易介入。在這一方面，香港特區則很不一樣。根據基本法，香港特區立法會為立法機關，從歷史上、法理上均不可類比威斯敏斯特議會，因此英國行政法上的那種對於立法意圖的尊崇（deference）不可不加審視地套用於香港。此外，鑒於香港特區民主政制發展仍有待突破，[55] 現時情勢下的立法機關相對缺少憲制上的足夠優勢地位去質疑行政裁量之司法覆核的發展。事實上，近年來一些社會爭議較大的問題被帶入司法覆核程序，恰恰反映了相當一部分港人"不覺得現行的政治參與機制，如立法會及其他諮詢組織，能充分及公正地反映他們的意見，甚至認為現行這些政治參與機制是不公平的，故只有運用一個他們認為是較公平的司法機制去尋求公義"[56]，這也在客觀上提升了司法覆核的一般正當性。其次，英國加入歐盟之後，一方面議會主權觀念慢慢被蠶食，另一方面也間接接納了來自歐陸國家行政法上的概念與規則 —— 如比例原則。比例原則作為一組便利於司法審查的工具，使得公平、濫用權力等傳統的英國公法概念在個案中的含義有機會被更加精確地限定，也讓實體性合法預期的審查在技術上更為可行。香港似有甚之，對於有利於保護基本權利的法律規則與理論的發展，終審法院總體上都以積極態度去迎接，例如比例原則、少數人權利保護、國際人權法的繼受等等。因此，在與行政權的相互關係中，香港特區的司法權已經掌握了更多的審查工具，使得其至少在操作層面更張弛有度。[57]由此可知，無論從分權原則在當代法治社會的規範意義來看，還是從香港特區具體的憲制架構的現狀來看，合法預期的司法覆核都是行政法發展的趨勢，符合港人對於增加政府之問責性以及司法權在其中之應有作用的期待。

（二）基於良好管治的視角

近年來香港特區所面臨的管治困境已人盡皆知。簡單來講，這困境的表徵在於，政府無法有效施政以應對一系列重大社會需要。但深層次上，除了受限於民主發展的遲滯之外，也有一貫的行政風格、行政文化上的掣肘，未能及時適應早已變化了的社會經濟情勢。應該說，作為立憲主義支柱理論之一的分權制衡原則屬於一種消極的限權規範，其目的在於建構有限政府，防止政府出錯或濫權；與此不同，當代的良好管治理論則是從一種積極立場出發，對如何提升政府的管治能力、管治效率及管治品質予以論述。按照管治理論權威 Linda Rief 的說法，良好管治的要素包括五個，分別是公眾參與、透明度、問責性、公義（justice）及公平。對照這個簡要的清單，我們不難發現香港特區中招不少。例如，行政會議制度一向被批評為透明度與問責性不夠，而這次免費電視牌照爭議恰恰緣起於行政長官會同行政會議所作之決定，於是再次引發人們對於行政會議這個特殊機構（制度）的討論。再例如，拒發牌照事件引發全港關注之後，立法會曾於 2013 年 11 月 8 日召開資訊科技及廣播事務委員會特別會議，[58] 其間有議員動議啟用《立法會（權力及特權）條例》調查該事件，但投票未獲通過，[59] 這更加劇了社會對於循政治途徑解決危機的失望情緒，亦間接推動了司法覆核申請的提出。從免費電視牌照爭議截止目前的發展來看，這確實提示給所有人去思考良好管治的本質。那麼，在更一般的層面，我們又應當如何理解基於合法預期原則的司法審查與良好管治之間的關係？或者說，司法審查是否有助於改善上述五個方面的要素，從而改善香港的管治困境呢？

應該說答案是肯定的。就合法預期原則的規範原理或理論根源 —— 即為什麼合法預期值得保護 —— 而言，法官和學者們已提出了若干主張，如公平、良好行政（good administration）、公民對政府的信任[60]等等。很顯然，這幾個方面都是提升管治品質的重要維度，與上述 Rief 教授的說法不謀而合。例如，若行政機關在行使裁量權時，僅僅從是否合法（或越權）的角度進行考量，則在不同裁量決定中不必然會選擇最能保護相對人對政府之信任感的那個選項。但是，若作更積極地考量，不僅尊重相對人的法定權利，更從實質上考慮行政決定是否不辜負其信任，甚至能夠構建更長期的融洽、互信的關係，無疑有助於破解管治上的難題。實體性合法預期的司法保護其實只是更寬泛意義上對行政裁量進行司法審查的一種，這代表了對管治水平的更高要求。有學者更說過，"司法覆核是良好管治的基石。"[61] 也就是說，若沒有司法覆核，也就無所謂良好管治了，司法覆核實際上是從正面改進行政決策過程、提升管治能力的推手。再比如免費電視牌照爭議中被反覆討論到的"行政會議保密制度"，其與管治理論中所要求的行政透明原則是存在衝突的。由於維護保密制度的需要，立法會都難以對該次事件進行全面調查，這無疑反過來加重了政府行政裁量過程的神秘感。作為一項從港英時期延續下來的制度，行政會議自然有其功用，並且在客觀上也需要一定的信息保護與披露規則以確保某種類似"內閣集體負責制"的政治文化或行政文化。但世易時移，在透明度被越來越重視的今天，的確不宜再僅僅基於保密這一個單一理由而拒絕向行政相對人乃至全社會交代決策過程了。從這個角度看，合法預期原則毋寧被視作一面鏡子，令特區政府從自身的行政體制與施政方式上作檢視，從而在管治困境中尋求一些突破。

（三）精細權衡：建構一種審慎的司法審查

筆者認為，基於幾個方面的原因，在合法預期原則下提出的司法覆核申請應該遵循一種審慎的審查方式來處理：其一，合法預期是行政法上的新近發展，英國判例法上也仍存在規則上的不盡一致之處或有待後續發展之處，香港特區的司法機關也不宜貿然突進；其二，經過近幾年香港地區的社會運動對司法覆核程序的積極使用之後，司法覆核在憲制架構中的地位與功能也面臨一些批評之聲，如何在審查行政裁量權的過程中避免減損司法權的聲望，是一個挑戰；其三，人權法在香港特區的既有發展使得部分牽涉合法預期的個案亦同樣有機會通過提出基本權利上的訴求獲得司法救濟，因此客觀上也降低了在此領域進行司法開拓的緊迫性。所謂**審慎司法審查**，放在一個普通法傳統之中來講，就是以更依賴個案的、更多考量本地具體情況及憲制條件的方式作審查，不必一定對英國或其他法域（澳大利亞、加拿大等普通法國家並未跟隨英國在這一領域的發展）的法律發展亦步亦趨，也不必在單個案件中刻意追求大幅度的規則創建，更不必讓司法機關對行政改革等宏觀目標負責。法院需要做的，就是儘可能地將權衡操作精細化，以便在個案中實現公平正義。

具體來講，基於實體性合法預期的司法審查中，法官在最關鍵階段所需權衡的兩端分別是：一方面，行政機關基於公共利益需要而改變既定政策或承諾的自由度，以及另一方面，行政相對人基於合法預期而對行政機關恪守承諾或滿足其利益的要求。行政機關越是能夠提出充分的理由，則法庭越有可能容許其背離相對人的合法預期。根據前文所作的分析，法庭在作此判斷時，至少應當考慮如下幾個方面的情形，才能符合精細權衡的要求：（1）個案事實是否表明，相對人所持預期是如此的明確和特定，政府先前的承諾是如此的具有說服力、誘惑力和可信賴度，以至於即便有公共利益支持政府違背預期，也會令相對人如同被欺騙一樣蒙受極大的損失和挫敗感（這不同於對是否存在合法預期作認定，而是在權衡階段進一步評價預期的性質）；（2）行政機關所提交的有關政策說明或證據是否已經實質性地消解了專業知識的壁壘，以至於令行政決策基本上轉化為可以在法律上作合理與否之判斷的問題，從而降低了干預行政權的風險；（3）個案所反映的行政決策過程、決策機制是否如此的不透明、隨意、偏私，以至於政府所提出的背離合法預期的理由幾乎等同於在為一套落後且失敗的制度作狡辯，且使得所謂"公共利益"成了客觀上解構政府權威的空洞託辭；（4）個案是否呈現出行政裁量權監督機制的缺失，以至於除開司法覆核之外並無有效渠道（包括非法定的渠道）來實現一種最低限度的法治要求。經由上述數個問題的仔細過濾，個案的審查過程將呈現出更強的平衡與審慎的屬性，也有機會獲致一種儘可能公平的審查結論。

五、結語

合法預期原則在香港特區的引入與發展首先仍然反映出回

歸以後香港行政法在理論、規則及判例法方面對於英格蘭的高度依賴，這不是基本法第 84 條的"可作參考"條款能簡單解釋的，而毋寧證明，法律發展的延續性具有一定的超越實定法規定的力量與韌性；但其實，如我們了解到其他普通法（或英聯邦）國家對於該原則的遲疑態度，則會更加認識到香港的司法機關不只是在樞密院身後亦步亦趨而已，而是既有國際化視野，又有在地敏感性的法律發展之推動者。合法預期原則很可能會是香港特區作為普通法系之活躍成員的又一例證，在超越了本地區的意義上為行政法貢獻新的智識、視野、原則與技術。

如前文所述，合法預期原則仍在發展，無論是判例法上，還是學理上，相關司法審查的框架與標準仍在作不斷地梳理、調試和重述，而法官們也在合適的案件中不斷試探司法救濟手段的靈活度。一言以蔽之，這是一個發展中的法律領域。但萬變不離其宗的，是這一規則的演變過程對於個案論證（a case-based justification）的極度依賴，或許這也正是普通法推動法律發展的獨特方式。"吳小彤案"能夠強力地呼應"考夫蘭案"，關鍵點即在於案情之間的高度可類比性；"免費電視牌照案"看似在法理上略有收縮，無非也是因為這並非最切適的"實體預期"案件。可以說，一切的奧妙均隱藏在個案中。但這並不神秘。當個案的情境被納入到既有的審查框架中之後，一個公開、坦率乃至激烈的論辯過程仍是可期待的，因此，在案件終了，最大程度的正義仍是可期待的 —— 我們又怎能期待更多呢？

| 註釋 |

1. 在香港，電視節目市場包括免費電視市場與收費電視市場，均須依法〔主要是《廣播條例》（香港法例第 562 章）〕向政府申請牌照方可運營。本輪政策調整旨在增加免費電視市場的競爭性、節目多樣性與選擇性，因此港府決定向市場開放若干個新的牌照，於是有後續的申請與審核程序。在本文範圍內，因申請牌照而引發的法律爭議也被稱作 "免費電視牌照爭議"。

2. 根據《廣播條例》第 8 條第 1 款的規定，"行政長官會同行政會議" 有權向申請者批予牌照，准許其提供免費電視節目服務。根據香港基本法第 54 條，行政會議是 "協助行政長官決策的機構"，根據基本法第 56 條第 2 款，行政長官 "在作出重要決策……前，須徵詢行政會議的意見"。因此，廣播條例實際上是基於行政長官與行政會議的憲制地位與權限，向其具體授予了批予免費電視牌照的裁量權。在這一行政決定中，"行政長官會同行政會議" 不是一種事實描述，而是一個具有裁量權、並承擔責任的法律主體。

3. 即 "香港電視網絡有限公司訴行政長官會同行政會議案"：*Hong Kong Television Network Ltd. v Chief Executive in Council*, HCAL 3/2014。為行文方便，以下簡稱 "免費電視牌照案"。

4. See LegCo Brief issued on 10 December 1998.

5. 即《廣播條例》（Broadcasting Ordinance，香港法例第 562 章）。參見前引 1。

6. 通訊事務管理局，即 Communication Authority，是根據《通訊事務管理局條例》（香港法例第 616 章）設立的法定機構（independent statutory body），負責根據《廣播條例》等若干法例規管香港本地的廣播、通訊產業。參見 http://www.coms-auth.hk/en/about_us/role_functions/index.html（最後訪問時間：2015 年 8 月 20 日）。

7. 在《廣播條例》通過後，通訊事務管理局又於 2002 年發佈了一份有關申請免費電視牌照的行政指引（Guidance Note），其中列明了該局在向行政長官會同行政會議作出建議之前對申請進行考量和評估時將會遵循的若干標準，以利於潛在申請者了解政府的操作標準與意圖。

8. *Hong Kong Television Network Ltd. v Chief Executive in Council*, HCAL 3/2014, para. 20(3).

9. Ibid, para. 33(1).

10. Ibid, para. 28.

11. Ibid, para. 71.

12. *Schmidt v Secretary of State for Home Affairs*, [1969] 1 All ER 904.

13. 余凌雲：《行政法上合法預期之保護》，清華大學出版社 2012 年版，第 10 頁。

14. 香港特區商務與經濟發展局在 2012 年 5 月向三家牌照申請者提供了通訊事務管理局向時任行政長官會同行政會議（2012 年 7 月 1 日第四屆行政長官就職，因此後續有政府換屆的問題）提交的建議之副本以及外評諮詢機構所作之評估報告的摘要。也就是說，香港電視網絡了解其在評估中的排名，也了解通訊事務管理局的立場是，即便電視市場可能不能承受五家競爭者，但本輪牌照申請仍應考慮申請者質素，而不是市場容量。管理局的這一建議進一步增強了香港電視網絡的合法預期，儘管該建議並不約束力。參見 *Hong Kong Television Network Ltd. v Chief Executive in Council*, HCAL 3/2014, para. 23。

15. *Hong Kong Television Network Ltd. v Chief Executive in Council*, HCAL 3/2014, para. 73.

16. 在 1983 年的 *Attorney-General of Hong Kong v Ng Yuen Shiu*（[1983] 2 AC 629）案中，英國樞密院認為，政府的言辭承諾足以讓當事人產生合法預期，只要不與政府的職權相抵觸，則其應當恪守諾言，滿足當事人的合法預期。這一案件由香港上訴而來，因此使得合法預期原則被引入香港法律。下文所援引的 "吳小彤案" 確認了 "Ng Yuen Shiu 案" 和此後英國行政法上該原則的發展。

17. *Ng Siu Tung and Others v The Director of Immigration*, FACV 1/2001. 以下簡稱 "吳小彤案"。

18. Ibid, paras. 94-97.

19. *Hong Kong Television Network Ltd. v Chief Executive in Council*, HCAL 3/2014, para. 58.

20. 截至本文成稿時，港府已經提出上訴，因此本案後續如何發展仍值得觀察（註：本文最初發表於 2015 年，後來高等法院上訴庭推翻了原審判決）。新聞報告可參見 http://news.tvb.com/story/4fcc78f66db28c1d32000002/555b4b1f6db28cdb0d000006/（最後訪問時間：2015 年 6 月 15 日）。

21. 參見 *Ng Siu Tung and Others v The Director of Immigration*, FACV 1/2001. "吳小彤案" 根據合法預期原則所給予的救濟不是重作行政決定或其他的程序性救濟，而是直接要求行政當局運用其合法權限在實體上滿足相對人所預期的實體利益，這一點與 "免費電視牌照案" 不同。

22. 戴耀廷：《司法覆核與良好管治》，中華書局（香港）有限公司 2012 年版，第 88 頁。

23. *R v North and East Devon Health Authority*, *ex parte*, [2001] QB 213.

24. Iain Steele 教授將實體性合法預期在司法過程中的接受稱之為“一個值得歡迎的進步”（a welcome development）。參見 Iain Steele, "Substantive Legitimate Expectations: Striking the Right Balance?", (2005) *Law Quarterly Review* 121。

25. 英格蘭上訴法院在 2001 年審結的“Bibi 案”也對“吳小彤案”有顯著影響。參見 *R (on application of Bibi) v Newham LBC*, [2001] EWCA Civ 607。

26. *Ng Siu Tung and Others v The Director of Immigration*, FACV 1/2001, para. 91.

27. 參見 *Associated Provincial Picture Houses Ltd v Wednesbury Corpn*, [1948] 1 KB 223; [1947] 2 ALL ER 680, CA。“溫斯伯里不合理原則”是英國法上對行政裁量進行司法審查的傳統標準，其要義在於，除非行政決定是極度的不合理，以至於沒有任何一個理性的機構會作出這種決定，否則法庭不會認為該決定為不合理。內地學者對這個概念的譯法不同，余凌雲教授譯為“威斯布雷不合理審查”，陳海萍副教授譯為“溫斯伯里不合理審查”。參見余凌雲：〈英國行政法上合法預期的起源與發展〉，《環球法律評論》2011 年第 4 期；陳海萍：〈英國行政法上合法預期原則的最新發展〉，《環球法律評論》2014 年第 5 期。

28. *Secretary of State for Education and Science v Tameside Metropolitan Borough Council*, [1977] AC 1014, 1064.

29. *R v North and East Devon Health Authority, ex parte*, [2001] QB 213, 244.

30. 是否存在這種實體利益是一個基於個案情形由法庭予以認定的問題。法庭一般會考慮諸多因素，如政府的承諾或意思表示是否足夠清晰無誤、是否特定（specific），相對人是否有合理機會預見到政策之改變從而有所準備，相對人對預期的信賴以及由此產生的損失（不必為財產性損失）等等。參見 David Feldman (ed.), *Oxford Principles of English Law: English Public Law* (Oxford University Press, 2009), 2nd edition, pp. 735-737。香港特區判例方面，關於相對人可合理地預見政策改變，參見 *Mo Chun Hon and the other v Director of the Agriculture and Conservation Department*, HCAL 56/2006；關於相對人未信賴政府之陳述而不能成立合法預期，參見 *Lam Yuet Mei v Permanent Secretary for Education and Manpower of the Education and Manpower Bureau*, HCAL 36/2004。

31. *R v North and East Devon Health Authority, ex parte*, [2001] QB 213, 244.

32. 一般認為，英國行政法上對於行政裁量權的司法審查有兩種主要路徑，分別是不合理原則和濫用權力，在不同類型案件中分別被用以審查行政決定。"溫斯伯里不合理原則"是第一種路徑下的經典審查標準，在"考夫蘭案"中被認為並不適當，因此轉而循濫用權力這一路徑進行審查。濫用權力本身包含多種形式，違背合法預期屬其中一種。事實上，Laws 法官指出，"濫用權力"毋寧是一種審查之後的結論，而不是據以操作審查的標準，當法庭認定構成濫用權力時，也就意味著行政決定將被撤銷了。保羅·克雷格教授也同意這一觀點。參見 P. Craig, "Grounds for Judicial Review: Substantive Control over Discretion", in David Feldman (ed.), *Oxford Principles of English Law: English Public Law*, pp. 737-739。

33. 余凌雲：〈英國行政法上合法預期的起源與發展〉，第 129 頁。

34. *R v North and East Devon Health Authority, ex parte*, [2001] QB 213, 244.

35. *Ng Siu Tung and Others v The Director of Immigration,* FACV 1/2001, para. 40. "吳小彤案"的當事人與"吳嘉玲案"的當事人的法律處境非常相似。當"吳嘉玲案"等待香港終審法院處理時，有大量類似情況的人士亦打算循"吳嘉玲案"一樣的法律途徑申請香港永久性居民身份（事實上"吳嘉玲案"是被挑選出來的 test case，用於釐清基本法相關條款的含義）。為了節省司法資源，特區政府的法律援助部門在與一眾潛在上訴人商議之後，向後者發出回覆，申明政府將會接受"吳嘉玲案"的判決結果，依其法律解釋來執行相關法律條款，同時建議吳小彤等不必在此時加入訴訟程序或另行提起新的司法覆核程序。也就是說，特區政府承諾了將依照"吳嘉玲案"的終審判決結果，以同樣方式執法，來處理吳小彤等人的永久性居民身份申請。吳嘉玲獲判勝訴後，全國人大常委會作出基本法解釋（1999 年人大釋法），推翻了終審法院對基本法相關條款的解釋，但根據基本法第 158 條第 3 款以及釋法案的表述，"吳嘉玲案"當事人的法律地位、權利及救濟不受人大釋法影響，因此其獲得永久性居民身份。此時，"吳小彤案"當事人的合法預期已經具體化為"可以比照'吳嘉玲案'當事人的情形獲港府承認為香港永久性居民"。

36. *Ng Siu Tung and Others v The Director of Immigration*, FACV 1/2001, para. 106.

37. Ibid, para. 107.

38. 保羅·克雷格教授與索倫·尚伯格教授指出，"考夫蘭案"之後，合法預期原則將繼續發展，只有時間可以告訴我們，法庭將如何在此類案件中進一步整理和建構其審查標準。參見 Paul Craig, Soren Schonberg, "Substantive Legitimate Expectation after Coughlan", (2000) *Public Law* 4.

39. 參見駱梅英:〈英國法上實體正當期待的司法審查 —— 立足於考夫蘭案的考察〉,《環球法律評論》2007 年第 2 期,第 122 頁。

40. 有學者表述為,"在司法審查日益強大的今天,是否有必要同時適用兩種審查標準,溫斯伯里不合理審查標準是否可以退出歷史舞台了。" 參見陳海萍:〈英國行政法上合法預期原則的最新發展〉,第 108 頁。

41. *R v North and East Devon Health Authority, ex parte*, [2001] QB 213, 245. 判詞原文為:"... a bare rationality test would constitute the public authority judge in its own cause, for a decision to prioritise a policy change over legitimate expectation will almost always be rational from where the authority stands, even objectively it is arbitrary or unfair."

42. Ibid, 241.

43. 由於 1999 年人大釋法推翻了 "吳嘉玲案",所以該案確立的對基本法第 22、24 條的解釋無法適用於 "吳小彤案" 的眾多當事人。考慮到不同人的不同情況,終審法院承認了 Chan Kei Yui 等一千多人享有合法預期,並指出入境處可以運用《入境條例》授予的權限,在不比照 "吳嘉玲案" 判決的情形下仍准許相對人合法居留在香港。法庭指出,這麼做並非完全滿足當事人的最初預期,這種救濟措施也與將其視作與 "吳嘉玲案" 當事人具有無差別法律地位不同,並且入境處現時也已無權這麼做,但是這種救濟是在合法限度內儘量緩解當事人所遭遇的不公平。參見 *Ng Siu Tung and Others v The Director of Immigration*, FACV 1/2001, para. 143。

44. 這三個層面的問題就是 "Bibi 案" 中所採用的分析框架或審查框架。

45. *Hong Kong Television Network Ltd. v Chief Executive in Council*, HCAL 3/2014, para. 76.

46. *Leung Kwok Hung and Others v HKSAR*, FACC 1, 2/2005.

47. *R (on the application of Nadarajah) v Secretary of State for the Home Department*, [2005] EWCA Civ 1363.

48. David Feldman (ed.), *Oxford Principles of English Law: English Public Law*, p. 740.

49. *Secretary of State for the Home Department v The Queen on the Application of Bakhtear Rashid*, [2005] EWCA Civ 744.

50. 余凌雲:〈英國行政法上合法預期的起源與發展〉,第 132 頁。拉希德案當事人欲在英國尋求難民身份,由於當局政策改變,他依法已無法被滿足合法預期。但法官要求內政部允許拉希德永久居住在英國（內政部有此權限，但這與拉希德所主張的合法預期在法律上無關），認為這雖與給予其難民身份不同，"但卻具有近似的效果，因此，也算是一種適當的救濟"。

51. Laws 法官在 Nadarajah 案中就指出，合法預期原則的內在價值基礎其實是良好行政（管治）——即 good administration —— 上的要求。David Feldman (ed.), *Oxford Principles of English Law: English Public Law*, p. 739.

52. 根據陳弘毅教授的研究，1990 年 4 月姬鵬飛向全國人大作香港基本法草案的說明時，強調了基本法的起草 "既保持原政治體制中行之有效的部分，又要循序漸進地逐步發展適合香港情況的民主"，而李飛在 2004 年的一次公開講話中將 "原政治體制行之有效的部分" 凝練為 "主要表現為行政主導"，與此同時，董建華政府在其提交的關於香港政制發展的報告中則明確將香港的體制定義為 "行政主導體制"。可見，行政主導的觀念基礎來自於對香港殖民地時代政體特點的認識。參見陳弘毅：《一國兩制下香港的法治探索》，中華書局（香港）有限公司 2014 年版，第 100-101 頁。

53. "行政主導原則" 從不包含否認司法審查制度的要素，基本法上亦無法作此推導。參見黃明濤：〈普通法傳統與香港基本法的實施〉，《法學評論》2015 年第 1 期，第 49 頁。

54. 戴耀廷：《司法覆核與良好管治》，第 177 頁。

55. 2015 年 6 月 18 日，香港特區政府向立法會提交的關於修改 2017 年行政長官產生辦法的議案被否決。相關報道參見 http://news.ifeng.com/a/20150618/44003006_0.shtml（最後訪問時間：2015 年 6 月 25 日）。根據全國人大常委會 2014 年 8 月 31 日作出的《關於香港特別行政區行政長官普選問題和 2016 年立法會產生辦法的決定》（即 "8·31 決定"），由於行政長官不能於 2017 年實現普選，因此立法會在 2024 年之前都無機會實現全體議員由普選產生這一基本法所定下的目標。

56. 戴耀廷：《司法覆核與良好管治》，第 176 頁。

57. 按照 Iain Steele 教授的看法，在救濟方式的選擇上，法庭未見得必須完全滿足相對人的合法預期以至於令行政機關難以接受，而是可以採用某些替代性的救濟方式來實現某種中庸、平衡的結果。參見 Iain Steele, "Substantive Legitimate Expectations: Striking the Right Balance?", p. 319。

58. 參見立法會會議議程公告，http://www.legco.gov.hk/yr13-14/chinese/panels/itb/agenda/itb20131108.htm（最後訪問時間：2015 年 6 月 25 日）。

59. 根據《香港特別行政區立法會議事規則》第 46 條第 2 款的規定，由議員提出的議案須分別在功能組別議員和地區直選議員這兩部分議員中獲得過半數票方為通過。此即所謂"分組點票制度"。由於功能組別議員中建制派議員佔據絕對數量優勢，因此如建制派議員一致為政府護航，則有關調查議案一般不會獲得通過。這個制度使得在立法會層面失去了監察政府的一種重要手段。

60. "吳小彤案"唯一的少數派法官包致金（Bokhary P. J.）就指出，公眾對政府的信任是行政法上保護合法預期的理論基礎（theoretical rationale）。有香港學者認為包致金法官在這一點上已經比"考夫蘭案"更邁進了一步。See Kevin K. F. Yam & Benny Y. T. Tai, "The Advent of Substantive Legitimate Expectation in Hong Kong: Two Competing Visions", (2002) *Public Law* winter.

61. 戴耀廷：《司法覆核與良好管治》，第 186 頁。

第三章

政治篇

話語的錯位

——香港法律人眼中的"白皮書"

本文是一篇網絡短評。2014 年 6 月初，國務院新聞辦發佈《"一國兩制"在香港特別行政區的實踐》白皮書，闡述中央政府對港政策，其中若干內容引發爭議。受移動網絡平台"微思客 WeThinker"邀請，筆者完成此篇評論，從法律人視角探討有關爭議背後的原因，發表於同年 6 月 14 日，http://wethinker. com/2014/06/14/2053/。本文此後未發表於任何紙媒

———————— • ————————

　　香港之今時今日真多事之秋也。政改議題持續發酵，已令得全港政治光譜支離破碎，不曾想，最近國務院一紙"一國兩制"白皮書又引發新一輪爭議。正可謂，一波未平，一波又起！

　　值得關注的是，香港大律師公會此次對白皮書的回應出人意料地迅速，且措辭尖銳、犀利，頗有戰鬥性，與前些天發佈的"政改諮詢意見"的文風大相徑庭。人們不禁要問，大律師公會何以如此較真？

　　比照白皮書與大律師公會的回應（以下簡稱"回應"），不難發現，真正的爭議只有兩個：其一，香港的法官算不算"治港者"？其二，誰掌握對基本法的"正確理解"？儘管大律師公

會還回應了"基本法解釋權"的問題，但其實對於全國人大常委會的釋法權力，雙方觀點並無差異。全國人大常委會的這項權力為基本法條文所明確規定，並且在實踐中也得到香港各級法院的充分認同。"回應"特別指出，釋法應"絕少及審慎地進行"。事實上，全國人大常委會確實是以審慎的態度運用這項權力的，特區政府也曾公開表達過類似的理解。筆者寧可相信，因為"茲事體大"，所以大律師公會多說一句亦無不可。

至於法官算不算"治港者"，則觸碰到了香港社會的敏感神經，因為這牽涉到如何理解"司法獨立"的問題。香港擁有悠久的法治傳統，其中"司法獨立"原則可謂"扛鼎之石"。從一個香港法律人的角度看，將法官與政府官員、議員等"執法部門"、"政治部門"等量齊觀，確實是聞所未聞。大律師公會在"回應"中之所以特別強調不願法官被視為與政府機器"同聲同氣、互相配合"，恰恰因為保持法官群體在身份上、職能上的獨立性實在太重要。一個真正的法治社會，法官被期待以公平、公正、公開地方式對政府的作為進行合法性審查，以便維護公民的基本權利、自由，以及公平正義的原則。因此，司法機關必須保持獨立地位，必須與政府部門保持距離，非如此不能成為"最小危險部門"。公平地講，大律師公會的回應看似文辭激烈，實則是出於堅持原則的考慮。眾所周知，法治與司法獨立被香港社會普遍視為"核心價值"。"治港者"之措辭曖昧，確實值得深思。

其實，"治港者"之謂，乃治理理論中的通常話語。誠如律政司司長袁國強答覆傳媒時所說，從廣義政治體制的角度看，法院屬三權之一自當無疑，沒有人會反對司法權是香港憲制的組成部分。筆者以為，中央也正是在不區分"管治體制"與"政治體制"這兩個概念的語境下，將法官納入到"管治團隊"之中的。或許有人會問，大律師公會咬文嚼字到如此地步有何必要？是否小題大做？其實不然。考慮到內地政治話語中常見的"三權相互配合"之論，我們恐怕不難理解港人的憂慮。須知道，內地的司法機關向來都被要求"服從大局、服從中心工作"，這與香港的司法文化不能不說是相去甚遠。白皮書的措辭其實是內地法律傳統之思維慣性的自然反應，很難說是有意打壓香港的法治；只能說，"一國兩制"實施已十年有七，兩地對法治的理解仍有不小差異。當白皮書"以己度人"時，就不能不引起憂慮了。

白皮書另一個讓大律師公會不以為然的觀點，就是所謂"正確理解基本法"之說。後者的回應很不客氣，說"法官和法院在判案時……不應也不會從其他境內或境外的政府官員、學者或其他任何人學習、理解或領取他們對基本法'一錘定音式的最終解讀'"。這一言辭齟齬，不得不說又是一次"兩制差異"的經典展現。根據普通法傳統，法律一旦制定，如何解讀和詮釋就完全是法院的職權範圍，而法院的解讀和詮釋也只會在一宗一宗具體案件的審理中作出。曾有一位英國著名法官說過，法院並非因為判決正確而有權威，正相反，法院的判決正確乃是因為法院有權威。這裏的道理就是，對法律的解釋，常常人言人殊。對於基本法這樣的憲制性法律，其使命就是令"一國兩制"垂範久遠，且需應付社會持續不斷的變遷，所以對同一條款存有不同理解是不可避免的事情。之所以一個社會願意接受司法機關的論述為法律含義的 final say，是因為每宗具體案件總歸需要一個終局的判決，讓權利義務得以各歸其位，而法院因其獨立性，則最有資格提供"法律之正解"。或者說，正因為我們對何為"法律之正解"無法達成一致，所以不得不選擇一個最不壞的制度——交給法院說了算。香港大律師公會的疑慮在於，如果法官尚不能被認為掌握有對香港基本法的正確理解，那麼誰人可以掌握？如果法官的判斷不能成為終局判斷，那麼法治的本義又當安放何處？

不錯，法官也會面臨疑難案件，也會作出令社會多數或政府不認同的判決。但司法獨立原則之所以能夠歷經人類社會千百年之篩選而仍然生生不息，恰恰因為，一個公平正義的社會的必要代價就是允許法官偶爾作出讓人們"不愉快"的判決。在一個具體的判決中，人們指責法官錯誤地理解了法律或許不無快意，但經驗告訴人們，如果試圖讓法官群體服膺於另一個"法律闡釋者"，恐怕是更壞的選擇。白皮書對"正確理解基本法"的執著是情有可原的，這毋寧是一種對法治的樸素理解，甚至是一種更為理想主義的理解。但我們必須承認，在法治傳統中歷練有年的香港法律人的疑慮不無道理——而且，承認這一點也絲毫不會減損"一國兩制"的聲望。

香港立法會否決 2017 年行政長官普選方案

2015 年 6 月，香港特區立法會大比數否決政改法案，令 2017 年
實現行政長官普選產生的期望落空。該事件入選中國人民大學
2015 年度 "十大憲法事例"。筆者受邀撰寫本次事件評述文章，
收錄於胡錦光教授主編的《2015 年中國十大憲法事例評析》一書，
由法律出版社於 2017 年出版。"年度十大憲法事例評選" 及相關
活動是由中國人民大學憲法學與行政法學學科主辦的年度學術活
動，在中國內地具有廣泛影響。本文已獲得原出版機構授權，收錄
於本書

———— • ————

2015 年 6 月 18 日，香港特別行政區政府提出的 "政改法
案"[1] 在立法會表決程序中未獲通過，原先預期的 2017 年普選
產生特區行政長官之願景因而不能實現，行政長官產生辦法仍
維持由 "選舉委員會" 選舉產生之現狀。香港特區本輪政改就
此宣告失敗。

一、事件回溯

（一）香港政改問題的由來

1. 香港特區政治體制的"未完成狀態"

香港特區的政治體制由《中華人民共和國香港特別行政區基本法》規定，主要體現在第四章"政治體制"部分。根據其中第四十五條的規定，香港特區行政長官的產生辦法須根據香港特區的"實際情況"，並根據"循序漸進"原則，最終達至"由一個有廣泛代表性的提名委員會按民主程序提名後普選產生的目標"。也就是說，基於提名委員會提名之後的普選是行政長官產生辦法的終極目標，即所謂"普選特首"。而在達至這一目標之前，行政長官的具體產生辦法則由基本法附件一予以規定，而附件一的規定是可以依法予以修改的（附件一當中包含了修改條款）。

本輪政改之前，根據附件一的規定，香港行政長官由一個1,200人組成的選舉委員會選舉產生。特區政府本次提出的"政改法案"，其目標就是在2017年行政長官換屆過程中採取"普選"模式，以便達成基本法第四十五條設定的終極目標。在"普選行政長官"的目標達成之前，可以認為，香港特區的政治體制仍處於某種"未完成狀態"。

2. 民主化與行政長官普選問題

普選行政長官實質上是香港特區的"民主化"問題。港英時期，香港居民只享有很有限的選舉權。從1980年代中期開始，港英政府開始啟動代議制改革，逐步增加香港居民的政治參與權利。中英聯合聲明指出，中國對香港地區恢復行使主權之後，香港特區的行政長官將在本地通過協商或選舉產生，由中央政府任命。此後開始長達五年的香港基本法起草與制定過程，其間香港社會各方面表達了希望增加本地民主化程度的願望，並提出了若干種行政長官產生辦法，其中包括普選產生的辦法。基於中英兩國政府間的不斷磋商，同時也因應特定的歷史條件，最終通過的香港基本法中對於行政長官的產生辦法採取了具有妥協性質的規定，即承諾"普選"的終極目標，但在此之前，則採用諸如推選委員會或選舉委員會的間接選舉模式產生行政長官。根據基本法附件一的最初規定，2007 年之前不能採取普選的模式。[2]

香港社會由此對普選行政長官抱以熱切期待。自 2004 年開始，因應 2007 年之後行政長官產生辦法可能的改變，香港社會各界予以廣泛關注與討論。全國人大常委會在 2004 年 4 月 6 日作出《關於〈中華人民共和國香港特別行政區基本法〉附件一第七條和附件二第三條的解釋》（簡稱 2004 年人大釋法），對基本法附件一有關修改行政長官產生辦法的程序作出重要修改，授予全國人大常委會基於香港特區行政長官所提交之報告而決定"是否需要"修改行政長官產生辦法的權力。基於此，全國人大常委會在 2004 年 4 月 26 日作出決定，[3] 認定尚未達到將行政長官產生辦法修改至普選的條件。最終，2017 年的行政長官產生辦法未作改變。此輪政改程序遂終止。

2010 年，針對 2012 年行政長官（第四屆）換屆，特區政府啟動了新一輪政改法律程序，並最終爭取到了立法會內足夠票數的支持以及全國人大常委會的批准，實現了對行政長官產生

辦法的小幅改進 —— 把負責選舉產生行政長官的選舉委員會組成人員由 800 人增加至 1,200 人。這是香港回歸以來第一次根據基本法附件一所設定的修改程序對行政長官產生辦法作出的修改。

全國人大常委會在早前決定 2012 年行政長官產生辦法可作修改的同時，也表明 2017 年第五屆行政長官的選舉 "可以實行由普選產生的辦法"[4]，因此自從 2012 年 7 月 1 日新一屆特區政府就任之後，社會上關於啟動新一輪政改以便爭取實現 2017 年普選行政長官的呼籲便不絕於耳。2013 年 10 月，特區政府正式啟動相關工作。

（二）本輪政改過程概要

1. 全國人大常委會 2007 年的決定

2007 年 12 月 29 日，第十屆全國人民代表大會常務委員會第三十一次會議通過了《全國人民代表大會常務委員會關於香港特別行政區 2012 年行政長官和立法會產生辦法及有關普選問題的決定》，即所謂 "2007 年決定"。在這份決定中，全國人大常委會確認了香港特區 2012 年行政長官選舉不實行普選，但產生辦法可在此前基礎上作適當修改，因此有了於 2010 年 6 月由香港立法會通過的 "2010 政改法案"，第四屆行政長官梁振英即按照修改後的選舉辦法於 2012 年當選並就任。這份決定同時亦表明，2017 年第五屆行政長官選舉 "可以" 進行普選，在法律上明確了香港有機會通過新一輪政改在 2017 年實現行政長官普選，因此 "2007 年決定" 意義非凡。

2. 政改 "五步曲"

在基本法通過之初，附件一當中關於行政長官產生辦法的修改程序的規定比較簡單，即首先由立法會全體議員三分之二多數通過相關法案，然後由行政長官表示同意，最後報全國人大常委會批准。批准後的法案隨即生效為法律。

根據 "2004 年人大釋法"，附件一中表述的 "行政長官的產生辦法如需修改" 是指由全國人大常委會根據行政長官的報告予以確認是否需要修改。"2007 年決定" 對這一修改之後的修法程序再次予以確認，遂形成當前眾所周知的政改 "五步曲"：

第一步，現任行政長官就行政長官產生辦法的修改問題向全國人大常委會提出報告，提請其確認是否需要修改；

第二步，全國人大常委會基於報告決定是否可作修改；

第三步，如全國人大常委會決定可作修改，則特區政府向立法會提出擬對行政長官產生辦法予以修改的法案，立法會須以全體議員三分之二以上多數通過該法案；

第四步，行政長官對立法會通過的法案予以同意；

第五步，行政長官將法案提請全國人大常委會批准。

該 "五步曲" 作為香港特區政府所正式認可的修改行政長官產生辦法的程序，亦包含在其發佈於 2013 年 12 月的首輪政改諮詢文件當中，向公眾發佈。本輪政改的後續進程均按照該 "五步曲" 的步驟推進。

3. 政改專責小組與第一輪公眾諮詢

為推動落實 2017 年普選行政長官這一目標，香港特區政府於 2013 年 10 月 17 日宣佈成立由政務司司長、律政司司長和政制及內地事務局局長為成員的政改諮詢專責小組，亦稱 "專責小組"，輿論常稱其為 "政改三人組"。遵循香港政府在推行重大政策之前先行作公眾諮詢的慣例，專責小組於當年 12 月 4 日發表《二零一七年行政長官及二零一六年立法會產生辦法諮詢文件》，並隨即展開為期五個月的公眾諮詢（第一輪諮詢），以便收集各方面意見。

基本法第 45 條對於最終的行政長官普選模式的表述是，"由一個有廣泛代表性的提名委員會按民主程序提名後普選產生"，再由中央政府作出任命。從步驟上看，可分為提名階段、普選（投票）階段和任命階段，輿論界寬泛地將這幾個階段合稱為 "普選"。根據諮詢文件所列議題，特區政府認為，關於行政長官選舉辦法的修改，應予考慮的事項包括：（1）提名委員會的人數和組成；（2）提名委員會的選民基礎；（3）提名委員會的產生辦法；（4）提名委員會提名行政長官候選人的程序；（5）普選行政長官的投票安排；（6）任命行政長官的程序與本地立法的銜接；（7）行政長官的政黨背景。由於提名委員會享有提名權，只有獲得其正式提名的人士才能成為行政長官的正式候選人參與普選投票，因此提名委員會的人員構成、提名程序是非常關鍵的。全國人大常委會在 "2007 年決定" 中特別表示，提名委員會可 **"參照"** 現有的行政長官選舉委員會的組成方式予以組成，因此有關選舉委員會的人員構成等相關問題成為諮詢討論的起點和焦點。

事實上，香港社會各界對於提名委員會的組成方式與行政長官候選人的提名程序的關注程度是最高的，所引發的爭議也是最大的。要充分理解這一焦點問題的性質，必須立足於香港的基本政治生態、現時選舉委員會的特點以及中央政府對於普選行政長官的態度。首先，香港是一個在政治光譜上極為多元的地區，各種政治背景、意識形態、社會利益階層均有其在政治上的代表，如政黨、政治團體、基層組織等。以香港特區立法會為例，目前共 70 個議席當中有超過一半〔此處算上了區議會（二），即"超級區議員"，如此則有 40 席〕是通過直接選舉產生，而贏得議席的議員分別屬十幾個不同的政黨、政黨聯盟，或本身不屬任何政黨。對於泛民政黨而言，其通常主張儘早實現行政長官與立法會均由普選產生。一直以來，泛民主派政黨與中央政府之間在實現行政長官普選的緩急程度上意見不一，後者希望在香港總體民意發展至可以令建制派人士穩妥當選的情況下（"實際情況"）再實行普選產生行政長官，但回歸以來，泛民主派政黨及其政治人士在各類直接選舉中往往能夠獲得接近六成的選票，使得中央政府所期望的"實際情況"尚未在香港出現。

其次，目前的選舉委員會由 1,200 人組成，分屬四大界別，分別是工商金融界、專業界、勞工社福宗教界，以及主要是當然選委的第四屆別（如港區全國人大代表等）。按照界別產生選舉委員的方式在本質上與在香港運行多年的功能界別團體制度是相同的，即根據行業類別或團體為標準劃分選舉單位（constituency），因此每個選舉單位實際上由某一個特定的行業類別中的從業人員或其代表組成，反映了該行業、產業或職業團體的利益與立場。從理論上講，基於功能界別的選區劃分與基於地域及人口的選區劃分都是選舉制度中分解選區的技術手段，但從具體制度安排上看，香港特區選委選舉模式存在若干代表性缺陷。比如，很多選委分組實際上由特定行業協會來行使其職能，導致手握選票或當選為選委的人士往往是行業內領袖，而缺少合理比例的職員或基層人士；再比如，目前的界別劃分方法不能完整劃分現有的全部行業類別，導致存在"沒有代表"的行業；再比如，不同界別所獲得的數量不一的選委名額並非基於某一統一的計算標準，以至於有的界別享有不合比例的超代表地位，相應的，有的界別則處於"代表不足"的境地；再比如，各界別的選委選舉過程未能足夠標準化、公開化，使得選舉過程透明度不足，亦遭詬病。如果進一步分析選委會的實際構成及其政治形象，則香港社會普遍承認，選委當中有相當數量的精英人士或上流社會代表，或者在香港本地屬主流政治認同之外、但與中央政府保持密切關係的人士，令人質疑選舉委員會是否能夠恰當地代表香港居民的利益與意見，以及是否能夠提出足夠有民望的行政長官候選人。[5] 在政改第一輪諮詢期間，有關選委會過於封閉或有"小圈子選舉"之嫌的批評之聲不絕於耳，因而將要參照選委會而組成的提名委員會一直被社會重點關注其人員構成方式。

其三，中央政府對於在香港特區最終實現普選行政長官有歷史承諾和法律承諾。就法律承諾而言，主要體現在基本法第45條的規定。當然，實現普選行政長官要滿足兩個條件，其一是根據香港的"實際情況"，其二是按照"循序漸進"的方式。之所以會有這樣的規定，從中央政府的角度來看，主要是為了避免在香港急速引入民主制度以至於導致政經利益結構的劇變，從而影響本地繁榮穩定。不可否認，香港在港英統治時期僅存在很有限的民主元素，且只是在 1980 年代中期以後才開始漸進的民主化進程，而到了 1997 年回歸前夜，香港的代議制已有一定程度的發展。從更深層次上講，中央政府從一開始所預期的"港人治港、高度自治"是有特定含義的，按照鄧小平的表述，就是"這些管理香港事務的人應該是愛祖國、愛香港的香港人"[6]。時任全國人民代表大會法律委員會委員、長期主管涉港法律事務的喬曉陽在 2013 年 3 月的一次座談會上則進一步表示，中央政府堅持香港特區行政長官人選要符合"愛國愛港、中央信任、港人擁護"三個條件，而前兩個條件的實質含義就是"不能接受與中央對抗的人擔任行政長官"。[7] 在 2014 年 3 月全國"兩會"期間，全國人大常委會委員長張德江發表公開談話，指出"行政長官要符合愛國愛港的標準"[8]。2014 年 4 月，全國人大常委會香港基本法委員會主任李飛對媒體指出，"政改諮詢最大的分歧就是在香港是否能出現及允許一個與中央對抗的人當行政長官。"[9] 這就是本輪政改期間香港各界所熱議的當選行政長官的標準"愛國愛港"及"不與中央對抗"的來源。儘管上述概念始終未出現在全國人大常委會或香港特區政府的任何正式法律文件當中，但香港社會普遍認為，中央不願意看到香港某些特定黨派成員或某些政治人物通過普選當選行政長官。

概言之，針對提名委員會的組成問題和提名程序問題，矛盾主要集中在以下幾點：第一，提名委員會的人員構成能夠在多大程度上反映現時香港社會在政治、經濟、社會等議題上的多元性？基本法第 45 條對於提委會具有"廣泛代表性"的要求如何實現？第二，經由怎樣的提名程序，才能產生覆蓋或反映

憲制的成長：香港基本法研究

上述多元性的若干名行政長官候選人，從而給予香港居民足夠的選擇權？或者說基本法第 45 條所要求的提名的“民主程序”的內涵是什麼？第三，提名委員會需要一種怎樣的人員構成和提名程序，才能確保中央不支持的特定人士不會成為正式候選人？總之，提名委員會的人員構成方式越多元化、提名程序越具有開放性，則確保不會產生中央政府所“不喜歡”的行政長官候選人的難度就越大。

特區政府的第一輪公眾諮詢到 2014 年 5 月 3 日正式截止，隨後政改專責小組開始對大量的諮詢意見進行整理，並形成諮詢報告，此即發表於同年 7 月 15 日的《二零一七年行政長官及二零一六年立法會產生辦法公眾諮詢報告》。隨後，行政長官梁振英根據政改“五步曲”框架邁出第一步，向全國人大常委會提出報告，提請後者就 2017 年行政長官產生辦法是否需要修改作出決定。

4. 全國人大常委會的“8·31 決定”

2014 年 8 月 25 日，第十二屆全國人民代表大會常務委員會第十次會議在北京召開，會議審議了由香港特區行政長官所提交的《關於香港特別行政區 2017 年行政長官及 2016 年立法會產生辦法是否需要修改的報告》，並於 8 月 31 日通過了《全國人民代表大會常務委員會關於香港特別行政區行政長官普選問題和 2016 年立法會產生辦法的決定》，是為“8·31 決定”。關於行政長官的普選方式，該決定中的要點如下：

（1）2017 年開始可以採取普選方式產生行政長官；

（2）提名委員會按照第四任行政長官選舉委員會的人

數、構成和委員產生方式而規定，即選舉委員會直接轉變為提名委員會，不作任何改變；

（3）提名委員會以全體委員過半數支持的方式產生二至三名行政長官候選人；

（4）香港全體合資格選民從上述候選人中投票選出一名行政長官，由中央政府予以任命；

（5）如此方案不能獲得最終通過，則 2017 年第五屆行政長官的產生方式沿用現有方式，即選舉委員會選舉產生。

"8·31 決定"最引人注目的地方，同時也是對此前意見紛呈的議題作出定論的地方是：一方面，將提名委員會**"參照"**選舉委員會組成改為**"按照"**提名委員會組成，使得提名委員會人員構成無法獲得進一步的民主化；另一方面，明確規定候選人獲得正式提名的條件是必須在提名委員會中獲得**半數以上**委員的支持，由於選委會 1,200 名委員當中，投票取態傾向泛民主派的委員僅能佔據大約不超過 200 名，因此決定所設立的提名門檻對於泛民主派參選人士而言是非常高的。香港社會各界普遍認為，"8·31 決定"表明中央對行政長官普選問題採取了極為強硬的立場，在這一法律框架內，不能獲得中央信任的人士不可能有機會出選行政長官。

5. 第二輪諮詢與政改法案的提出

"8·31 決定"的作出標誌著政改"五步曲"完成了前兩步。特區政府為推進第三步工作——即向立法會提出相關修法法案——同樣因循慣例，於 2015 年 1 月 7 日發表《行政長官普選辦法諮詢文件》，專門就行政長官普選的重點問題展開為期兩個月的諮詢，即政改第二輪公眾諮詢。鑒於“8·31決定”所作規定比較明確、具體，儘管香港社會持有不少批評之聲，但特區政府在形成政改法案草案的過程中容納相關意見的空間已不大。在此期間，香港社會針對是否應當對基於“8·31決定”的政改方案先予接受，進而尋求2017年以後繼續優化普選模式產生了大量討論、辯論與宣傳，中央主管香港事務的有關官員也藉助若干場合呼籲香港立法會議員接受現有的方案。第二輪諮詢期至2015年3月7日結束，特區政府遂於4月22日發表《行政長官普選辦法公眾諮詢報告及方案》，其中第四章明確交代了政府擬向立法會提出的行政長官普選方案以及相應地修改基本法附件一之相關規定的建議，要點如下：

（1）提名委員會由1,200人組成，人員分配按照現時行政長官選舉委員會的四大界別38個界別分組的模式進行；

（2）提名階段，首先，不少於120名、不多於240名提委可聯名推薦行政長官“參選人”，每名提委在此僅可提名一位參選人，進而，獲得全體提委過半數支持且排名前三名的參選人將成為“候選人”；

（3）普選投票採一輪投票制，全部候選人中得票最多者當選，無需取得半數以上有效選票支持。

根據立法會的議程安排，包含上述制度設計的政改法案——《中華人民共和國香港特別行政區基本法附件一香港特別行政區行政長官的產生辦法修正案（草案）》——定於2015年6月17日由特區政府政制及內地事務局局長向立法會提起。

從全國人大常委會"8‧31 決定"作出之日起，香港特區立法會 27 名泛民主派議員即多次公開聯名表示，將在立法會對基於該決定而形成的政改法案投下反對票。2015 年 3 月 9 日，該 27 名議員再次聯署，確認否決政府法案的態度。在 4 月份政府即將向立法會提交第二輪諮詢報告和政改法案前夕，法案相關要點已曝光，其中 23 名議員再一次聯署，聲言必定否決法案（未參與此次聯署的 4 名議員來自更為激進的政黨，雖不參與公開聯署，但反對"8‧31 決定"的態度亦非常堅決）。由於基本法規定修改行政長官產生辦法的法案須獲得立法會三分之二以上議員支持，而 27 名議員已在總共 70 議員中超過三分之一，因此法案通過的前景十分渺茫。

（三）政改方案被否決

2015 年 6 月 18 日中午，經過一天半的辯論之後，立法會主席曾鈺成決定依照議事規則將法案付諸表決。**就在提示議員作投票的鐘聲響起的瞬間，30 多名建制派議員突然集體退場，沒有參與投票。稍後，投票結果顯示，法案共獲得 8 票支持、28 票反對、0 票棄權，未能獲得超過立法會全體議員三分之二以上多數支持，因而未能通過。**由於泛民主派議員在前期已多次向媒體表明會投出反對票，因此法案不獲通過的結果並不意外。值得注意的是，此前一直高調宣稱將投出支持票的大批建制派議員卻出現表決時集體離場，以至於未能作出有效投票的情況，因此法案最終所獲支持票僅為 8 票。

根據立法會官方發佈的投票記錄，各議員投票情況如下：

表 2　香港特區立法會對 2017 年政改方案投票結果表

議員	所屬政黨[10]	投票取態[11]
曾鈺成		（依慣例主席不作投票）
何俊仁	民主黨	反對
李卓人	工黨 / 職工盟	反對
涂謹申	民主黨	反對
陳鑑林	民建聯	
梁耀忠	街工	反對
劉皇發	鄉議局 / 經民聯	
劉慧卿	民主黨	反對
譚耀宗	民建聯	
石禮謙	經民聯	
張宇人	自由黨	贊成
馮檢基	民協	反對
方剛	自由黨	贊成
王國興	工聯會	
李國麟		反對
林健鋒	經民聯	
梁君彥	經民聯	
黃定光	民建聯	
湯家驊		反對
何秀蘭	工黨 / 公民起動	反對
李慧琼	民建聯	
林大輝	公民力量	贊成
陳克勤	民建聯	
陳健波		贊成

梁美芬	經民聯	
梁家騮		反對
張國柱	工黨 / 社總	反對
黃國健	工聯會	
葉國謙	民建聯	
葉劉淑儀	新民黨	
謝偉俊		
梁家傑	公民黨	反對
梁國雄	四五行動 / 社民連	反對
陳偉業	人民力量	反對
黃毓民		反對
毛孟靜	公民黨	反對
田北辰	新民黨	
田北俊	自由黨	贊成
吳亮星		
何俊賢	民建聯	
易志明	自由黨	贊成
胡志偉	民主黨	反對
姚思榮		
范國威	新民主同盟	反對
馬逢國	新論壇	
莫乃光	公共專業聯盟	反對
陳志全	人民力量 / 前綫	反對
陳恆鑌	民建聯	
陳家洛	公民黨	反對
陳婉嫻	工聯會	贊成
梁志祥	民建聯	

梁繼昌	公共專業聯盟	反對
麥美娟	工聯會	
郭家麒	公民黨	反對
郭偉強	工聯會	
郭榮鏗	公民黨	反對
張華峰	經民聯	
張超雄	工黨	反對
單仲偕	民主黨	反對
黃碧雲	民主黨	反對
葉建源	教協	反對
葛珮帆	民建聯	
廖長江		
潘兆平	勞聯	
鄧家彪	工聯會	
蔣麗芸	民建聯	
盧偉國	經民聯	
鍾國斌	自由黨	贊成
鍾樹根	民建聯	
謝偉銓		

資料來源：http://www.legco.gov.hk/yr14-15/chinese/counmtg/voting/v20150617.pdf（最後訪問時間：2016 年 7 月 25 日）。

　　政改方案被否決之後，特區政府隨即表示，本屆政府剩餘任期內不會再推動政改，因此，2017 年第五屆行政長官將由屆時新選出的選舉委員會選舉產生。因此也可以說，香港特區在2022 年（第六屆行政長官）之前不會實現行政長官普選的目標。

二、香港政改的法律問題

（一）特區的政治體制

根據基本法的規定，行政長官與立法會最終都須實現由普選產生的目標，在實現這一制度目標之前，香港的政治體制可"循序漸進"地作民主化改進。對處於動態發展過程中的香港政治體制而言，應結合基本法的文本、目的與香港特區現時政治生態的實際情況對其作出恰當的描述與定性。

香港特區的創建基於中國對香港地區恢復行使主權這一事實，特區的具體制度與政策的法律基礎在於中國憲法第31條以及專門為香港量身打造的基本法律——《中華人民共和國香港特別行政區基本法》。因此，1997年7月1日之後的香港具有完全不同於此前港英時期的憲制地位。在過去，香港作為英國殖民統治之下的土地，採行典型的殖民體制，由港督代表英王行使主權及管治權，政治上、法律上都無需向本地社會負責，且港督集諸多權力於一身，不受其他機構或主體的法律制約。而根據香港基本法，香港特區在中國主權之下享有高度自治的地位，特區範圍內所有公權力機關均經由基本法的授權而享有各自的權限與職責，既存在彼此之間的制約平衡，也需在不同程度上向選民或社會公眾負責。

從基本法第四章"政治體制"部分的結構安排與條文表述來看，香港的公權力機關主要包含作為行政機關的行政長官及政府（包括公務員在內）、作為立法機關的立法會、作為司法機關的各級法院。香港歷史上有著穩固的法治傳統，一般認為，司法獨立原則獲得了基本法的承認與保障。立法會脫胎於港英時期的立法局，但不同於其前身僅僅作為港督在立法事務上的諮詢機構的地位，特區立法會根據基本法的明文授權，享有立法、財政、監督（包括質詢、調查、彈劾等）、人事任免等多方面權力。立法會與立法局最大的不同在於，立法會的議員全部經由選舉產生，不包含任何可由行政長官委任或控制的議席，使得立法會在整個特區政治體制結構下具有不可忽視的獨立地位與政治影響力（1995 年立法局取消委任議席，其成員全部由選舉產生）。例如在第五屆立法會（任期從 2012 年 10 月至 2016 年 10 月）總共 70 個議席中，有 40 席經由地區直接選舉或實質上的全港直接選舉產生，這使得這些議員具有很強的民意支持度。但與此同時，基本法亦明文對立法會的職權設下諸多限制，尤其令行政長官和特區政府在立法、預算、公共政策等方面掌握主動權，使得立法權雖擁有相對更強的民意背書，卻在制度上僅能扮演監督者或制衡者這樣的 "消極" 角色。

（二）行政長官的地位、權力與認受性

根據基本法，香港特區行政長官既是特區首長，也是領導特區政府的首席官員；同時，行政長官既要向中央政府負責，也需要向特區負責。必須從香港特區在國家中的特殊憲制地位以及 "一國兩制" 方針的目標來理解行政長官這一職位的多重法律屬性：一方面，香港特區作為直轄於中央政府的一個特殊的地方行政區域，須在法律上創設一個與中央政府的連接點，以保證面向中央的問責性可以具體落實，相較於立法會與司法機關而言，行政長官作為特區的代表，顯然更適合擔當這樣一個 "連接點"；另一方面，香港告別殖民體制後，特區政府的建

制必須符合民主、解殖的一般原則的要求以及"港人治港、高度自治"這一特定政策的要求，那麼，作為特區首長和行政機關首長的行政長官當然需要以某種方式最終實現向香港居民負責的目標。就行政長官向中央政府負責的制度安排而言，基本法當中已有若干具體規定，如在香港本地選舉產生的行政長官須由中央政府任命方能就任，又如行政長官須接受並執行中央政府根據基本法所發出的指令等；在實踐中，行政長官不定期地赴京向國家領導人或中央政府首長述職，亦可視作代表特區向中央負責的具體形式。就行政長官向特區負責而言，立法會扮演了非常重要的角色，在行政長官尚未實現普選產生的情況下，行政長官及其領導之下的特區政府在很大程度上是通過接受立法會的問責而在廣義上向整個香港社會公眾負責的。

行政長官的法定職權非常廣泛，包括向立法會提起法案及政府開支預算案的權力、制定政策的權力、執行法律與預算的權力、提請中央政府任免政府高級官員的權力、提請立法會通過法官任免決定的權力、特定情況下解散立法會的權力等等。在 1980 年代中期設計香港特區的政治體制的時候，港督的行政集權體制所展現的高效與權威深得中央讚許，因此行政長官所享有的職權在很大程度上是比照港督而作設計的。不僅如此，根據基本法的授權，行政長官所享有的權力甚至已超過殖民體制下的港督。由於香港特區的行政機關與立法機關各自享有不同的權力來源，行政權無需依賴於立法機關的穩定多數支持而執政，且行政長官的權力又廣泛和強大，所以比之於當今世界通行的政體類型，香港特區的政制框架更接近於總統制，而顯然不同於議會制。可以說，基本法的立法原意是創設一個比較強勢的行政權。

然而政治現實與法律文本、乃至立法原意都存在不小差距。行政長官雖依法擁有廣泛權力，邏輯上作演繹則應在“行政立法關係”中佔據優勢，但鑒於行政長官的產生辦法遲遲停滯於選舉委員會選舉模式，無法為行政長官注入普遍性的民意授權，使得一方面在社會上不能保證較高的認受性，另一方面也往往難於面對擁有直選民意背書的議員——無論是建制派議員或是泛民主派議員——的強勢問責。從理論上講，總統制國家的行政權與立法權各自擁有獨立的權力來源，假如總統缺乏普選授權而議會卻擁有普選授權，則必然出現權力中心的“倒掛”現象，令行政權強勢執政的原意無法落實。今天的香港正處於這種境況之中，表面上，行政長官職權廣泛，立法會權力受限，實際上，行政長官施政盡顯弱勢，立法會則熱衷於強勢監督。如果再考慮到香港的政黨政治受制於法律上的限制，行政長官被要求須於在任期間獨立於任何政黨，由此缺乏在議會中的穩定盟友支持，那麼行政權的弱勢表現幾為必然。

　　因此，在香港推進政改以實現普選行政長官的迫切性不僅在於政制上持續民主化的法律要求，更在於補強行政長官的認受性，以便改進“行政立法關係”、化解管治困境。由此亦可以理解，中央政府以及香港社會各界都普遍贊同，需要在行政長官實現普選產生之後，再擇機推動實現立法會全數議員由普選產生，以避免進一步放大行政機關與立法機關之間的政治認受性差距。

（三）政制發展的程序框架與權力分配

　　香港特區政制發展問題涉及多個層面，既包含行政長官與立法會產生辦法這樣的重大制度的變革問題，也包含高官問責制、政黨制度、地區組織選舉與職能改革等一系列議題。從現有法律規定來看，明確設定了中央政府的角色與權力的就是行政長官產生辦法和立法會產生辦法這兩大問題，其他政制發展議題均可通過香港本地的法律程序予以完成。也就是說，對於香港特區行政長官的產生辦法應於何時、以何種方式實現普選產生這一目標，中央政府與香港特區共享決定權。

自 2004 年人大釋法開始，行政長官產生辦法的修改須經由"五步曲"來進行。如上文所述，行政長官擁有第一步的報告權；全國人大常委會則有權基於該報告決定是否需要修改，此為第二步。如決定為需要修改，方進入下一階段；如決定無需修改，則該次政改程序就此終止。第三步中，特區政府應向立法會提出修法法案，以尋求後者以三分之二多數通過，如通過，則意味著第三步完成。接下來，行政長官須對已獲通過的法案表示同意。鑒於法案原本就是由特區政府所提出，且立法會無權對法案提出修正案，因此正常情況下行政長官必定會對法案表示同意。最後一步，已獲行政長官同意的法案將被提請至全國人大常委會尋求批准，後者有權批准或不批准，無論如何都意味著政改程序的完結。如全國人大常委會予以批准，則可以說政改獲得成功。

在"五步曲"框架中，中央的權力——主要由全國人大常委會行使——是很吃重的，包括在起始階段決定是否需要修改和在最後一環決定是否批准在特區層面已獲通過的修法法案。特區政府所扮演的是一種積極角色：首先，她需要根據時下香港社會的民意走向和政治需要，向全國人大常委會提出報告，請求後者決定准予政改；進而，如果行政長官產生辦法可以作修改，則特區政府需再提出包含具體修改辦法的法案，並尋求立法會的通過。如果特區政府對於政改不作積極努力,則"五步曲"在事實上將難以往前推進。當然,特區政府的積極作為也必須保持在全國人大常委會所許可的範圍內。相對而言,立法會所扮演的是一個消極角色,這是指,其僅能對政府所提政改法案從整體上表示贊成或反對,而不能加入代表其意見的修正案。如果政改意欲順利通過第三步,則特區政府須在擬備法案時提前與立法會不同政治派別達成一致意見。

結合香港當前的政治生態,可知政改能夠成功的關鍵,其實在於中央與立法會中的泛民主派議員之間是否能夠達成妥協。具體來說,第一,基於選舉委員會選舉行政長官的模式,當前任何一位在任行政長官在政改問題上應該會與中央的立場保持一致,因此,即便完成了"五步曲"的前兩步,特區政府也不可能提出一份僅能爭取到立法會三分之二多數支持,卻不能得到全國人大常委會首肯的法案,這是沒有實際意義的;第二,建制派政黨與議員在政改議題上與中央是一貫保持高度一致的,因此他們幾乎不會成為政改的阻礙力量;第三,按照回歸以來香港立法會歷次選舉中的選民取態來看,泛民主派議員基本可以穩定佔據三分之一以上議席,因此掌握了在立法會否決政改法案的"關鍵少數",所以,中央所屬意的任何政改方案都必須尋求泛民主派的諒解與支持。

(四)本輪政改失敗的法律效果與後續法律問題

2015 年 6 月這次政改闖關失敗的最直接法律效果當然是令行政長官產生辦法繼續維持現狀,即選舉委員會選舉模式。

除此之外,由本次政改所引發的其他重要法律問題還包括:

第一，"8‧31決定"的法律效力。決定本身在法律上包含兩方面內容，其一是對需要修改2017年行政長官產生辦法這一問題的具體"確認"，其二是決定中包含的其他具有長期效力或一般效力的規範，如提名委員會的組成方式、提名程序中的"出綫門檻"、候選人數量等。作為本輪政改第二步的決定隨著政改法案被立法會否決已經失去後續效力（prospective effect）。決定文中包含的一般性規範對後續可能啟動的新的政改程序的約束力則存在一定爭議，具體包括兩個問題：（1）技術層面看，重啟政改應從第三步開始還是從第一步開始，或者說全國人大常委會是否需要因應新的行政長官政改報告再作確認？（2）實質層面看，"8‧31決定"設定的有關普選制度的各種條件、限制是否不可被修改、偏離，或者如傳媒所廣泛談論的"'8‧31決定'是否不可撤回"的問題。問題癥結在於，目前泛民主派議員的立場是，"8‧31決定"所訂立的政改框架不符合他們對於普選的期望，因此基於此框架的政改方案都不會獲得他們的支持。中央目前並未就此作正式表態，但如果後續有機會達成政治妥協，從法律角度講，全國人大常委會至少需要一份新的決定才能替換或修改目前所定下的政改規範，以便特區政府提出一份有明顯新意的法案。

第二，政黨政治的制度空間。香港基本法或全國人大常委會的任何決定、解釋文中都沒有對香港特區政黨的地位、權利及其規管作出明示。《行政長官選舉條例》等香港本地法例中有關於政黨或政治團體的規定，其修改程序在立法會範圍內即可完成。但是在技術層面之外，政黨政治的制度空間問題包含了重大的憲制意義與政治意義，其對於行政立法關係、高官問責制、立法會議事規則與憲制慣例、政治人才培養、選舉規制與選舉文化等都會造成深遠影響，這就要求必須形成包括中央和香港不同政治力量之間的共識。特區成立至今，正面看待政黨政治並給予政黨合理的發展空間，已經在香港形成了廣泛共識，部分政黨或政治人士亦公開表達過爭取成為執政黨的願望。本次政改失敗的後果之一，就是在短期內增加了改革政黨制度的難度，有可能加劇立法會內政黨林立的局面，引發更多的議會內抗爭，同時也令政黨在吸引與培養人才方面繼續受到制約，使得當前已普遍存在的政治人才斷檔狀況進一步惡化。

第三，立法會功能組別議席的存廢或改革問題。功能組別是港英時期創設的選舉單位，回歸後該制度被保留下來，並且至今仍佔據立法會一半的議席〔如把區議會（二）視作實質上的直選，那麼功能組別議員佔據 30 席〕。立法會普選產生的目標實際上就包含了取消功能組別議席，或將其改造為實質上等同於直選產生。在行政長官普選未能實現之前，立法會選舉不會發展至全數議席普選產生，但在此之前，功能組別議席有多大改革空間以及有何種改革方式，則是一個備受關注的問題。從當今世界立法機關組成方式的普遍模式來看，同時基於香港社會多數人的意見，立法會必然需要進一步增強普遍的民意代表性。基本法附件二目前僅規定來自功能組別的議席為 35 席，其他事項 —— 如功能組別或團體的具體劃分、各組別的議席數目分配、各組別的選舉辦法等 —— 均由本地選舉法予以規定，因此，在不觸及修改附件二的前提下，仍有機會經由本地修法程序增刪組別、調整組別間議席分配、擴大組別之選民基礎、改革選舉辦法等以逐漸增強功能組別議員的代表性和可問責性。

三、理解香港政改：歷史的、憲制的與在地的視角

香港是一個獨特的地方，在 1997 年回歸祖國之前，從未經歷過內地在 1949 年以後所創建的政治制度以及相伴而生的政治文化。事實上，如同諸多前英國殖民地或英聯邦地區一樣，香港建立了穩固的法治傳統，社會長期保持良好秩序，民眾基於此而享有比較充分的自由，這一點世所公認。根據"一國兩制"方針和聯合聲明定下的原則，中國憲法與香港基本法共同為香港確立了基本上區隔於內地的一整套法律制度，使得香港在回歸以後仍然以自己的節奏保持各方面制度的運作。也就是說，儘管香港在法律上已經成為國家主權範圍內（享有高度自治權）的地方區域，但在觀察與分析香港的制度運作及其背後的意識形態的時候，必須認識到香港的這種獨特性。

很顯然，對於普選行政長官的社會籲求無需採用一種歷史的證成方式，港英政府遲至 1980 年代中期才開始有計劃地推動代議制改革，並且已有證據表明這一政治改革有很強的政權交接策略考量。[12] 但是，從某種意義上講，英國政府的動機並不重要，重要的是中央政府以各種方式對香港特區的民主政治前景作出了承諾，而這些承諾是當年爭取港人支持回歸、保證平穩過渡的重要前提。事實上，政治民主化是解殖的一個重要維度，在香港人告別殖民體制，進而獲得主權國公民身份的情況下，爭取某種合理的民主政體，是無可非議的。在政改爭議之中，有些觀點指責香港民眾對民主期望過高，質疑其在長達 150多年的殖民管治時代竟可安然接受"有自由、無民主"的受限政治地位，卻在回歸之後不遺餘力地向國家"索要"民主——

228

這種觀點的荒謬之處顯而易見，因為對民主政體的追求本就是一個隨時代進步而衍生的問題。不僅如此，此論之中隱含的"視爭取民主之人士為麻煩製造者"的意味恐怕只會令香港人心寒。

然而，從另一層面上講，香港的政制民主化也是鞏固特區在國家中的憲制地位、保持本地居民自由與權利的必要手段。香港的兩難處境在於，其在政治、經貿、文化、人口、環境等方面從來都沒有脫離於內地的影響之外，卻又需要藉助法律方式來維持一種制度化的區隔地位和獨特地位。香港地區的人口構成與過去幾十年裏來自內地的幾波重要移民潮密不可分，這決定了香港普通民眾面對內地的複雜感情和意識形態上的言不由衷。而大約五十年前發生在香港的那場曠日持久的騷亂，則一方面清楚證明香港不可能完全自外於內地的政治議程，另一方面也加深了港人對極權政治的恐懼與厭惡。可以說，香港在過去、現在都是相對超脫於內地體制的一個近距離觀察者，加之一以貫之的新聞自由、言論自由所造就的社會風氣與價值觀，使得內地的歷史、現狀、政治、民生無不暴露在港人飽含疑懼的目光之下。多年以來，香港立法會地區直選議席的選舉中有穩定的 55%-60% 的選票投給了廣義上的泛民主派政黨，就是本地政治生態的直接證明，這可能比媒體時不時進行的所謂"身份認同"問卷調查更能說明問題。正因如此，一種較為民主的政制安排、一個可向本地負責的行政長官，無疑可增添社會公眾對於繼續享有法治與自由帶來的安然與繁榮的信心。無論是中央，還是內地的民眾，都應當直面這一現實。

當然政改的意義不止於此，考慮到香港作為全世界最有活力的經濟體之一，卻同時也保有極高的基尼係數，就可以管窺本地政經結構之扭曲程度了。經濟問題最終都是政治問題，香港曾經的經濟起飛不單單是經濟因素使然，同樣的，如今想解決貧富懸殊過大等民生問題，也繞不開政治體制的必要改革。有人誤以為香港只是一個"經濟城市"，甚至認為她應該僅僅作為一個"經濟城市"而存在，因而將政治爭拗視作拖累經濟表現與民生事業的掣肘，這是避重就輕的膚淺想法。推動政改的人並未鼓吹普選行政長官可解決所有經濟民生上的困局，但當政制已經變成阻礙，而不得不勠力革新時，以經濟議題轉移、模糊政制焦點卻顯得有些"鴕鳥政策"了。事實上，本屆特區政府（註：本文最初發表於 2017 年，寫作本文時時任行政長官為梁振英）在民生議題上絕非不努力，但經濟結構、經濟政策以及以此為基礎的民生改善都必須與本地政治保持彼此協調，否則政府只會是事倍功半。實際上，是不合理的政制架構令客觀存在的利益訴求無法依比例地決定政府政策和資源分配，從而以扭曲的方式體現為政治過程中的阻滯與抗爭形態（如立法會"拉布"），香港社會對這一點已漸無爭議。

曾鈺成說，政改成功，需要中央釋除"心魔"，這"心魔"是什麼，他未有明言。應該說，最大的障礙其實是如何接受一個合法的反對派的長期存在。香港是獨特的地方，"一國兩制"政策的目標亦在於維持這種獨特性，中央不必期待香港的所有政治派別都能與北京親密無間，但只要在"一國兩制"的框架與界限之內，溝通、諒解、妥協就是可能的，分歧、爭議以及不斷尋求解決之道也可以是新常態。就此而言，"一國兩制"確實是歷史性的創舉，也因此，其預留了作出歷史性貢獻的空間。

| 註釋 |

1. 即《中華人民共和國香港特別行政區基本法附件一香港特別行政區行政長官的產生辦法修正案（草案）》。立法會會議議程參見 http://www.legco.gov.hk/yr14-15/chinese/counmtg/agenda/cm20150617.htm（最後訪問時間：2016 年 7 月 22 日）。

2. 香港基本法附件一最初僅規定了第一屆、第二屆行政長官的產生方式，並規定了 2007 年第三屆開始如需修改該產生方式所需遵循的法律程序。

3. 《全國人民代表大會常務委員會關於香港特別行政區 2007 年行政長官和 2008 年立法會產生辦法有關問題的決定》，2004 年 4 月 26 日第十屆全國人民代表大會常務委員會第九次會議通過。

4. 參見《全國人民代表大會常務委員會關於香港特別行政區 2012 年行政長官和立法會產生辦法及有關普選問題的決定》，2007 年 12 月 29 日第十屆全國人民代表大會常務委員會第三十一次會議通過。以下或簡稱 "2007 年決定"。

5. 參見 Simon N. Young, Richard Cullen, *Electing Hong Kong's Chief Executive* (Hong Kong University Press, 2010)。

6. 鄧小平：〈一九八七年四月十六日會見香港特別行政區基本法起草委員會委員時的講話〉，載鄧小平：《鄧小平文選》（第三卷），人民出版社 1993 年版，第 72 頁。

7. 參見〈喬曉陽在香港立法會部分議員座談會上的講話〉，2013 年 3 月 27 日，中央人民政府駐香港特別行政區聯絡辦公室網站，http://www.locpg.gov.cn/jsdt/2013-03/27/c_126019897.htm（最後訪問時間：2016 年 7 月 22 日）。

8. 〈張德江談香港特首普選：循序漸進發展民主〉，中國新聞網，http://www.chinanews.com/gn/2014/03-06/5921035.shtml（最後訪問時間：2016 年 7 月 25 日）。

9. 〈李飛：普選最大前提 特首愛國愛港〉，2014 年 4 月 26 日，大公網，http://news.takungpao.com/hkol/politics/2014-04/2442734.html（最後訪問時間：2016 年 7 月 25 日）。

10. 本列中空白者是指無黨派議員或獨立議員。

11. 除曾鈺成作為主席依慣例不作投票以外，本列中空白者都是表決當時離場而未作投票的議員（劉皇發議員並未到會，沒有投票）。

12. See Albert H Y Chen, "Development of Representative Government", in Johannes Chan, C L Lim (eds.), *Law of the Hong Kong Constitution* (Sweet & Maxwell, 2015), 2nd edition, chap. 8.

香港基本法有關行政長官之設計的先天缺失
——基於基本法起草之歷史背景的反思

本文源於一篇會議論文。2016 年 5 月，香港城市大學法律學院舉

辦 "管治、民主化與憲政改革：香港特區政治體制的定義及改革學

術研討會"，筆者獲邀出席並作主題發言。本次會議的有關論文後

由香港城市大學出版社集結出版於 2017 年，即朱國斌教授主編的

《香港特區政治體制研究》，本文為其中第五篇。根據原文第二作者

王之洲先生授權，本文現由筆者獨立署名

●

在香港特區政治架構中，行政長官佔據了獨特而重要的地位，從基本法的文本著眼，其中對行政長官之地位與權力作具體規定的條款佔據了很大篇幅，顯示出立法者對於行政長官這一職位的看重。概括而言，行政長官被明確設定為 "特區的首長" 和 "特區政府的首長"，其所肩負的管治職責在整個治港團隊中是首要的。但是，近年來香港面臨不斷加劇的管治困境，是大家都不會否認的。特區迄今已歷四屆政府、三位行政長官（註：本文最初發表於 2016 年），似乎施政難度越來越大。作為對這一局面的回應，經過 2015 年政改否決之後的中央政府主要強調 "避免政治爭拗"、"改善經濟民生"，以期通

過治癒管治困境背後的 "深層經濟因素" 而改善管治；而香港本地的不少學者和非建制派政黨則仍認為政制或政改是問題的癥結所在 —— 即通過政改突破管治的制度瓶頸，才有機會改善管治。

上述兩種意見對於管治困境給出的是不同的藥方，但其實，兩者都試圖回答同一個問題：在當前情勢下，基本法所提供的管治架構與手段是否能夠有效應對香港社會的需要？很顯然，中央認為，基本法是足夠的，管治困境的出現是因為基本法沒有被全面準確地實施，因而要解決問題，自然須回歸基本法本身；而另一種意見則是，基本法已然不足以面對當前香港社會複雜、多元、甚至割裂的利益格局，不能期待這一份包含明顯缺陷的憲制文件提供走出當前困局的妙方。

本文將從基本法對於行政長官這一職位的**原初設計**這一視角來回答上述問題，具體而言，是著眼於基本法起草、通過的特定歷史背景和觀念背景來評價立法者對於行政長官的期待，乃至 "期待之可能性"。**概言之，本文認為，當年的立法者低估了香港政府所面臨的社會需求的複雜性及其演變趨勢，沒有通過基本法提供一套保證足夠權威與效率的政治架構，也高估了行政長官掌控管治主動權的能力。**在下一階段的政改未有實質突破 —— 最低限度是行政長官的普選 —— 之前，行政長官將繼續受困於基本法的上述先天缺陷，管治困局亦很難有真正改善。

一、從"港督體制"到"行政主導"——複製一種即將逝去的政制？

眾所周知，香港基本法關於行政長官的職權的設計在很大程度上沿襲了回歸之前的港督體制。在中央看來，港英時期的政府在管治上的高效、專業、廉潔等素質是值得讚許的，屬應予保留的"原有制度的優勢"。而這些優秀的根源在於，"殖民地政治制度的邏輯，就是由宗主國透過官僚代理人對殖民地人民行使由上而下式的統治。殖民地的政權因此不來自本地，不用依賴被統治者的支持或接納。"[1] 換句話說，在殖民地時代，香港的公權力的全部來源均在於英王，而作為王室代表的港督在憲制意義上是本地政制的權力來源。因此，除非經過典型的解殖過程（decolonization），否則僅僅從法律上講，港督的權威是不受質疑、不可挑戰的。

但我們必須注意到，九七回歸"這一事件"在根本上改變了香港地區政治權力的來源和結構。作為成文憲制法（a written constitutional law）的《香港特別行政區基本法》不僅僅在技術層面替換了《英皇制誥》和《皇室訓令》而已，而更是重新確定了這一地區政治權力的組織方式和原則。也許在很多具體權力方面，行政長官保持了與港督的某種相似性，但卻無法如後者那樣主張一種集權者的地位或超脫於本地政治問責性（political accountability）的地位——換句話說，行政長官在香港特區範圍內是無所謂"超然地位"的。根據中國憲法和香港基本法，全國人大是向香港特區授予高度自治權的主體（香港終審法院在"吳嘉玲案"中把全國人大稱為"主權者"[2]），在這一權力架構中，中央人民政府、全國人大常委會等中央機構均扮演了一定的角色——尤其在涉及中央與特區關係的事務上，而包括行政長官及其政府、立法機關、司法機關在內的香港本地機構則在一種總體上彼此平行的架構中分別獲授予高度自治權的各個組成部分——按照基本法第 2 條的表述即"行政管理權、立法權、獨立的司法權和終審權"。在這一架構之下，假設立法機關有志於成為行政權的有力監察者與制衡者，那麼其可以在基本法中為自己找到明確的憲制依據——即，特區立法會與港英時期的立法局之間的最大區別在於，其存在與運作無需依賴於行政長官（港督）。復旦大學周帆副教授就認為，香港立法會（局）"由一個在港英時期輔政的諮詢組織演變為一個在特別行政區具有職權以制衡政府的立法機關，並且通過擴大權力和權能的方式發揮制約政府施政的功能"[3]。陳弘毅教授亦指出，"由於行政機關不再擁有任何可以確保立法機關對之言聽計從的憲制性權力（主要是委任議員的權力），所以在 1997 年回歸後，香港的政治體制的性質和運作出現重大改變。"[4]

在有關"行政主導"概念的持續爭論中，我們就可以看到，基本法帶給香港的憲制變遷所造成的影響是深刻的。如果我們把行政主導這一理念分解為主權者意圖（立法者意圖）、憲制架構、實際效果三個層次，我們可以發現，中央所屬意參照的港英體制在三個層次（在 1995 年政改方案通過以前）均符合或實現了行政權的主導地位，而當前香港特區的情況是稍顯複雜：一方面，2004 年以來內地官員或學者持續強調行政主導這一立法意圖；[5]另一方面，基本法本身卻不能提供與之完全匹配的"規範依據"；最後，行政權在實際運作中則面臨諸多掣肘。[6]

有不少爭論聚焦於諸如立法會的權力行使未能符合 "行政主導"
原則等等的問題，[7] 但其實，如今的香港在憲制層面本就未能提
供 "行政主導" 所需的足夠手段與機制。反過來講，一直鮮有
人質疑，既然中央青睞於港督的集權體制，為何又明示承諾一
種終極意義上的雙普選架構？對這一自相矛盾的選擇的一種合
理解釋恐怕是，中央在當年或許未能充分認識到港督時代行政
權的高效與權威所依賴的一系列外在條件 —— 例如無須受制於
一個有民意授權的立法機關 —— 的重要性，**當基本法為特區重
構憲制基礎的時候，那些殖民體制下才能存在的外在條件已經
不可逆轉地發生了變化，以至於僅僅在基本法條款中作一些技
術層面的模仿並不能完全複製過去的行政主導**。有香港學者亦
很早就指出過，"因政治上和特區地位有別於殖民地的原因而造
成的限制，完全的制度和人事上的 '直通' 過渡是不可能的。
所以，未來特區的政制體制必須在結構和權力構成兩方面經歷
一個重構過程，而這點相信是中國方面始料不及的，亦未有在
基本法制定的範疇內作出相應的部署。"[8]

　　然而，相對於是否全面準確描摹 "舊制度" 而言，另一個
密切相關的問題更值得反思，即，1980 年代的中央政府所觀察
到的香港政府管治架構是否過於靜態，以至於本就不能滿足社
會發展的需要？近年來已有多位學者指出，以 1980 年代為分界
點，香港的政府規模、管治模式、政商關係等已經逐漸發生變
化，到回歸之前，已經遠遠不能運用傳統的 "積極不干預主義"
或 "最小國家理論" 等標籤來定義 "殖民地體制" 了。既然如
此，那麼基本法在起草時仍執拗於 1980 年代之初的政制，就顯
得有些缺乏 "發展眼光" 了。

馬嶽副教授指出，1980 年代初期以前，港英政府所展現的權威、效率，部分源於其本身的中立地位和較少的公共職能，那時的政府確實具有一種相對超脫的政治形象，即在一種 "政府‧社會" 關係的意義上，政府較少介入社會事務，因而顯得超脫。[9] 呂大樂教授與趙永佳教授也曾指出，1980 年代以前，殖民政府對商界的較少干預主要歸因於彼時相對簡單的商界力量構成，[10] 而隨著此後香港商界力量重組，政府也不再可能保持那種中立、超然的地位了。[11] 諸多學者都強調，"積極不干預主義" 即便可以用來形容 1980 年初期以前的政府介入社會或市場的方式，但也絕非出於一種意識形態或政治哲學上的忠誠，而是更多適應於，或受制於曾經相對簡單的政商關係或 "政府‧社會" 關係。[12] 上述新近研究結論透露出了一個重要的歷史綫索，即所謂殖民統治時期的香港政府所奉行的小政府模式很可能只適合形容 1980 年代初期以前的情況，而這種模式也因為與當時較為簡單的政商關係相適應而顯得有效率、有權威，但是，恰恰在此時開始的中英談判、基本法起草等歷史事件則**固化了很多人** —— 包括中央在內 —— 關於香港政制的認知和理解，就如同在歷史前進的軌道上抓拍了一幅列車的瞬間圖像，卻忽視了列車此後漸行漸遠這一事實。

換句話說，1980 年代初期之後，香港的管治需要已經要求殖民政府體制進行調整，而事實上其也作出了相應的改變，並且逐步與此前的 "小政府" 模式漸行漸遠。公允地講，即便對港英政府而言，要想維持 1980 年代初期的管治模式，也會在此後的階段 —— 長達十幾年的 "過渡時期" —— 越來越力不從心，甚至於到 "1997 年時原殖民地政治秩序已是體無完膚、無法延續" [13]，遑論 1997 年之後的特區政府。如果說基本法反映了其起草和制定之時對於當時港英體制的讚許和保留之意願，那麼如何回應此後、乃至回歸之後經濟社會各方面情勢的發展變化就是一個很重要的課題。例如，馬嶽、呂大樂等人都特別提到了 1980 年代香港華人資本家的崛起所導致的商界結構重組，以及由此帶來的政商關係的變化。[14] 考慮到順利回歸的需要，基本法在政治體制部分專門為商界力量安排了分量不小的角色和話語權（如立法會、行政長官選舉委員會當中的功能組別席位等），這就使得回歸後的特區政府必須面對一個強大的、具有憲制上的地位保障的商界力量，而這當然是殖民地政府所不曾面對過的局面。因此可以說，特區政府一開始就被置於一種更加複雜和艱難的處境當中。就算基本法所授予的行政權力在字面上、形式上與此前並無二致，但由於施政的外在環境已大為不同，那麼顯然難以達到港英政府曾經達到的狀態。當然要再次強調的是，港英政府自身也並未停留在 1980 年代之初而毫無改進，只是這些改進沒有反映在基本法之中，從而在相當長一段時間內沒有引起 —— 尤其是來自內地的 —— 重視而已。

二、回歸前的代議制改革與基本法的 "民主赤字"

自從香港前途問題被擺上檯面，香港社會也迎來了一次大規模、全方位的政治意識覺醒，但無論如何，港英政府在中英談判尚未結束之前就迅速推出具有劃時代意義的代議制改革方案，令很多人感到意外。[15] 通常而言，解殖意味著還權於民。在 20 世紀後半葉，英國處理了諸多其所屬殖民地之政治地位改變或最終完全獨立的議題。香港有其特殊性，因為最終這一地區將交還於另一個主權國家來作出憲制上的安排，因而不可能由本地居民行使完全意義上的自決，但多數人都同意，英國試圖在離開香港之前留下一份代議制政治遺產，尤其是在政治文化、政治人才等無形遺產方面 —— 這些元素將更容易跨越制度變遷而被延續下來。

可以將回歸之前的代議制改革過程分為兩個階段：第一個階段從英方知悉香港回歸這一明確預期開始，到基本法關於特區政治體制內容釐定為止，時間跨度上大致是從 1981 年至 1990 年（1989 年 2 月基本法草案正式公佈，1990 年 4 月正式通過）；第二個階段從港英政府再次加速代議制改革開始，到九七回歸為止，時間跨度大致為 1990 年（尤其從 1992 年開始）至 1997 年。前一個階段的特點是，英方一方面主動引入代議制政治，釋放本地居民的政治熱情與期望，但另一方面也與中國政府保持溝通與諒解，顧及到中國方面對於民主化的憂慮而克制了相關改革的速度。例如，在 1984 年政改白皮書發佈、1985 年立法局換屆引入 24 個選舉議席之後，香港社會對於政治改革的熱情已經空前高漲，但在與中國政府若干次溝通或博弈之後，1988 年的立法局換屆卻明顯放慢了民主化步伐，以便與起草中的基本法盡可能保持一致，進而實施 "直通車" 計劃。[16]

後一個階段與此前的最大不同在於，英方在本地強大的加速民主化改革的民意支持之下，幾乎拋開中方的意見而將代議制推進至一個明顯超過基本法的程度，使得回歸在客觀上呈現出令香港民主制度被迫 "降溫" 的觀感。要知道，1995 年改選後的立法局已不包含任何委任議席，而是由 20 名地區直選議員、10 名間接選舉議員、30 名功能組別議員組成——且功能組別的實際選民基礎已覆蓋至超過 270 萬選民。當然，中英之間諒解的破裂與香港代議制改革的加速是有其特定的、眾所周知的背景原因的。中國政府自有理由強烈反對這一改革，但與此同時，其對於相關的社會情勢和民意取向也必定是了然於胸的。

因此，值得討論的一個問題是，中央政府如何評估基本法所設計的特區政治體制與香港政制的實時發展的協調性？對照上述兩個階段，我們可以把問題進一步細分為：第一，在中英之間保持良好溝通時，中央政府如何評估基本法文本與當時香港有限的代議制改革成果的協調性？第二，在港英政府於 1990 年代加速代議制改革之後，中央政府如何評估基本法體制在承接、消化既有政治體制——即截止 1997 年 6 月 30 日的香港政治體制——時的難度？如果中央政府能夠一直保持對香港政制發展的客觀評估，那麼從邏輯上講，就不會對行政長官的施政效果產生偏離現實條件的預期，或者說，應該有機會預判到，因回歸前後的 "民主剪刀差" 而對政府管治權威帶來的消極影響。

從基本法起草過程的相關文獻、記錄來看，在特區政治體制的設計上，中央政府是承受了民意壓力的。具體來說，當出於平穩過渡、維持經濟繁榮的需要而有意識地限制立法機關議席直接選舉的範圍與步驟時，中央政府不能免於被批評為 "保守"，更有人指出這令人失望及喪失信心。[17] 儘管如此，到 1989 年 2 月為止所發佈的基本法草案在立法會產生方式上仍然提供了四個方案的選擇空間，其中設想的地區直選議席所佔比例分別為 25%、50%、30% 和 25%。[18] 如果考慮到 1988 年立法局換屆仍未引入直選議席，功能組別選舉議席與間接選舉議席之和也只是佔據立法局全部議席的 45%，而當年的政改白皮書所預告的 1991 年立法局直選議席佔比為 30%，可知基本法草案確實與香港當時的代議制改革保持了一種適度的、平衡的協調關係。事實上，有的論政團體在提供諮詢意見時，就明確以 1988 年的最新政制發展作為討論背景，並且假定 1988 年至 1997 年期間都保持不變。[19] 可見，尋求一種政制上的穩健發展和平穩過渡是當時的主流心態。陳弘毅教授認為，考慮到聯合聲明當中並未明確承諾香港特區立法機關的選舉究竟是直接選舉還是間接選舉，所以，基本法當中能夠寫入直接選舉的議席數目，以及一種最終達至全部議席普選產生的目標，可算是香港社會爭取民主的一項成績。[20] 公平地講，按照 1989 年 2 月草案所設想的特區政治體制，基本法是能夠成功地承接並消化港英政府推進代議制改革所形成的政治遺產的。

但後來的形勢發展讓人始料未及。1989 年內地的政治事件讓港人對中央政府感到失望，由此導致對回歸及此後的政制發展的信心流失，因此，在基本法草案已正式公佈，並開始作第二輪徵求意見時，港人已然大幅提高的民主期望就使得這一草案處於相當尷尬的地位。按照內地全國性立法（national legislation）的一般做法，正式提交給全國人大的法律草案在大會審議階段的調整空間已很小。在之前幾年大量的諮詢、討論、研究、討價還價之後，關於政治體制部分的條款已包含了中央政府的實質性讓步，因此幾乎不可能在短時間內納入更多民主要素。如當時有論者指出，"假若在九七年前輕易修改基本法，將引發一場'修法'運動，已被排除的各種方案將紛紛出籠，激化香港社會的各種矛盾……" [21] 然而民意的變化不會聽從立法程序的規則或慣例。

例如，日期標明為 1989 年 10 月 6 日的《第二次諮詢期政制專責小組第七次會議會議紀要》中就記錄有委員提出這樣的意見，"根據近日一些民意調查顯示，市民希望加快民主進程。基本法若不符合市民意願，日後則必然有爭取修改基本法的活動，削減基本法應有的穩定人心作用。" [22] 再比如，1989 年 7 月 21 日被提出的 "新 190 人方案"（即 "民主政制促進聯委會" 所提方案）大幅改變了其之前對立法會直選議席比例的建議 —— 1986 至 1987 年間的 190 人方案僅要求直選議席不少於 50%，而此時則要求全部直選產生，並同時建議立法局於 1991 年二分之一議席直選，1995 年全部議席直選，以便直接過渡至 1997 年。[23] 有意見就認為，"此方案可加速民主步伐，增強市民參與及對香港的歸屬感……" [24] 基本法於 1990 年 4 月正式通過，最終沒有納入比草案更多的代議制元素，而客觀形勢的變化使其從一開始實施之時，就需要面對 "民主赤字" 的壓力。

進入九十年代之後的其他重要改革進一步增強了香港政治體制的問責性，行政權無論就其權力內容還是整體形象都與改革之初的 1980 年代漸行漸遠。第一，立法局於 1995 年實現全部議席由選舉產生 —— 包括 20 個地區直選議席和選民基礎為 270 萬選民的 30 個功能組別議席 —— 大幅提高了香港居民的政治參與程度，有力推動了立法局從諮詢機關向代議機關的角色轉變，同時也為政黨政治的發展提供了空前的機會；第二，彭定康個人的政治風格幫助塑造了一種港督向市民及立法局負責的形象和政治文化，而其首創的一些憲制慣例 —— 如港督不再參與立法局議事程序，政府官員在立法局答覆質詢等 —— 則進一步鞏固了立法局作為獨立憲制機構的地位，並加速了行政立法關係的重心朝著更多代議制要素的方向移動；第三，隨著 1991 年《香港人權法案條例》的通過，香港一舉進入成文人權法時代，藉助普通法體制中固有的司法覆核制度，人權法可以作為高級法而審查公權力機構之決定的合法性，這導致政府決策方式、施政方式被迫作出改變，也潛移默化地改造了管治者與社會的關係。

由此可見，當基本法已正式制定，並靜待生效之前，香港無論在政治體制還是政治生態方面都已經發生很大變化，而這些變化卻無法以某種協調的方式體現在回歸之初的憲制之中。也許有人會說，港英政府在 1990 年代的改革動作早已不是新聞，但問題在於，中央政府可能並未嚴肅地預估這一客觀上的"民主赤字"將要給特區時代的管治帶來的影響，不僅如此，有些應對方式甚至加劇了這一影響。首先，基本法關於政治體制的安排是妥協的結果，1989 年之後這一脆弱平衡已難以維持，加速政改的民意佔據了上風，而這是一個長期的、結構性的民意，即便中央政府更多強調安定繁榮的意義以求平復香港民眾對民主發展的焦慮感，但仍無法免於被追問"不要民主發展就肯定能得到安定繁榮嗎？"或"要求民主發展就必定影響安定繁榮嗎？"這樣的問題；[25] 其次，經歷回歸前十幾年民主訓練的港人很難接受諸如殖民統治時期"並無一絲半點的民主可言"[26]或"港人尚缺乏實行民主政治的健全素質"之類的辯解之詞，客觀上講，這一段代議制改革的歷史既調高了港人的民主胃口，也稍稍訓練了港人的政治視野與素質，更使得港人對有關民主政治的誇張話語 —— 不論是過度美化還是過度貶損 —— 練就了一定的免疫力，因此，如果將港人對於民主政治的期望簡單歸結為"戀殖心態"，就不僅誤讀了民情，更不啻為一場公關災難；[27] 其三，為了補強特區政府的權威，中央政府在回歸後給予行政長官一以貫之的高度支持，不過硬幣的另一面是，鑒於政府是相對立法會而言更少民意授權的一個主體，因此中央 "特別厚愛" 行政長官的舉動反而有可能令其處在民主化籲求與問責文化的對立面 —— 這固然不是中央的本意，卻也透露出中央對於香港政治文化的隔膜感。**總體而言，中央政府低估了基本法從實施之初即已面對的 "民主赤字" 所引發的潛在負擔的程度，而且似乎抱持著一種以行政回應政治、以管治對衝民主的期望，讓人有一種 "不願面對現實" 的觀感。**不管怎樣，即便彭定康時代的政改是一段 "錯誤" 的歷史，也是無法抹去的歷史，其政治制度與政治文化上的遺產也不能僅僅以辯論當年孰是孰非的方式來處理 —— 這是手法上的錯誤，且不利於以一種 "向前看" 的積極心態去評估基本法與當下香港社會的適應程度。

三、理論匱乏年代的勉力之作？

還有一個長期乏人關注的視角，即當年基本法起草之時，內地在公法理論與政制設計方面的知識儲備情況究竟如何？全國人大作為行使主權權力的機構，其無可置疑的地位是否在消除了立法權之法理爭議可能性的同時，也遮蔽了 1980 年代的中國內地在為一個法治健全、管治高效、社會發達、民情自由的 "資本主義地區" 設計未來憲制時在理論和知識上的捉襟見肘？

一個總體的背景是，當中央政府在與英方展開正式談判之前，即已定案於 1997 年對香港恢復行使主權，這直接反應到 1982 年年底的憲法修改過程中（儘管八二憲法第 31 條的一般性

措辭未直接指明 "香港")。我們暫且先借用 "資本主義" 這個其實很含混的概念來指代香港地區的制度特徵，那麼在 1981 至 1982 年間，**當時的內地**對於世界上資本主義國家的公法制度的最新發展是知之甚少的，某種程度上講，盡力保留香港既有制度既是平穩過渡的政策需要，也是迴避政制知識風險的必然選擇。

例如，對於當時國際上通行的憲法基本原則之一的 "三權分立"，內地學者仍習慣性地以階級分析作為最根本的方法來予以觀察和評價，如呂世倫教授在 1980 年的一篇學術論文中即表示，"從階級本質上看，三分權力學說是為建立資產階級統治服務的，在很大程度上，是用國家權力的構成形式問題，掩蓋著國家的階級本質問題。"[28] 這一典型的方法論定調之說，使得對於三權分立原則的研究幾乎必然以總體否定為預定結果，阻礙了對於其細節與歷史演進的準確認知。遵循馬克思、恩格斯在 19 世紀後半葉的基本評價，內地學者都承認三權分立學說之提出對於挑戰歐洲封建專制制度有過歷史性的貢獻，但同時指出，自從資本主義發展至壟斷資本主義階段，該原則早已變質、甚至被拋棄，如呂教授認為，"在帝國主義時代，尤其是第二次世界大戰前後，一些反動的資產階級理論家，或者公然地攻擊三分權力學說，或者借用這一學說來論證行政和司法的專橫。這一切都生動地證明，三權分立學說於如今已經走到了自己歷史的盡頭。"[29] 熊宗域在 1986 年的一篇文章中也因循此 "歷史分階" 的評價方法，指出 "當西方進入壟斷階段後，儘管壟斷集團及其代理人至今仍在繼續維護、宣揚 '三權分立'、'相互制衡' 學說，但他們對這一學說並非忠實信守、嚴格執行，而是有形、無形，或公開、或隱蔽地偷換了這一學說的原意。

壟斷集團已經越來越將它變為他們相互明爭暗鬥、進行政治交易、爭權奪利的憲法制度的依據⋯⋯"，並列舉了美國國內的立法權與行政權之間的"制約和反制約的鬥爭"，聯邦最高法院借用違憲審查權"阻礙立法部門和行政部門的法律、政令的實施，給立法部門和行政部門行使其權力製造種種障礙"作為三權分立原則已被偷樑換柱的證據。[30] 然而，彼時的實情是，二戰之後的三權分立原則仍有新的發展，其基本功能並未被廢棄，如司法機關的違憲審查權被證明為美國三權分立制度的強勁增長點，極大地推進了民權保障的程度，而行政權在二十世紀早期、中期的快速膨脹之後（這大概算是對所謂"壟斷資本主義"的一種中性描述），在 1970 年代後期復興的新自由主義（neo-liberalism）政經思潮下又被全面反思，進而引發了英美於 1980 年代開始的去管制化（deregulation）改革和行政訴訟（司法覆核，judicial review）中審查範圍及程度的擴張，因此，行政專權或司法專權之說實屬誇大其詞，三權分立遠遠沒有"走到自己歷史的盡頭"。總體而言，當時內地對於三權分立原則的認識仍囿於從特定視角和特定歷史階段所作之觀察，偏狹、陳舊、意識形態掛帥，不能及時反映 1980 年代的制度實情以及相關的重要演進，像何華輝、許崇德教授那樣，在論及尼克松被迫辭職事件時仍能夠坦率承認"'三權分立'的政治制度畢竟發生了重大作用"，而非簡單將其定性為壟斷階級內部的權力傾軋進而藉以否定三權分立，在那個年代實屬少數派意見。[31]

如果再考察內地理論界在當時對於議會制或代議制的看法，則總體評價更為消極。根據筆者對當年學術觀點的檢索研究，[32] 對於西方國家的議會制、代議制，內地基本上將其定義

為 "有很大的局限性與欺騙性的" [33]，然而這一結論的得出仍基於對 18 世紀英國議會的分析 —— 當然這並不意外，法國大革命期間對於 "1791 年憲法" 的一種批評意見也是在於，其向 "腐敗的英國憲制" 借鑒了太多，然而站在 20 世紀 80 年代這個歷史節點來看，這些只是歷史資料而已。另外，自由資本主義 / 壟斷資本主義之兩分法也被用於評價議會制，即在承認其作為資產階級革命的勝利果實的正面意義的同時，認為其在壟斷資本主義時期已 "武功全廢"，如有人認為 "壟斷資本集團為了對內鎮壓人民和工人運動，對外侵略擴張和爭奪霸權，也要求加強政府權力，所以，壟斷資產階級就完全拋棄了 '三權分立' 的原則和虛偽的民主，選派忠實的奴僕佔據議會席位，控制議會的立法活動，千方百計地把議會變成服務於壟斷資產階級的馴服工具" [34]，至於及至 1980 年代的資本主義有無演化、變革，則在所不論。更有甚者，有論者指出資產階級對普選權作出基於 "財產狀況" 的限制，以論證 "資產階級的議會民主的實質，是資產階級專政" [35]，但這顯然是早已被治癒的歷史瑕疵。總體上看，對最新資料缺乏掌握和對特定分析方法因循守舊，是當時內地學者研究西方代議制問題時的主要不足，這導致所得出的結論不能客觀、準確地反映代議制的最新發展及其優劣。

基本法中未明言 "政黨" 問題，但中央政府當年對香港特區的政黨政治是抱遲疑態度的，這在《行政長官選舉條例》排除了行政長官隸屬於政黨的可能性，以及回歸後的立法會地區直選改行比例代表制等具體設計上已清晰展現。在 1980 年代初，內地理論界對政黨政治的理解其實很受局限。有論者在 1981 年時言之鑿鑿，"只有那些抱有資產階級政治偏見的人才認為，捨兩黨輪流執政不可能有‘有效的監督’。事實表明，在資本主義國家裏，所謂‘在野黨’‘監督’執政黨不過是各壟斷資本集團之間的互相傾軋、勾心鬥角而已⋯⋯”[36] 在 1988 年，有從事政治學教學的內地學者提出，在教學中應強調“資產階級政黨通常總是掩飾或否認政黨的階級性，以便用超階級的‘公正’面貌去欺騙群眾。在階級社會中，‘全民的黨’只不過是一種‘美妙’的神話。只要是政黨，就絕不可能是什麼‘全民的’黨⋯⋯”[37] 事實上，回歸後香港的實際政治生態否定了上述過於絕對化的論斷，本地政黨階層光譜的寬泛程度以及政綱的多樣化程度大大超出了當年過於簡單化的“階級分析”範式，而政黨對於政府施政的監督作用也是不能被否認的。

綜上可知，在設計香港特區的政治體制的時候，內地關於當時通行於“西方世界”的政治制度知之甚少，僅有的知識、理論與分析範式仍舊被局限於 19 世紀後半葉的特定流派的社會批判學說，且流於空泛、缺乏細節支撐。如果說到及至 1980 年代的政制潮流、憲法潮流，內地理論界更是幾乎無從把握。因此一種很弔詭的現象在於，一方面配合“一國兩制”政策，承諾保留香港的資本主義制度，但另一方面，關於什麼是資本主義的政治制度，相關認知則極為薄弱、陳舊、偏狹，進而幾乎無一例外地予以籠統否定，這必定造成一種自相矛盾的思維狀態，在這種觀念狀況下，如何能夠想象在關於香港政制之細節的研討、辯論、推演之中來自內地的知識貢獻呢？究竟是否存在邏輯上自洽的理論論述、分析方法去決定特定制度 —— 如政黨政治 —— 的取捨呢？這些疑問的存在不免令人推測，其實基本法的背後並無一套堅實的、融貫的哲學論述作為支撐，那麼在實施過程中遭遇不同方向的解讀，甚至在不同利益的衝撞之間難以自處，就不用覺得意外了。

四、結語

本文羅列了三方面的背景原因，以說明貫穿於基本法起草與制定過程的，並延續至過渡期結束的整個歷史期間，中央政府對於基本法所設計的特區政治體制是抱持了不切實際的期待的：第一，這一體制所主要描摹的對象——1980年代初的港督體制——從其被鎖定為描摹對象之日起，就已經與社會現實漸行漸遠，由此所設計的特區政制必然因落後於時代需求而引發管治難題；第二，香港社會在基本法通過之後、生效之前所新增的"民主期待"令特區政制從一開始運作即背負"民主赤字"，而中央未能有效應對這一客觀情勢，不能準確研判由此引發的管治困局的程度；第三，鑒於內地曾經薄弱而陳舊的憲制知識儲備，無法假定基本法立基於一套嚴整的政治哲學，其遭遇南轅北轍的解讀而顯得應對失據，幾乎是注定的。陳弘毅教授曾說，"實踐證明，香港特別行政區的政府只能是一個弱勢的政府，這種情況很大程度上其實是《基本法》的制度設計的結果。"[38] 而本文則指出，在作此制度設計的那個特定年代、背景和觀念認知所限定的條件下，設計出這種結果似乎也不意外。當然，此刻的重點不在於以回溯眼光去非難古人，而是要凝聚一種關於政改的共識，以助力於特區走出管治困局，而建構這一共識的第一步，自然是要充分曝光、坦率承認當年的不足。基本法的文本雖難能可貴，但絕不完美，現在已到了作深刻檢討的時候了。

| 註釋 |

1. 張炳良：〈從基本法政制模式看香港未來的本地政治秩序〉，載張炳良、盧子健、梁美芬、鄧樹雄、莫泰基等著：《走向未來 —— 基本法通過之後的香港》，香港社會科學研究會 1990 年 9 月版，第 5 頁。

2. *Ng Ka Ling and Others v Director of Immigration*, [1999] 1 HKLRD 315, p. 337.

3. 周帆：〈香港立法會擴權：制度與限度〉，《探索與爭鳴》2010 年第 12 期。

4. 陳弘毅：〈香港特別行政區的政治體制中的行政與立法機關〉，載陳弘毅：《一國兩制下香港的法治探索》，中華書局（香港）有限公司 2014 年版，第 94 頁。

5. 值得注意的是香港大學政治與公共行政學系教授陳祖為曾在 2004 年於報章撰文質疑 "行政主導" 作為基本法立法原意的可信度，參見陳祖為：〈解釋《基本法》護法轉調，行政主導非《基本法》立法原意〉，《明報》2004 年 6 月 28 日。

6. 參見劉兆佳：《回歸後的香港政治》，商務印書館（香港）有限公司 2013 年版，第 116 頁。

7. 參見凌友詩：〈由香港特區立法會修正案提案權之行使看嚴峻的行政立法關係〉，《港澳研究》2014 年第 4 期。

8. 張炳良：〈從基本法政制模式看香港未來的本地政治秩序〉，第 15-16 頁。

9. Ma Ngok, "Eclectic Corporatism and State Interventions in Post-Colonial Hong Kong", in Stephen Wing-kai Chiu, Siu-lun Wong (eds.), *Repositioning the Hong Kong Government—Social Foundations and Political Challenges* (Hong Kong University Press, 2012), p. 79.

10. Tai-lok Lui, Stephen Wing-kai Chiu, "Governance Crisis and Changing State-Business Relations: A Political Economy Perspective", in Stephen Wing-kai Chiu, Siu-lun Wong (eds.), *Repositioning the Hong Kong Government—Social Foundations and Political Challenges* (Hong Kong University Press, 2012), p. 103.

11. Ibid, p. 117.

12. Ma Ngok, "Eclectic Corporatism and State Interventions in Post-Colonial Hong Kong", p. 88.

13. 張炳良:〈從基本法政制模式看香港未來的本地政治秩序〉,第 15 頁。

14. Ma Ngok, "Eclectic Corporatism and State Interventions in Post-Colonial Hong Kong", p. 71; Tai-lok Lui, Stephen Wing-kai Chiu, "Governance Crisis and Changing State-Business Relations: A Political Economy Perspective", p. 117.

15. Albert H Y Chen, "Development of Representative Government", in Johannes Chan, C L Lim (eds.), *Law of the Hong Kong Constitution* (Sweet & Maxwell, 2015), 2nd edition, p. 254.

16. Ibid, p. 257.

17. 〈1988 年 5 月基本法諮詢委員會秘書處《基本法(草案)徵求意見稿初步反應報告(草稿)》〉,載李浩然主編:《香港基本法起草過程概覽》(中冊),三聯書店(香港)有限公司 2012 年版,第 677 頁。

18. 李浩然主編:《香港基本法起草過程概覽》(中冊),三聯書店(香港)有限公司 2012 年版,第 676 頁。

19. 〈香港民主政治促進會《香港特別行政區政制方案的建議(最後修訂稿)》〉,載李浩然主編:《香港基本法起草過程概覽》(中冊),三聯書店(香港)有限公司 2012 年版,第 673 頁。

20. Albert H Y Chen, "Development of Representative Government", p. 258.

21. 宋小莊:〈本港民主政制發展應以基本法為準〉,《大公報》1992 年 7 月 22 日。

22. 李浩然主編:《香港基本法起草過程概覽》(中冊),第 700 頁。

23. 同上,第 692、703 頁。

24. 同上,第 703 頁。

25. 鄭楚雄編著:《過渡期香港政論文輯 —— 眼前有路看回頭》,明文出版社有限公司 2002 年 9 月版,第 273 頁。原文為〈沒有民主發展,哪有安定繁榮〉,《信報》1993 年 10 月 31 日。

26. 周南:〈"還政於民"一貫是英國"以華制華"的手段〉,載明報編輯部主編:《愛國論爭》,明報出版社有限公司 2004 年 4 月版,第 48 頁。原文為周南接受《紫荊》雜誌 2004 年 2 月號的訪問稿,原標題為〈穩定是香港繁榮的基礎〉,作者魏東升。

27. 已故前民主黨立法會議員司徒華曾在立法會作動議發言時表示,"一個真正的愛國者,一定支持民主;一個真正的民主支持者一定愛國。"參見司徒華:〈愛國愛民主並非對立〉,載明報編輯部主編:《愛國論爭》,明報出版社有限公司 2004 年版,第 174-175 頁。原文為司徒華在 2004 年 2 月 6 日立法會就施政報告致謝議案的動議發言。

28. 呂世倫:〈資產階級 "三權分立" 與人民代表大會制度〉,《學習與探索》 1980 年第 2 期。

29. 同上。

30. 熊宗域:〈略論 "三權分立""相互制衡" 學說 —— 兼析美國憲法的一項基本 原則〉,《政法論壇》1986 年第 6 期。

31. 何華輝、許崇德:〈淺論 "三權分立"〉,《法學研究資料》1980 年第 5 期。

32. 筆者在中國知網以文章標題作檢索,檢索詞是 "議會制"、"代議制",時間 範圍選取 1980 年至 1988 年。因沒有採用關鍵詞等方式作檢索,亦沒有在其 他數據庫作檢索,故只能是不完全統計。從檢索情況來看,文章數量寥寥。

33. 陳傳金:〈英國議會制論述〉,《歷史教學》1988 年第 5 期。

34. 周國平:〈資產階級代議制的建立與變革〉,《齊魯學刊》1982 年第 4 期。

35. 張凡:〈議會制的實質是資產階級專政〉,《理論學刊》1987 年第 3 期。

36. 陳荷夫:〈政黨政治與資產階級偏見〉,《學習與研究》1981 年第 1 期。

37. 劉佳復:〈《政治常識》第三課:政黨〉,《思想政治課教學》1988 年第 2 期。

38. 陳弘毅:《一國兩制下香港的法治探索》,第 104 頁。

國歌能對公眾 "國家觀念" 負多大責任？

本篇評論文章原發表於《明報》2017 年 11 月 9 日。2017 年 9 月，《中華人民共和國國歌法》在全國人大常委會通過。11 月 4 日，全國人大常委會將國歌法列入香港基本法附件三、澳門基本法附件三。國歌法的立意之一在於，對故意、公開地以歪曲或貶損方式奏唱國歌的行為，或其他侮辱國歌的行為，施以刑事懲罰

———— • ————

　　《國歌法》沒有懸念地納入到了基本法附件三。在近年來源自內地的 "國家論述" 不斷強化的背景下，這並不讓人意外。自 2012 年起，央港關係、港人國家認同等議題逐漸升溫，期間亦引發些許爭論。國歌作為一種當今世界普遍採用的國族象徵物，其實是以一種令人大跌眼鏡的方式進入有關央港關係的討論之中的 —— 即，有香港球迷在國際賽場上對中國國歌抱以嘲弄與噓聲。即便就足球而論足球，當今也有可供評判與處理的明確規則；但如果我們考慮到央港關係的在地溫度，恐怕就不該自欺欺人地以為，"國歌事件" 不會被敏感化、政治化。

　　從法律角度講，《國歌法》作為一部內地法，所創設的罰則並不廣泛。就目前已知的相關安排，本法將依例經由特區本地立法予以實施，這將容許與本地既有的刑事法、執法體制，以

及港人基本權利與自由之間作出必要的協調與銜接。大家應該還記得十多年前的"國旗案"（即"吳恭劭案"），從法律爭議的性質來看，歪曲、貶損國歌所引致的刑罰與侮辱國旗有著很顯然的可比性。僅從"國旗案"的法院判詞來看，內地的法律原則、法律方法並不會"不受甄別地"進入到香港法的體系內；如果我們再考慮一下時至今日香港特區法院有關普通法、表達自由等相關法理（jurisprudence）的積累、發展與建樹，更可期待《國歌法》的本地化不至於引發"即刻、廣泛"的公共場合言論打壓。

當然，拋開法律技術層面的推演，依然不能不正視這背後的"政治脈絡"。若相信《國歌法》之迅速納入附件三僅僅是"某種普世性國家象徵物保護機制的法律化"，未免 too young, too simple。任何一個了解內地政治文化的人都知道，"父權形象"的維繫是一個幾乎不必商量的議題，而嘲弄國歌 —— 或者如調侃領袖、質疑英雄之類的解構行為（deconstructive behavior）—— 絕對觸碰了"父權主義"的那一條敏感神經。筆者一向認為，隨著內地與香港兩地往來與融合的加深，政治文化上的深層差異與隔閡會漸次全方位暴露，這是比經濟差異或法律差異更頑固、更難化解的矛盾，而"國歌事件"恰好給雙方都上了生動的一課。在筆者看來，在內地範圍內，以法律罰則來維繫國家象徵物的"完整"（integrity）、"尊嚴"（dignity），是很容易想得到的方案；以當前內地法律制度的特色來觀察，以懲治貶損國歌的方式來鞏固國人的"國家認同"，不會讓人感到意外。

但此處特別值得討論的是，國旗作為"公眾情緒的顯溫計＂，究竟能對公眾的＂國家觀念＂負上多大責任？就算我們同意，公共場合對國旗的羞辱、嘲弄是民眾國家觀念不彰的＂證據＂，那麼，對此類行為予以刑事懲罰就是培植國家觀念的＂良藥＂嗎？球場上的＂搞事者＂，究竟是因為發現了刑事法在保護國歌方面的漏洞之後，決定趁機予以羞辱，還是僅僅是身處不安、焦慮、憤怒的社會環境下的自然感情流露呢（當然，一個體面的球迷仍然不應如此作為，這是對對方球員的不尊重，也是對賽事本身的不尊重）？

　　1940 年代，美國曾有關於小學生該不該被法律強制向國旗行禮的著名案件，該案件涉及耶和華見證會（Jehovah's Witness）的教義與＂國旗的重要象徵地位＂之間的法律權衡；1980 年代，美國又有關於＂國旗該不該保護焚燒他的人＂這樣的世紀爭論，那是一個焚燒美國國旗的抗議者試圖援引憲法第一修正案保護其表達自由的案件。在那兩宗案件中，國旗的＂尊嚴＂最終都讓位於普通民眾的自由，這已經是進入教科書的經典案例與歷史了。但其實，沒有人會否認那是艱難的決定，甚至可以說，可能並不存在絕對正確的決定。個人的表達自由固然是個案中的勝出一方，但是＂愛國主義＂也絕不是美國政治文化中的棄兒 —— 事實上，愛祖國與愛自由從來都是文明社會中的珍貴感情：自由需要國家的承認及保護，而一個承認及保護個人自由的國家也配得上民眾的愛。要抽象地在兩者之間作選擇，這是一道強人所難的題目，但值得我們在乎、捍衛的，是這樣一套法律制度：但凡有言行出位者引發此類法律爭議時，至少這兩種愛 —— 對自由的愛與對國家的愛 —— 都可以獲得為自己申辯的機會。筆者認為，今日的香港仍保有這一制度，這讓香港顯得不同於內地。

　　話說回來，港人的"國家觀"又該當如何？今時今日，各種民調數據不勝枚舉，各方媒體解讀也常常讓人無所適從。筆者認為，儘管我們口頭上談論"國家"的時候不少，但什麼是"國家"，什麼是"國家觀念"，什麼又是契合於這個時代與潮流的"國家與人民之關係"這些基礎性的問題，其實並無多少共識。在如此孱弱的討論基礎之上，所謂"港人的國家認同危機"在多大程度上是一個真問題，都不免打上疑問號。如果說，將"國歌事件"視作過去幾年香港整體社會氛圍的一部分反映，促使"在其位、謀其事之諸君"從中吸取警訊，進而對症下藥地解決這背後的政治、經濟及社會問題，以求得社會情緒的逐漸改善，倒不失為一種明智的回應之道；但如果說，國歌法的本地化只是簡單移植了一種"父權主義"的治理手法，再輔以一些陳舊乏味的、與本地民情隔膜甚深的"語言恫嚇"，那恐怕只會讓一般民眾對國歌 —— 以至於背後那幅抽象的國家畫面 —— 愈發敬而遠之。

後記

　　本書是我過去幾年之中關於香港問題所做研究的一個階段性彙總。實際上，自攻讀博士學位期間開始關注香港問題，原本是出自偶然。2010 年，因民主黨與中央政府協商成功，達成"小幅政改"，內地學界掀起新一輪對於香港研究的濃厚興趣。記得我的指導老師秦前紅教授有一天對我說，香港問題引發大家關注，也屬於憲法學的議題，你何不試著寫一篇文章參與討論？也就是藉著這次"完成老師交代的作業"的機會，我可算誤打誤撞地開始了對於香港基本法的學習和研究，堅持到今天，已近十年。從個人來講，這段研究生涯讓我各方面都收穫頗豐；從研究議題本身而言，則心中不免感慨良多。

　　我本人跨入香港基本法研究之門的方式，恰恰是學界生態的一個生動寫照。香港問題以其"政治爭議性"引發內地關注，促使中央政府對港工作部門向學界尋求支持，在回應和解決個別問題的同時，也形成一些"學術產品"。多年來，內地法學界的香港研究，大致按照上述模式，圍繞個別事件而"潮漲潮落"。當政治爭議 —— 或許只是暫時 —— 歸於平息時，學界熱情也快速消退，因此，很多作為對策研究之副產品的著述，顯得零散、淺顯，彼此間缺乏互動與爭辯，距離理論建構就更是遙遠了。實際上，內地也逐漸認識到這一局限性，有官員也曾呼籲加強理論研究，無奈，總體狀況迄今尚無明顯改觀。然而，基本法作為香港最重要的憲制法（constitutional law），生生不息地演繹出有待回應的種種法律難題，缺乏"常規關注"

與"長遠佈局"的內地學界，實際上未能站在理論研究的前沿，於是，當特定議題由單純法律爭議發酵至政治爭議，而"亟待處置"時，學界常常是力有不逮，應對失據的。

這一局面自有其背景和原因。從我個人角度觀察，至少包括如下幾個方面。當然，法律問題僅是香港問題的一個側面，限於本人的專業領域，在此所能分享的也只是法學的視角。

首先，在內地法學的學術生態圈中，能夠讓香港問題獲得學者之注意力的"制度環境"是比較艱難的。內地的學術資源分配，以學科為組織單位，也以學科為界限。在內地集權化的學科設置模式下，從事香港問題研究的法學學者，以憲法學背景相對最多，間或有其他"法學二級學科"學者偶有涉獵，但無論如何，不存在以"香港問題"為中心的學科建制（短期內也不可能有官方的正式建制），這就根本性地制約了資源投入、平台建設，以及人才培養，在此情形下，研究成果的產出自然捉襟見肘。

其次，香港問題研究有著特殊的"對策研究"屬性，以至於制約了長期、系統、乃至中立的研究。法學為經世致用之學，對策研究固然是法律學者工作的一部分。但香港研究的對策性，有更為獨特之處：一方面，缺乏學科基礎的支撐，令個別"突發事件"的對策研究缺少理論層面的"定海神針"，更容易隨"事件處置之一時之需"而飄移，讓學術有淪為"為政策背書"之虞；另一方面，香港問題固有的"政治敏感性"，一定程度上擠壓了學術自由的空間，當公開可見的觀點幾乎呈現一面倒的局面時，必然會導致一部分既有研究力量的"逆淘汰"，或者讓有意加入研究的人士望而卻步。

其三，香港研究看似門檻不高，但要想真正進入到實質討論的程度，既需要良好的法學訓練（尤其是對於普通法相當程度的熟悉），也需要對於香港地區歷史、文化、人口結構（demography）、政經生態等有充分和客觀的認識，否則難於同香港本地人士 —— 包括專業人士 —— 進行有意義的對話，也不能為中央決策部門提供專業意見。可以說，進入到香港研究的領域，門檻並不低。儘管任何一門學問都有門檻，都需要"入行者"經歷一個刻苦鑽研與沉澱的過程，但是 —— 不妨打個比方 —— 作為內地學人，從事有關民法典的研究與從事香港基本法的研究之間，顯然後者需要跨越更多的障礙 —— 不止是知識上的挑戰，也有意識形態上的藩籬。這就非常考驗學者個人的眼界和勇氣了。

儘管可以羅列出上述種種原委，但是我仍然認為，香港問題值得有更多更有質量的研究力量的投入。曾有學者不無戲謔地評價說，香港問題是當代中國憲法學最活躍的領域之一。對內地憲法學人來講，此話固然是笑中帶淚，但坦率地講，當我把自己所受的憲法學訓練投入到有關香港基本法的研究之中時，的確有"學以致用"的滿足感。原因很簡單，香港基本法在本質上就是"憲法"。在解說中國憲法（現行"八二憲法"）與香港基本法的關係時，或許催生了不同的理論，但基本法是一部由實質意義的"constitutional law"所組成的法律文件，這是確定無疑的。儘管覺得有些浪費唇舌，但在此還必須再次強調，特定共同體並不因為不具備通常"主權國家"的地位而不能擁有"憲法"——任何共同體都"必須"擁有自己的憲法，就算不使用“憲法”的名義。

　　所以，“學以致用”的感覺是沒有錯的。不僅如此，我個人從不認為，對基本法的研究只能由“憲法學人”壟斷。實際上，過分地固守學科界限，是一種思想上的畫地為牢；基本法的研究，香港憲制的探討，應當是開放的和多角度的。我真誠地期待，有一天，內地法律人與香港法律人，能夠面對面，用同一門語言，交換意見，乃至犀利地辯論——我是指，真正地依據權力制衡的理論來檢討司法覆核的密度，或者，依據議會發展的全球趨勢來評價立法會議事規則的優劣，而不是揣測和指責辯論對手的出身、政見與動機，這些事項應當交給某些更擅長的人士去處理。

　　過去十年，我得到了很多人的無私幫助與支持，沒有他們，香港研究這樣一個困難重重的領域就不會回報給我這些點滴收穫，也就不會有本書的問世。武漢大學秦前紅教授的錚錚傲骨，始終給我最清晰的教誨，要堅守常識，保持同理心，不忘學問之“本心”；中國人民大學韓大元教授，香港大學傅華伶教授、陳弘毅教授、趙雲教授、陳秀慧教授、楊艾文教授，香港城市大學朱國斌教授，香港資深大律師李紹強先生，香港大律師張耀良先生、羅沛然先生，都以不同方式給予我莫大的支持與鼓勵，他們讓我看到了學問精進的空間，這將是我繼續前行的動力；我也要感謝清華大學屠凱教授，中山大學曹旭東教授，大連海事大學楊曉楠教授等“一眾小夥伴”，沒有你們，學術即便冰清玉潔，也少了很多樂趣，不是嗎；還有很多良師益友，請允許我不再一一指明，但明濤始終心存感激。

最後，感謝香港三聯書店的顧瑜博士、蘇健偉先生，你們的辛勤工作，不止令本書增益不少，更讓我有機會再次審視自己過往的學術歷程，這是一段寶貴的體驗。

武漢，珞珈山

2019 年 9 月 3 日

後記

憲法與基本法研究叢書

主編　　　　　王振民

責任編輯　　　蘇健偉
書籍設計　　　任媛媛

書名　　　憲制的成長：香港基本法研究
著者　　　黃明濤
出版　　　三聯書店（香港）有限公司
　　　　　香港北角英皇道 499 號北角工業大廈 20 樓
　　　　　Joint Publishing (H.K.) Co., Ltd.
　　　　　20/F., North Point Industrial Building,
　　　　　499 King's Road, North Point, Hong Kong
發行　　　香港聯合書刊物流有限公司
　　　　　香港新界大埔汀麗路 36 號 3 字樓
印刷　　　美雅印刷製本有限公司
　　　　　香港九龍觀塘榮業街 6 號 4 樓 A 室
版次　　　2019 年 10 月香港第一版第一次印刷
規格　　　16 開（170mm×245mm）280 面
國際書號　ISBN 978-962-04-4532-3
　　　　　© 2019 Joint Publishing (Hong Kong) Co., Ltd.
　　　　　Published & Printed in Hong Kong